上海市律师协会文库

《商业保理合同准则》应用指南与业务解析

上海市律师协会第十一届融资租赁专业委员会　主编
万波　孙瑜　魏元武　执行主编

法律出版社
LAW PRESS·CHINA
北京

图书在版编目(CIP)数据

《商业保理合同准则》应用指南与业务解析 / 上海市律师协会第十一届融资租赁专业委员会主编 ; 万波, 孙瑜, 魏元武执行主编. -- 北京 : 法律出版社, 2024
(上海市律师协会文库)
ISBN 978-7-5197-8782-0

Ⅰ. ①商… Ⅱ. ①上… ②万… ③孙… ④魏… Ⅲ. ①商业银行-商业服务-合同法-中国 Ⅳ. ①D923.6

中国国家版本馆 CIP 数据核字(2024)第 026589 号

《商业保理合同准则》应用指南与业务解析
《SHANGYE BAOLI HETONG ZHUNZE》YINGYONG ZHINAN YU YEWU JIEXI

上海市律师协会第十一届融资租赁专业委员会 主编
万 波 孙 瑜 魏元武 执行主编

策划编辑 彭 雨
责任编辑 彭 雨
装帧设计 李 瞻

出版发行 法律出版社
编辑统筹 法律考试·职业教育出版分社
责任校对 王 丰 李景美
责任印制 胡晓雅
经 销 新华书店

开本 710 毫米×1000 毫米 1/16
印张 17.25 **字数** 296 千
版本 2024 年 7 月第 1 版
印次 2024 年 7 月第 1 次印刷
印刷 北京虎彩文化传播有限公司

地址:北京市丰台区莲花池西里 7 号(100073)
网址:www.lawpress.com.cn
投稿邮箱:info@lawpress.com.cn
举报盗版邮箱:jbwq@lawpress.com.cn

销售电话:010-83938349
客服电话:010-83938350
咨询电话:010-63939796

书号:ISBN 978-7-5197-8782-0 **定价**:59.00 元

凡购买本社图书,如有印装错误,我社负责退换。电话:010-83938349

上海市律师协会文库
第十二届编委会、第十二届评审委名单

本书编委会名单

主　　编：上海市律师协会第十一届融资租赁专业委员会

执行主编：万　波　孙　瑜　魏元武

撰 稿 人：（按姓氏笔画）

田江涛　刘　璟　刘剑峰　刘新海　李冬颖

陈龙飞　陈霄鹏　赵可青　段洁琦　施谛夫

柴菊香　徐冰清　黄朝为　曹　岩　蒋炜婷

总　　序

在法治的光辉照耀下，法律不仅是维护社会秩序的基石，更是推动社会进步的重要力量。上海市律师协会自诞生之日起，已历经四十多个春秋，见证了上海律师行业为促进经济社会发展、保障人民群众合法权益、维护社会公平正义、推进社会主义民主法治建设作出的积极贡献。

为深入学习贯彻习近平总书记重要讲话精神，引领全市广大律师进一步明确时代和国家赋予律师的功能定位和责任使命，始终坚持“做党和人民满意的好律师”，不断提高学术理论素养和法律实践能力，进一步提升专业化水平，努力以高质量的法律服务为高质量发展、高水平开放保驾护航，上海市律师协会致力于引导律师著书立说，鼓励百家争鸣，积极打造“上海市律师协会文库”品牌，营造上海律师行业特有的文化氛围。2006 年年初正式启动“上海市律师协会文库”出版工作，2009 年又推出了“上海律师文丛”系列。已经问世的作品，汇聚了上海律师的智慧结晶，展示了上海律师的精神财富，也印证了上海律师在高速发展的转型期中始终立于时代的前沿。

“上海市律师协会文库”“上海律师文丛”系列图书，聚焦当代中国法律实践中的热点问题，内容涵盖公司、劳动与社会保障、财税、房地产、金融、教育等多个领域，既有对法律理论的深入剖析，也有对法律实务的精准解读。

搭建律师思想碰撞之平台、畅通律师信息传播之渠道、铺设律师学问切磋之道路、营造律师形象展示之舞台、创建律师文化交流之大厦，始终是上海市律师协会推动律师发展的出发点和追求目标，也是广大上海律师共同憧憬的理想之境。我们期待，“上海市律师协会文库”“上海律师文丛”系列图书的出版，能够为法律职业人士的成长和发展助力，为上海乃至全国的法治建设贡献一份力量。

最后，我谨代表所有参与本系列图书编写的作者和工作人员，向一直以来支持和关注“上海市律师协会文库”“上海律师文丛”系列出版物的读者朋友们表示衷心的感谢。

愿法治之光照亮每一个角落，愿法律之舟承载梦想扬帆远航。

上海市律师协会

2024 年 4 月

序　言　一

从2012年商务部在全国部分地区开展商业保理试点以来,商业保理行业已走过12年的发展历程。尽管也经历了一些波折,但总体而言,商业保理行业发展迅速、创新活跃且较为平稳,为缓解中小企业融资难、融资贵、融资慢做出了突出贡献,取得了全球业界瞩目的成就。随着2020年5月保理合同作为新的典型合同写入《民法典》,保理行业迎来了有法可依的新阶段。目前,商业保理已成为我国普惠金融的重要组成部分,全国活跃主体数量为1000家左右,年保理融资规模约为2.5万亿元人民币,约占全国保理市场份额的1/3。

在商业保理行业蓬勃发展的进程中,行业标准化建设是其中最大的亮点之一,为行业规范健康发展发挥了重要作用。2020年10月,在"第八届(2020)中国商业保理行业峰会"开幕式上,中国服务贸易协会商业保理专业委员会(以下简称商业保理专委会)组织编制的《商业保理术语》《商业保理业务规则》《商业保理合同准则》三项团体标准正式发布,并于2021年1月1日起正式实施。之后3年,商业保理专委会又发布了《商业保理会计核算准则》《国际保理业务操作指引》《建设工程保理业务规则》《线上反向保理业务指引》《商业保理公司信用风险内部评级规范》和《商业保理公司全面风险管理规范》等六项团体标准。商业保理系列团体标准的编制,有效增加了行业标准供给,促进了保理行业持续规范化发展。

作为目前正在实施的团体标准之一,《商业保理合同准则》的前身是商业保理专委会2016年发布的《国内商业保理合同(示范文本)》(以下简称2016年《示范文本》)。2016年《示范文本》课题由中国服务贸易协会商业保理专委会悦达保理研究院、上海市商业保理同业公会立项,委托商务部研究院信用研究所和上海市金茂律师事务所团队组成课题组负责调研起草,并于2016年12月8日由中国服务贸易协会商业保理专委会和上海市商业保理同业公会共同正式对外公布。截至2024年4月25日,2016年《示范文本》在中国服务贸易协会商业保理专委会官网点击量共计 100,722 次,下载 29,876 次,为点击下载量最高的一则公示信息。

《商业保理合同准则》明确了商业保理合同中应包含项目及条款,并整理出应收账款转让申请书文本样式、应收账款转让通知书、商业保理合同样本等资料性附录,旨在帮助商业保理企业防范法律风险、提高合同订立效率,促进行业健康发展。为适应行业数字化转型的需要和与电子诉讼规则的配套,《商业保理合同准则》不仅完善了电子签约和电子存证条款,还完善了电子送达和在线诉讼的相关条款。

万波律师是著名的保理法律专家,是商业保理专委会学术委员,同时也是 2016 年《示范文本》课题和《商业保理合同准则》的主要执笔人,他对《商业保理合同准则》的推出付出了巨大的努力和智慧,在此,我代表商业保理专委会表示衷心的感谢! 此次万律师牵头组织众多法律专家撰写《〈商业保理合同准则〉应用指南与业务解析》一书,对于广大读者理解应用标准,尤其是指导商业保理业务实践、规避风险具有重要的现实意义,是他们为行业发展做出的又一重要贡献。

后疫情时代,随着全球经济将逐步复苏,全球保理业将迎来新的高速增长期。参考以往两次全球经济危机的经验,国际保理商联合会(FCI)前秘书长皮特先生 2020 年预测:未来 10 年,全球保理业年复合增长率将达 7%,2030 年业务量相对于 2020 年将增长 1 倍。全球应收账款融资规模将达 10 万亿美元。

目前,我国商业保理行业调整进程加快,规范化、规模化、数字化、市场化、国际化成为行业发展新趋势。展望未来,商业保理行业政策法规环境将继续得到改善,行业标准化建设将进一步推进。尽管市场风险仍处高位,在市场需求和数字化赋能的推动下,预计整个行业仍将保持稳步增长势头。预计到 2025 年,我国商业保理业务规模将在 2020 年基础上增长 1 倍,年业务量将达到 3 万亿元人民币。

商务部国际贸易经济合作研究院信用研究所所长、研究员
中国服务贸易协会商业保理专业委员会主任
韩家平
2024 年 4 月 25 日

序　言　二

上海市律师协会自诞生之日起,已历经40个春秋,见证了律师行业逐步成为上海现代服务业的重要组成部分,并迎来一个又一个蓬勃发展的年头。

上海市律师协会融资租赁专业委员会是上海市律师协会所属的以融资租赁、商业保理作为主要研究对象的专业委员会,现有54名委员和2名干事,均由长期致力于两个行业法律研究和专业服务的资深律师组成。专业委员会致力于搭建律师思想碰撞的平台、营造律师形象展示的舞台,引导委员和干事围绕行业热点难点,著书立说,百家争鸣。

中国服务贸易协会发布的《商业保理合同准则》团体标准具有指导性、实用性的特点,已经成为商业保理行业广泛借鉴和援引的法律文本,法律的生命在于实践,将业务委员会全体律师在借鉴和使用《商业保理合同准则》中的实战经验和多维思考编撰汇聚成册,能够助力广大律师朋友和保理行业人士提高法律业务能力和从业风险意识,尤其是提高应对重大、疑难、复杂和新类型保理实践的能力。

本书由专业委员会主任孙瑜定稿,融资租赁业务研究委员会副主任万波、魏元武核稿,编写小组具体分工如下:

万波、徐冰清:《商业保理合同准则》综述

孙瑜:"合同协议书"理解、运用及风险提示

魏元武:"通用合同条款"和"专用合同条款"第1条

柴菊香:"通用合同条款"和"专用合同条款"第2、3条

陈龙飞:"通用合同条款"和"专用合同条款"第4、6、9条

陈霄鹏、刘剑峰:"通用合同条款"和"专用合同条款"第5、7、8条

曹岩、蒋炜婷:"通用合同条款"和"专用合同条款"第11条

段洁琦:"通用合同条款"和"专用合同条款"第12条

黄朝为:"通用合同条款"和"专用合同条款"第13条

李冬颖："通用合同条款"和"专用合同条款"第 14 条
刘璟："通用合同条款"和"专用合同条款"第 15 条
刘新海："通用合同条款"和"专用合同条款"第 10、16 条
施谛夫："专用合同条款"附录 A、B、C
赵可青、田江涛："专用合同条款"附录 D、E、F

上海市律师协会融资租赁专业委员会主任
孙　瑜
上海市律师协会融资租赁专业委员会副主任
万　波
上海市律师协会融资租赁专业委员会副主任
魏元武
2024 年 3 月 7 日

目　录

第一章 《商业保理合同准则》综述

中国服务贸易协会发布的《商业保理术语》《商业保理业务规则》《商业保理合同准则》三项团体标准于 2020 年 10 月在“第八届(2020)中国商业保理行业峰会”上正式发布,并于 2021 年 1 月 1 日正式实施。中国服务贸易协会商业保理专委会主任、商务部国际贸易经济合作研究院信用研究所所长韩家平表示,商业保理行业团体标准的编制,不仅可以有效地避免行业内制定的标准与商业保理市场的需求脱节,而且可以加快标准的制定速度,增加标准的有效供给;同时,还可以促进保理行业核心竞争力的形成,服务于商业保理行业的技术创新需求。

其中,《商业保理合同准则》逐条说明商业保理合同中应包含项目及条款,并整理出应收账款转让申请书文本样式、应收账款转让通知书、商业保理合同样本等资料性附录,旨在帮助商业保理企业防范法律风险、提高合同订立效率,促进行业健康发展。

一、商业保理行业所处的金融市场环境

(一)金融行业发展的新形势

2020 年我国经济运行继续下行,在“坚决打赢防范化解金融风险攻坚战”的政策引导下,金融监管供给侧结构性改革进一步深化,金融业总体持续承压。

根据中国人民银行披露的信息,2017~2020 年,银行业总资产年均增速为 8.3%,大体只有 2009~2016 年年均增速的 50%。银行业不良资产处置金额大幅上涨,2017~2020 年累计处置不良贷款 8.8 万亿元,超过之前 12 年的总和。影子银行进一步收缩,规模较历史峰值压降约 20 万亿元。金融控股集团监管进一步趋严,海航集团历经一年的政府工作组入驻,于 2021 年 1 月 29 日宣布破产重组,蚂蚁集团暂缓上市并在央行指导下成立整改工作组。P2P 网贷机构由高峰时期的约 5000 家到 2021 年 11 月中旬完全归零。2020 年房地产贷款增速 8 年来首次低于各项贷款增速,房地产金融仍受遏制。到 2020 年年末,全国组建债委会 2 万家,债转股落地金额高达 1.6 万亿元,永煤控股“20 永煤 SCP003”和华晨控股“17 华汽 05”债券违约接踵而至,大中型企业债务风险引发市场哗然。

(二)金融监管政策的新特点

2020 年我国的金融监管政策持续出台,旨在扎牢金融风险预防、预警、处置、问责各项制度。2020 年 6 月，中国人民银行、国家发展和改革委员会（以下简称发改委）、中国证券监督管理委员会（以下简称证监会）印发《关于公司信用类债券违约处置有关事宜的通知》（银发〔2020〕144 号），健全和完善债券违约风险防范和处置机制。7 月，中国人民银行、中国银行保险监督管理委员会（以下简称银保监会）、证监会、国家外汇管理局联合发布《标准化债权类资产认定规则》（〔2020〕第 5 号），作为 2018 年《关于规范金融机构资产管理业务的指导意见》的重要配套细则，引发市场的广泛关注。9 月，国务院《关于实施金融控股公司准入管理的决定》（国发〔2020〕12 号）和《金融控股公司监督管理试行办法》（中国人民银行令〔2020〕第 4 号）发布，对补齐监管制度短板、防范风险交叉传染，促进金融支持实体经济具有重要意义。12 月，中国人民银行等相关部门发布《公司信用类债券信息披露管理办法》（〔2020〕第 22 号），统一公司信用类债券信息披露标准。12 月，第十三届全国人大常委会审议通过《刑法修正案（十一）》，大幅提高了欺诈发行、信息披露造假、中介机构提供虚假证明文件等犯罪的刑罚力度，为债券市场的高质量发展提供法治保障。

2020 年 4 月，上海票据交易所发布了《关于供应链票据平台试运行有关事项的通知》（票交所发〔2020〕58 号），首次接入的 4 家平台企业为中企云链、TCL 简单汇、欧冶金服、中国互联网金融协会。6 月，中国人民银行出台《标准化票据管理办法》（中国人民银行公告〔2020〕第 6 号），将票据市场与债券市场联通，发挥债券市场的专业定价能力和投资能力，提高票据交易的规范性，增强票据的融资功能。12 月，中国人民银行发布《关于规范商业承兑汇票信息披露的公告》（〔2020〕第 19 号），明确商业承兑汇票的票面信息和承兑人信用信息披露要求，完善市场化约束机制，保障持票人的合法权益。

保险市场方面，2020 年 1 月，银保监会等 13 部门联合发布《关于促进社会服务领域商业保险发展的意见》，从 5 个方面提出 11 项政策措施，推动商业保险在社会服务领域进一步发挥积极作用。7 月，银保监会发布《关于印发推动财产保险业高质量发展三年行动方案（2020—2022 年）的通知》。12 月，银保监会印发《互联网保险业务监管办法》，成为互联网保险业务的纲领性文件。

资本市场方面，新《证券法》于 2020 年 3 月 1 日起实施，为有效防控市场风险，维护投资者的合法权益，打造规范、透明、开放、有活力、有韧性的资本市场提供了法治保障。7 月，新三板新设精选层的首批企业正式挂牌，多层次资本市场建设取得重要进展。8 月，创业板改革并试点注册制正式落地，股票发行注册制改革取得重要成果。11 月，中央全面深化改革委员会审议通过《健全上市公司退市机制实施方案》，拟从完善退市标准、简化退市程序等 6 个方面完善上市公司退市机制，强化退市力度。

2020年3月，经中央全面深化改革委员会第十次会议审议通过，中国人民银行、发改委、财政部、银保监会、证监会、国家外汇管理局联合印发《统筹监管金融基础设施工作方案》（银发〔2020〕54号），进一步加强对我国金融基础设施的统筹监管与建设规划。7月，中国人民银行、证监会联合发布"〔2020〕第7号"公告，决定同意银行间债券市场与交易所债券市场相关基础设施机构开展互联互通合作，并将加强监管合作与协调，促进债券市场要素的自由顺畅流动。

（三）金融审判思维的新变化

金融审判思维的最新变化是从"形式主义"（formalistic）向"功能主义"（functionalistic）的转变。传统上包括中国在内的大陆法主要采取形式主义的立法模式。担保法领域形式主义模式的主要特点是基于物债二分结构，坚持物权法定，将担保物权区分为抵押、质押、留置等各种不同的权利，然后分别设置不同的规则。德国法就是其中的典型，它的民法体系就是在物债二分的基本框架下构建的，将保证规定在债法中，将担保物权规定在物权法中，奉行物权法定主义，然后又将担保物权分为抵押、质押、留置，分别设置不同的规则。美国法是采取功能主义的模式，没有采取传统的债物二分体系，没有严格的物债二分，所有的具有担保功能的交易方式，只要辅助于一定的公示手段，就可以发挥类似于大陆法担保物权的这种效果。当事人可以采取各种担保方式，但只要办理了登记，统一按照登记的先后顺序确定权利实现的顺位，不严格区分抵押、质押等，凡是具有担保功能的交易形式，笼统地都称为担保。

"功能主义"最典型的例子是2020年颁布的《民法典》，第388条规定："设立担保物权，应当依照本法和其他法律的规定订立担保合同。担保合同包括抵押合同、质押合同和其他具有担保功能的合同。担保合同是主债权债务合同的从合同。主债权债务合同无效的，担保合同无效，但是法律另有规定的除外。"全国人民代表大会常务委员会副委员长王晨于2020年5月22日在第十三届全国人民代表大会第三次会议上《关于〈中华人民共和国民法典（草案）〉的说明》中指出："扩大担保合同的范围，明确融资租赁、保理、所有权保留等非典型担保合同的担保功能，增加规定担保合同包括抵押合同、质押合同和其他具有担保功能的合同。"《最高人民法院关于适用〈中华人民共和国民法典〉有关担保制度的解释》第1条规定："因抵押、质押、留置、保证等担保发生的纠纷，适用本解释。所有权保留买卖、融资租赁、保理等涉及担保功能发生的纠纷，适用本解释的有关规定。"

另一转变是以金融监管政策体现的公序良俗对法院审判的影响，《全国法院民商事审判工作会议纪要》(法〔2019〕254 号,以下简称《九民纪要》)第 31 条规定:“违反规章一般情况下不影响合同效力,但该规章的内容涉及金融安全、市场秩序、国家宏观政策等公序良俗的,应当认定合同无效。人民法院在认定规章是否涉及公序良俗时,要在考察规范对象基础上,兼顾监管强度、交易安全保护以及社会影响等方面进行慎重考量,并在裁判文书中进行充分说理。”2020 年 6 月,最高人民法院出台的《全国法院审理债券纠纷案件座谈会纪要》延续这一思路,第 1 条开宗明义,“将法律规则的适用与中央监管政策目标的实现相结合,将个案风险化解与国家经济政策、金融市场监管和社会影响等因素相结合”,与债券相关的监管政策将成为法院审理债券纠纷案件的重要参考和依据,司法实践与金融监管政策导向口径趋于一致。

二、商业保理行业自身面临发展新形势

金融市场的新形势对国内商业保理行业及相关从业者都产生了持续深刻的影响,概括而言主要表现为以下 5 个方面。

(一)保理合同纳入《民法典》,立法取得重大进展

2012 年商务部开展商业保理试点起至今,中国的商业保理业务显示出快速的发展趋势和巨大的潜力,然而在行业快速发展的同时,保理相关的立法工作长期以来相对滞后。在 2020 年以前,我国法律对保理业务的相关规定较为笼统,主要适用当时《合同法》及相关司法解释中与债权转让及担保有关的相关规定。2020 年 5 月 28 日,十三届全国人大三次会议表决通过了《民法典》,其亮点之一就是将保理合同作为单独的一章纳入合同部分,使保理业务从无名合同到有名合同,在立法的层面上具有里程碑式的意义。在国际上,中国也是第一个将保理合同作为独立的典型合同加入《民法典》的国家。这一章的加入将为金融监管、司法审判提供基本依据,同时,对保理业务的立法认可为保理业务的发展提供了基本的法律框架支持,为整个保理行业的健康发展打下坚实的法律基础。

《民法典》的保理合同章节通过保理合同的定义(第 761 条)、保理合同的形式和内容(第 762 条)、虚构应收账款对保理合同的影响(第 763 条)、保理人单方通知(第 764 条)、无正当理由的基础交易变更和终止对保理人发生不利影响的,对保理人不生效(第 765 条)、有追索权保理(第 766 条)、无追索权保理(第 767 条)、多重保理的清偿顺序(第 768 条)、债权转让规定的适用(第 769 条)9 个条款对保理行业长期以来的一些常见争议问题进行了明确。例如,明确了将有的应收账款可以叙作保理,应收账款从权利的转移不因未登记而受影响。

同时,保理合同章还针对行业中保理人常见的风险,明确了相关的保护性

规则，例如，应收账款的债权人与债务人共同伪造应收账款并与保理人订立保理合同后，除保理人明知以外，应收账款的债务人不得将应收账款不存在作为抗辩理由。此前，根据《民法通则》，如果保理关系的成立依据为虚构的，保理人和应收账款债权人就丧失了成立合同的事实依据，保理合同往往会被认定为无效；或者应收账款债务人、应收账款债权人串通诈骗的，保理人可以依照《合同法》第 54 条的规定撤销合同。如果保理合同无效或被撤销，鉴于应收账款实际上并不存在，保理人就无法向应收账款债务人主张对应收账款的权利。保理人在侵权诉讼中要求应收账款债权人和/或应收账款债务人承担相应的赔偿责任时，将面临缔约过失责任的分配问题，这可能导致保理人无法全额收回本金更别说利息和相应的服务费用。《民法典》实施后，善意的保理人，即使应收账款是伪造的，也有权根据规定向应收账款债务人全额追偿本息。又如，依据《民法典》第 765 条规定的情况，应收账款债务人收到应收账款转让通知后，应收账款债权人和应收账款债务人无正当理由就基础交易合同进行变更或终止，对保理人有不利影响的，该行为对保理人不具有约束力。由于《民法典》已明确规定将有的应收账款可以叙作保理，因此转让应收账款所依据的基础交易合同可能仍处于继续履行过程中，上述规定在更大程度上保护了保理人对应收账款债务人的权益，限制了基础交易合同当事人的合同变更权和终止权，并要求该等修改和终止不得对保理人受让的应收账款债权的实现产生不利影响。此外，还包括在应收账款债权人双重融资风险情况下的优先受偿方式。此类条款的规定均体现了法律对善意保理人的保护，对于拓展保理业务发展空间、防范行业风险具有十分重要的意义。

（二）行业迎来首次清理整顿，并开始重新洗牌

1987 年 10 月，中国银行与德国贴现和贷款公司（Disko Factoring Bank）签署了国际保理总协议，象征着国际保理业务在我国正式登陆。1993 年，中国银行正式加入国际保理人联合会（Factors Chain International，FCI），成为国内第一家 FCI 会员，并率先在国内同业中开办了国际保理业务。受制于历史因素，保理一经传入中国内地/大陆（不涉及港、澳、台地区），便由银行专营，因此 2013 年以前保理的发展史基本就是银行保理的发展史。在此期间，商业保理有所苗头，但一直未形成体制。根据中国服务贸易协会商业保理专委会的统计，2010 年和 2011 年新成立商业保理公司分别只有 11 家和 19 家，2012 年 6 月商务部出台了《关于商业保理试点有关工作的通知》，批准天津滨海新区、上海浦东新区开展商业保理试点，从此，中国商业保理才开始扬帆起航。自 2012 年以来，随着全国各地试点政策的开放，商业保理行业发展迅速，保持了 6 年的

高速增长期。

2019 年,由于监管转隶后行业监管体制和政策逐步明确,各地普遍收紧了商业保理公司的注册要求并加快存量企业的清理规范工作,行业数据首次出现了下降。《中国商业保理行业发展报告 2019》的统计数据显示,截至 2019 年 12 月 31 日,全国的商业保理法人企业及分公司(去掉了已经注销的企业 1585 家、已经吊销企业 182 家、已经转行 419 家)共计 10400 家,注册企业及分公司的数量比 2018 年年底存量的 11541 家(不含已注销企业 436 家、已吊销企业 57 家)减少了 7.08%。《中国商业保理行业发展报告 2020》的统计数据显示,截至 2020 年 12 月 31 日,全国的商业保理法人企业共计 8568 家,存量企业数量进一步收缩。

同时,中国银行保理量止跌回升,根据中国银行业协会发布的《中国保理产业发展报告(2020—2021)》,虽面临着全球贸易局势持续紧张、金融局势跌宕起伏以及地缘政治局势不明朗等内外部消极因素,但随着中国强有力的疫情管控效果逐步显现,中国经济率先恢复,2020~2021 年的中国银行业的保理业务也一改颓势,强势反弹。根据中国银行业协会保理专业委员会的统计,2020 年保理专业委员会成员单位的保理业务量折合人民币 2.49 万亿元,较上一年 2.12 万亿元增长 17.40%。其中国际保理业务量 363.55 亿美元,较上一年 314.96 亿美元增长 15.43%;国内保理业务量 2.25 万亿元人民币,较上一年 1.90 万亿元增长 18.45%。

(三)法规政策密集出台,监管渐趋严格

2018 年 5 月 8 日,商务部办公厅发布《关于融资租赁公司、商业保理公司和典当行管理职责调整有关事宜的通知》(商办流通函〔2018〕165 号),该通知根据中共中央《关于深化党和国家机构改革的决定》等文件要求和全国金融工作会议精神,将制定融资租赁公司、商业保理公司、典当行业务经营和监管规则的职责划给银保监会。2018 年 8 月银保监会的职能配置、内设机构和人员编制“三定”正式颁布,普惠金融部被确定为商业保理的监管承担机构。

2018 年 6 月 7 日,银保监会发布《依法履职尽责　做好三类机构监管工作》的通知,致函各省、自治区、直辖市、计划单列市人民政府,请其督促相关部门认真履行监管职责,加强监督管理,及时妥善处置风险隐患,尽快与银保监会建立并完善日常工作联系和重大事件信息通报机制,组织本地区三类机构登录“全国融资租赁企业管理信息系统”“商业保理业务信息系统”“全国典当行业监督管理信息系统”,真实、准确、完整地填报信息,逐户审核确认企业填报信息,结合实际开展摸底工作。

次年,银保监会办公厅正式下发了《关于加强商业保理企业监督管理的通知》(银保监办发〔2019〕205 号),成为自融资租赁、商业保理、典当行三类当时的"类金融"机构划归银保监会监管后的首份金融监管文件,同时也是全国层面上第一份规范商业保理行业的监管文件,非正常经营类和违法违规经营类企业整改拉开序幕。

2020 年 8 月 26 日,普惠金融部出台《商业保理企业名单制管理工作方案》,对商业保理企业实施"白名单"管理,督促非正常经营类企业整改,将拒绝整改或整改验收不合格的,纳入非正常经营名录,行业出清力度进一步升级。

为响应和配合银保监会的监管工作,各省市人民政府陆续设立了地方金融监督管理局、出台地方金融监管条例、公布并加强了对商业保理行业的监管职责,多个省市地方金融监督管理局公告纳入监管的商业保理企业名单或疑似空壳商业保理企业名单。

随着经济风险的加大及强监管的持续,行业迎来重新洗牌,多家上市公司剥离保理资产,如北京华联商厦(000882. SZ)于 2020 年 11 月 25 日公告拟将控股子公司华联保理 51%的股权转让给关联方华联鑫创益,转让价格为 1. 45 亿元。华联股份称,保理行业所处市场经营环境及融资环境趋紧,对华联保理经营能力与专业度提出更高要求,华联保理的经营压力与风险不断增大。此次转让是为了控制上市公司的经营风险,降低管理成本,聚焦购物中心运营与管理核心主业。在此之前,已有 ST 胜尔、赢时胜等公告宣布要剥离保理业务,其中,主要从事金属制品业务的 ST 胜尔,曾在 2016 年收购创下行业首家发行保理资产证券化的明星企业——摩山保理,但 2019 年踩雷"承兴系"约 28. 99 亿元,摩山保理当年亏损 6. 66 亿元,最终 ST 胜尔将摩山保理作价 4. 03 亿元转让给了深圳汇金。

(四)裁判规则渐趋明朗但仍存争议

尽管有《民法典》出台的重大利好,但现阶段而言,关于保理业务的司法裁判规则供给仍显不足,从而使各地法院在相关的裁判尺度把握上存在一定的差异。

如保理在《民法典》体例下被认为具有"非典型物保"的功能,最高人民法院在其编纂的《〈全国法院民商事审判工作会议纪要〉理解与适用》及《中华人民共和国民法典物权编理解与适用》中明确非典型担保包括非典型人保和非典型物保,差额补足责任、到期回购以及流动性支持等增信措施,就属于非典型人保,非典型物保包括让与担保、所有权保留、融资租赁、保理等。但在司法实务中又不乏个案将保理人对应收账款债权人的追索权视为应收账款债权人对应收账款债务人的清偿能力提供担保，即将保理视为非典型人保，如（2020）最高法民终155号民事判决。

除了银保监会办公厅《关于加强商业保理企业监督管理的通知》规定商业保理企业不得采取的行为或经营的业务以外，各地方出台的监管办法中对禁止当地商业保理企业经营的业务范围不尽相同。例如，《上海市商业保理公司监督管理暂行办法》禁止商业保理企业基于“因借贷、投资形成的债权及其他收益权”开展保理融资业务。而《天津市商业保理试点管理办法（试行）》由于早于205号发布，其中规定了多个银保监会办公厅《关于加强商业保理企业监督管理的通知》未予限制的业务范围，如要求商业保理公司受让的应收账款必须是在正常付款期内的，对于“无权经营而导致无效的”“处于贸易纠纷期间的”“债务人不明确的或无基础法律关系的”“约定销售不成即可退货而形成的”“保证金类的”“可能发生债务抵销的”“已经转让或设定担保的”“被第三方主张代位权的”应收账款原则上不能受让。又如，《上海市融资租赁公司、商业保理公司涉个人客户相关业务规范指引》禁止商业保理公司开展针对在校学生类的个人客户保理业务，这些监管尺度的差异客观上造成了各地司法裁判面临的金融监管规则不一，加大了同案不同判的潜在风险。再如，融资租赁公司开展与租赁物或租赁客户无关的商业保理业务的裁判规则问题。按照（2017）沪01民初835号民事判决、（2019）沪民终469号民事判决及最高人民法院丁俊峰法官①的观点，此时应当以违反金融监管规则、超越经营范围为由认定保理法律关系不成立，从而构成借贷法律关系。但在更多的司法案例中，法院并不对兼营保理业务是否与租赁物或租赁客户有关进行着重审查和论述，在《民法典》实施后上海首案中法院认为：原告作为自贸区内的融资租赁公司，在经营范围内开展相关的商业保理业务，不违反法律和行政法规的禁止性规定，依法具有保理业务经营资质。

（五）保理纷纷布局供应链金融

供应链金融是产业链特征最鲜明的金融生态，一些重大问题比如账实相符、核心企业信用传递、确权、风险预警评估等，还处于发展初期阶段，科技融合生产流的应用还处于初级水平。

党和国家出台了一系列政策文件支持和推动供应链金融的发展。2019年7月16日，银保监会办公厅发布《关于推动供应链金融服务实体经济的指导意见》。2020年9月18日，中国人民银行会同工业和信息化部、司法部、商务部、

① 参见丁俊峰：《民法典保理合同章主要条文的适用》，载《人民司法》2021年第4期。

国资委、市场监管总局、银保监会、国家外汇管理局出台了《关于规范发展供应链金融 支持供应链产业链稳定循环和优化升级的意见》,其中在供应链融资结算线上化和数字化发展方面,该意见提出,在供应链交易信息清晰可视、现金流和风险可控的条件下,银行可通过供应链上游企业融资试点的方式,开展线上贷前、贷中、贷后"三查";支持探索使用电子签章在线签署合同,进行身份认证核查、远程视频签约验证;支持银行间电子认证互通互认。为提升应收账款的标准化和透明度,意见支持金融机构与中国人民银行认可的供应链票据平台对接,支持核心企业签发供应链票据,鼓励银行为供应链票据提供更便利的贴现、质押等融资,支持中小微企业通过标准化票据从债券市场融资,提高商业汇票签发、流转和融资效率。在 2021 年的《政府工作报告》中李克强总理更是首次单独提及"创新供应链金融服务模式"。

供应链的信息化、数字化以及和实际生产流的合一,是未来数年供应链迫切要做的事情,具有较强数字化基因的互联网企业将加速和线下供应链的融合,一方面增加互联网服务的内涵,另一方面提升供应链运行的效率,未来的"三查"线上化,也将提升金融机构对于远程 KYC、线上自动化尽调报告、线上审批、线上风险预警等金融科技的需求。基于供应链金融的应收账款保理业务受益于包括关于供应链金融发展的相关政策支持以及自身转型和提前布局的需要,其行业普及度、接受度和认可度正在日益增加,重要性正在日益凸显。

三、《商业保理合同准则》的理解与适用

与商业保理行业的制度环境迎来实质性变化相伴而生的,是对行业规范化、标准化建设提出的更高要求。但纵观国际公约、国际惯例、国际示范法和国内商业实践,均缺乏一套相对成熟可适用于国内的商业保理合同示范文本。如 FCI 会员之间适用的双保理合同(FCI Interfactor Agreement,以下简称 FCI 保理合同)因规定了合同双方需同意并接受《国际保理业务通过规则》(General Rules for International Factoring, GRIF)和配套的《保理电子数据交换规则》(The Edifactoring. com Rules)及《仲裁规则》(Rules of Arbitration),对于参与反向保理业务的保理人主体还需要适用《FCI reverse 通则》,但合同主文都相对简单,且可适用性限于出口保理人与进口保理人之间的权利义务。与此类似,由中国银行业协会保理专业委员会制定的《国内双保理业务合作协议范本 V1. 0(试行)》的适用范围也限于卖方保理银行与买方保理银行合作为国内贸易客户提供保理服务的业务,均不便于当事人进行参考、修订或补充。

正是在此背景下,中国服务贸易协会将《商业保理术语》《商业保理业务规则》《商业保理合同准则》三项团体标准于 2020 年 10 月在"第八届(2020)中国商业保理行业峰会"上正式发布。

（一）《商业保理合同准则》的通用性和权威性

根据国家标准化管理委员会的分类，"标准"可以分为国家标准、行业标准、地方标准、团体标准和企业标准 5 类。

2019 年，国家标准化管理委员会、民政部共同印发《团体标准管理规定》，建立了政府主导制定的标准与市场主导制定的标准协同发展、协调配套的新型标准体系，激发了市场主体发展团体标准的活力，拉开了我国团体标准发展的帷幕，各行业社会团体掀起团体标准制定的高潮。据不完全统计，目前已有 3000 多家社会团体发布了 12000 多项团体标准。

2020 年《商业保理合同准则》属于中国服务贸易协会发布的团体标准，从性质上来说为团体标准、是市场主导的、非强制性、社会自愿使用的文本；其直接的适用范围为应收账款债权人与商业保理人双方签订的、基于中国内地/大陆法律的国内商业保理业务。2020 年《商业保理合同准则》是在总结国内商业保理合同管理的经验教训的基础上制定的，并且不断吸取多个国际机构、权威专家和行业人士的建议和意见加以修改完善。可以说，2020 年《商业保理合同准则》是公认的具有较高水平和参考价值的通用性的文件，稍加修改后即可适用于国内商业保理业务。

（二）《商业保理合同准则》与《术语》的统一性

2020 年《商业保理合同准则》的前身是 2016 年《国内商业保理合同（示范文本）》（以下简称 2016 年《示范文本》）。2016 年《示范文本》课题由中国服务贸易协会商业保理专委会悦达保理研究院、上海市商业保理同业公会立项之后，委托商务部研究院信用研究所和上海市金茂律师事务所团队组成课题组负责调研起草，并于 2016 年 12 月 8 日由中国服务贸易协会商业保理专委会和上海市商业保理同业公会共同正式对外公布。截至 2021 年 3 月 4 日，2016 年《示范文本》于中国服务贸易协会商业保理专业委员会官网（http://www.cfec.org.cn）上的点击量共计 78376 次，为点击量最高的一则公示信息。

但是 2016 年《示范文本》与此后于 2018 年出台的《商业保理术语：基本术语》两者的起草时间有所跨度，起草组之间未进行适时的沟通交流且对部分术语的理解有所差异，造成了当时团体标准中的合同定义和术语之间并不匹配。

与 2016 年《示范文本》和 2018 年《商业保理术语：基本术语》分别起草且具有时间跨度的情况不同，本次 2020 年《商业保理合同准则》与 2020 年《商业保理术语》同时立项并进行编撰后亦同日发布，两个起草组之间在起草过程中保持了有效的沟通交流和探讨，最终经过多次协商和论证，达到了整体的相对统一性。例如,2016 年《示范文本》所用的“保理转让款”在 2020 年《商业保理术语》中改为了“转让价款”。2016 年《示范文本》中“保理转让款”的构成为保理人预先支付给应收账款债权人的融资款,称为“保理首付款”以及对应收账款期限届满后从应收账款债务人处收回的超过保理首付款的部分,称为“保理余款”,2020 年《商业保理术语》将该两部分费用合称为“保理融资款”。又如 2016 年《示范文本》所称的“保理首付款使用费”是因为当时考虑到直接使用“利息”可能对监管部门不予允许商业保理企业从事“借贷”业务的规定造成歧义,对客户就保理业务的实质造成一定的误导,也对法院在区分和认定保理与借贷的法律关系时造成一定干扰而使用的。然后《民法典》出台后,明确在保理合同章使用了“保理融资款本息”的概念,故 2020 年《商业保理术语》第 5.3.5 条也相应直接使用了“保理融资款利息”的概念。2020 年《商业保理合同准则》在这些术语方面都与 2020 年《商业保理术语》保持了一致,提升了本次团体标准的统一性和规范性。

(三)《商业保理合同准则》的合同体例

2020 年《商业保理合同准则》的体例调整时参考的主要是建设工程行业中在国际上较为成熟、使用程度和认可度较高的 1999 年版 FIDIC《施工合同条件》(Conditions of Contract for Construction,以下简称 FIDIC 红皮书)和中华人民共和国住房和城乡建设部参照 FIDIC 红皮书制定和发布的在国内普遍适用的 2017 年《建设工程施工合同(示范文本)》。

2020 年《商业保理合同准则》在体例上采用了由(1)“合同协议书”;(2)“通用合同条款”;(3)“专用合同条款”及其附件;(4)其他合同文件(如有)和(5)补充协议(如有)5 个文件组成整个合同的模式,并规定了除“专用合同条款”另有约定外,解释合同文件的优先顺序为:补充协议(如有);“合同协议书”;“专用合同条款”及其附件;“通用合同条款”;其他合同文件(如有)。

采用该种合同体例,有利于合同准则的标准化、规范化作用的延续,“通用合同条款”所规定的内容作为团体标准,各商业保理企业的风控和法务人员只需根据具体项目审核和修订“专用合同条款”的内容,减轻了企业合同审核的工作量和难度。如各地法院法官熟悉和了解 2020 年《商业保理合同准则》的合同体例及“通用合同条款”的规定内容后,在个案中原则上只需审查“专用合同条款”的约定,也有助于加快和推进保理案件的审判工作。

(四)《商业保理合同准则》的可扩充性

在 2020 年《商业保理合同准则》中,“专用合同条款”是对“通用合同条款”通常性约定的细化、完善、修改或新增约定的条款,以避免直接修改“通用合同条款”。“专用合同条款”专门列出可由当事人另行约定的条款,条款的编号应与相应“通用合同条款”条款的编号一致。如无细化、完善、修改或新增的内容,则在“专用合同条款”相应条款中填写“无”即可。“专用合同条款”中共涉及“通用合同条款”中的 14 条共计 33 项,除了“通用合同条款”第 10 条“账款设立及核对”和第 14 条“陈述和保证”外,“通用合同条款”的其他条款均有所涉及,当事人亦可根据项目的实际需要相应增加“专用合同条款”的对应修订规定。合同的可扩展性较强,基本涵盖了当事人可能需要另行约定的方方面面。

需要指出的是,有一些司法实践中仍未有定论的观点,本次 2020 年《商业保理合同准则》考虑到具体项目的特殊性或可能存在的争议性,并未将需要当事人在个案中约定的内容规定到“通用合同条款”中。各当事人在使用该《合同准则》时应当结合项目性质,充分了解和认识到基础交易所处行业的特殊性,对有关条款进行补充约定。例如“通用合同条款”第 3.1 条的权利转让条款,约定了应收账款转让生效后随应收账款一并转让给商业保理人的从属权利和权益。该等从属的权利和权益中未列明“建设工程优先受偿权”,首先是考虑到并非所有保理业务都会涉及建设工程,放在“通用合同条款”不够通用,非建设工程行业的客户可能对该优先受偿权的内容并不了解,加上该项后可能造成商业保理企业需向客户进行法律内涵解释的困扰。更主要的是考虑到各地法院对建设工程的应收账款转让时优先受偿权是否一并转让的问题认定并未达成一致。最高人民法院民一庭编纂的《民事审判指导与参考》2016 年第 1 辑(总第 65 辑)指出:建设工程承包人转让其在施工中形成的债权,受让人基于债权的转让而取得工程款债权,因而其应当享有该工程款的优先受偿权。法定优先权属于担保物权,具有一定的追及效力,其功能是担保工程款优先支付,该权利依附于所担保的工程而存在,即使被担保的工程发生转让,也不影响承包人优先受偿权的行使。广东省高级人民法院发布的《关于审理建设工程施工合同纠纷案件若干问题的指导意见》(粤高法发〔2011〕37 号)认为:承包人将建设工程施工合同约定的工程款债权依法转让,债权受让方主张其对建设工程享有优先受偿权的,可予支持。承包人在转让工程款债权前与发包人约定排除优先受偿权的,该约定对承包人以外的实际施工人不具有约束力。江苏省高级人民法院在《关于审理建设工程施工合同纠纷案件若干问题的解答》(2018 年 6 月 26 日)中表达了与广东省高院类似的观点,认为:建设工程价款优先受偿权依附于工程款债权,承包人将建设工程价款债权转让的,建设工程价款优先受偿权随之转让。受让人是否实际享有建设工程价款优先受偿权,仍应进行实体审查。然而,河北省高级人民法院 2018 年发布的《建设工程施工合同案件审理指南》(冀高法〔2018〕44 号)则持相反意见,认为:建设工程价款优先受偿权与建设工程价款请求权具有人身依附性,承包人将建设工程价款债权转让,建设工程价款的优先受偿权消灭。因此,2020 年《商业保理合同准则》最终选择了在“专用合同条款”中专条对应“通用合同条款”的“3.1 权利转让”一条,由合同当事人选择是否需要补充约定随应收账款转让的权利还包括“建设工程优先受偿权”。

2020 年《商业保理合同准则》的“专用合同条款”有多处类似的留白可满足商业保理企业对现有项目模式的变化需求以及未来可能有的新型业务而进行修改补充的需要,具有较强的可扩展性。

(五)《商业保理合同准则》对线上化趋势的响应

近年来,随着“互联网+”和金融科技的发展,各类线上身份认证、电子签约第三方机构发展迅猛,保理也随之走上了电子化、线上化、智能化、便捷化的创新发展之路。各商业银行率先利用其优势和主导地位,通过区块链、大数据等新兴科技整合供应链资金流、物流、商流和信息流,利用金融科技手段提升业务操作的便利性和工作效率。新冠疫情的爆发更是将线上远程签约的需求提升到了极致,各大商业保理企业紧跟市场需求,使用或自行开发了相应的电子签约平台。

此外,2019 年中央政法工作会议指出:“要深化诉讼制度改革,推进案件繁简分流、轻重分离、快慢分道。”中共中央办公厅《关于政法领域全面深化改革的实施意见》,将“推进民事诉讼制度改革”确定为重大改革任务。全国人大常委会已授权最高人民法院在部分地区开展民事诉讼程序繁简分流改革试点工作。最高人民法院先后制定发布了《关于进一步推进案件繁简分流优化司法资源配置的若干意见》《关于民商事案件繁简分流和调解速裁操作规程(试行)》《民事诉讼程序繁简分流改革试点方案》《民事诉讼程序繁简分流改革试点实施办法》,着力健全电子诉讼规则,明确诉讼参与人通过人民法院信息化平台在线完成的诉讼行为的法律效力,明确电子送达的适用条件、适用范围和生效标准。

2020 年《商业保理合同准则》与保理业务电子化、线上化以及电子诉讼规则的配套性主要体现在两方面:一是完善了电子签约和电子存证条款;二是完善了电子送达和在线诉讼的相关条款。

第二章 “合同协议书”理解、运用及风险提示

2020年《商业保理合同准则》的各项条款具体体现了最新的法律法规和金融市场以及行业监管政策，在权利、义务和职责的规定上，力求反映行业通行规则，公正合理，职责分明。全面了解准则内容，有助于提升相关实务能力，提高风险防控技能，对提高保理行业标准化水平，促进行业规范健康有序发展具有积极意义。

为帮助读者更完整掌握和灵活运用《商业保理合同准则》，本书以无追索权商业保理合同为例，沿着合同协议书、通用合同条款、专用合同条款、附件的内在逻辑，按照先列出原文条款、再分析应用指南、列举参考规范最后援引参考案例的顺序，对《商业保理合同准则》予以逐条解读。

一、“合同协议书”第1、2条的应用指南

（一）原文条款

第一部分 合同协议书

应收账款债权人（全称）：____________________

商业保理人（全称）：____________________

根据《中华人民共和国民法典》及有关法律规定，遵循平等、自愿、公平和诚实信用的原则，合同当事人就商业保理人向应收账款债权人提供保理服务及有关事项协商一致，共同达成如下协议：

一、应收账款债权人信息

1. 身份证件名称：____________________；

2. 身份证件号码：____________________；

3. 法定代表人姓名：____________________。

二、商业保理人信息

1. 身份证件名称：____________________；

2. 身份证件号码：____________________；

3. 法定代表人姓名：____________________。

（二）应用指南

1. 应收账款债权人及商业保理人的身份证件一般指“三证合一”之后的营

业执照。

2. 身份证件号码指统一社会信用代码。

3. 法定代表人以依法登记的为准,但法律另有规定的除外。依法不需要办理登记的法人,以其正职负责人为法定代表人;没有正职负责人的,以其主持工作的副职负责人为法定代表人。

(三)参考规范

最高人民法院《关于适用〈中华人民共和国民事诉讼法〉的解释》(2020年修正版)

第五十条 法人的法定代表人以依法登记的为准,但法律另有规定的除外。依法不需要办理登记的法人,以其正职负责人为法定代表人;没有正职负责人的,以其主持工作的副职负责人为法定代表人。

法定代表人已经变更,但未完成登记,变更后的法定代表人要求代表法人参加诉讼的,人民法院可以准许。

其他组织,以其主要负责人为代表人。

二、“合同协议书”第3条的应用指南

(一)原文条款

三、保理业务类型

商业保理人依据本合同约定的期限和方式向应收账款债权人提供无追索权保理服务,包括以下第________种服务(合同当事人在《应收账款申请暨确认书》或与本合同有关的文件中另有约定的除外),同时包括应收账款债务人付款担保服务:

(1)资金融通;

(2)应收账款管理;

(3)应收账款催收。

(二)应用指南

本条是关于商业保理人提供的服务范围的约定,需要深入全面理解商业保理的4项服务功能:

1.4项服务功能

(1)资金融通:是指商业保理人基于应收账款转让,向应收账款人预先支付保理融资款的行为。根据本团标,通常为,保理人首先为债权人设定保理额度,债权人再向保理人申请转让应收账款,并申请提款。

(2)应收账款管理:是指商业保理人基于本合同,定期或者不定期向应收账款债权人提供关于应收账款回收情况、逾期账款情况、对账单等财务和统计报表的行为。

(3)应收账款催收:是指商业保理人基于本合同,对所受让的应收账款进行保理结算与收款的行为,但不包括在未受让应收账款的情形下受托从事催收、讨债业务的行为。

(4)付款担保:是指商业保理人为保障应收账款到期收回,与应收账款债权人约定,对受让的到期无法从应收账款债务人处收回的应收账款,由商业保理人履行债务或者承担责任。

2. 关于保理 4 项服务职能的选择

国际统一私法协会(UNIDROIT)1988 年 5 月 28 日于加拿大渥太华签订的《国际保理公约》(Convention on International Factoring)规定:保理人应履行至少两项下述职能:a. 为供应商融资;b. 保持与应收账款有关的账务(分类账);c. 应收账款催收;d. 坏账担保。可见《国际保理公约》将保理定义为 4 项服务职能,即融资、应收账款账务管理、应收账款催收、坏账担保,并且要求保理人应履行至少两项服务。

但 FCI 作为保理人最大的国际组织,其制定的 GRIF 规则第一条将保理合同界定为:“保理合同意指供应商与保理人间存在的一种契约关系,根据该契约,供应商可能或将要将应收账款(本规则中亦称为‘账款’,该词视上下文不同,有时亦指应收账款的部分)转让给保理人,无论有没有获取融资,至少为获得保理人提供的下述服务中的至少一种:(1)分户账管理;(2)应收账款催收;(3)坏账担保。”可见,GRIF 也是从 4 个职能的角度定义保理合同,但与《国际保理公约》不同的是,GRIF 认为保理人提供 4 项职能中的一项服务即可。

根据我国《民法典》的规定,保理人提供的服务范围包括资金融通、应收账款管理或者催收、应收账款债务人付款担保。可见《民法典》采取的是 GRIF 的立法模式,即不要求保理人应当提供至少两项服务。

因此,根据《民法典》的上述规定,商业保理人可以根据业务的实际情况在本条款中选择(1)~(3)项的一项或几项作为服务范围,亦可以一项也不选择。

3. 关于本条款选择与保理收费的关联

实践中,保理合同存在多种费用收取方式,常见的如保理费、服务费、管理费,有的则以保理融资利息的名义收取;收取费用也有多种方式,有的在发放保理款项时一次性扣除,有的则分期收取固定的费用,有的在期末一次性支付,还有的将多种方式混合使用。在实践中,应注意保理融资款的放款额度、融资期限应与应收账款的额度、使用期限存在对应关系,否则法院有可能认为保理合同名为保理,实为借贷。

本《商业保理合同准则》采用了与《商业保理术语》(T/CATIS 001—2020)相一致的保理收益名目,即分为:保理融资款利息、保理服务费(包括应收账款管理费、单据处理费等)、杂费。

实践中,保理人需要留意法院和监管部门是否对明示利率存在一定的要求,在保理利息和其他收费方式混合使用的情况下,法院可能会以保理合同已经约定了利息,其他收费方式属于未能明示利息为因,否认保理人收取的服务费等其他费用。为了能够使保理人的收费最大限度上得到法院的支持,实践中建议使用单一的收费方式。保理人提供了应收账款催收等服务的,保理人应当在本条款中明确约定所提供服务的范围、方式并保留相应证据。

(三)参考规范

1. UNIDROIT Convention on International Factoring(Ottawa,28 May 1988)

Article 1

-For the purposes of this Convention,"factoring contract" means a contract concluded between one party(the supplier) and another party(the factor) pursuant to which:

(a) the supplier may or will assign to the factor receivables arising from contracts of sale of goods made between the supplier and its customers(debtors) other than those for the sale of goods bought primarily for their personal, family or household use;

(b) the factor is to perform at least two of the following functions:

-finance for the supplier, including loans and advance payments;

-maintenance of accounts(ledgering) relating to the receivables;

-collection of receivables;

-protection against default in payment by debtors;

(c) notice of the assignment of the receivables is to be given to debtors.

2. FCI General Rules for International Factoring(Version:June 2018)

Article 1 Factoring contracts and receivables

A factoring contract means a contract pursuant to which a supplier may or will assign accounts receivable(referred to in these Rules as "receivables" which expression, where the context allows, also includes parts of receivables) to a factor, whether or not for the purpose of finance, for at least one of the following functions:

-Receivables ledgering

-Collection of receivables

-Protection against bad debts

3.《民法典》

第七百六十一条　保理合同是应收账款债权人将现有的或者将有的应收账款转让给保理人,保理人提供资金融通、应收账款管理或者催收、应收账款债务人付款担保等服务的合同。

4. 上海市浦东新区人民法院《2014—2019 年涉自贸区商业保理案件审判情况通报》

实践中保理合同约定的保理收益名目不尽相同,常见的如保理费、服务费、管理费,有的则直接以融资利息的名义收取;收费方式也各有不同,有的直接约定在发放保理款项时予以一次性扣除,有的则每月收取固定的费用,还有的将两种方式混合使用。

因保理公司收取相关费用引发的争议通常有两种情况:其中第二种情况是预扣保理费用是否构成预扣利息以及如何计算融资成本。该问题仍需以法律关系的认定为前提,若认定为借款关系的,则预扣保理费类推适用预扣利息的处理方式;若认定为保理合同关系,且保理公司确已提供了相应服务的,则保理收益不能等同于利息,预扣保理收益亦并不能视为预扣利息,但各种名义的保理费用仍应作为融资方的融资成本作整体考量。

(四)参考案例

1. 山西颐源阳光工贸集团股份有限公司与某某保理公司合同纠纷[深圳市中级人民法院二审民事判决书(2016)粤 03 民终 11619 号]

【案情简介】2014 年 1 月 12 日,某某保理公司与颐源阳光公司签订商业保理合同,约定颐源阳光公司向某某保理公司提供保理融资款 300 万元,颐源阳光公司承担保理服务费、监管服务费、登记费及手续费共计 297150 元。某某保理公司扣除上述费用后于 2014 年 1 月 16 日实际支付给颐源阳光公司 270. 285 万元。2014 年 12 月 21 日,颐源阳光公司在偿还 59. 5492 万元后,又与某某保理公司签订分期还款协议,约定保理融资款本金为 250 万元。某某保理公司起诉颐源阳光公司要求偿还保理融资款本金 250 万元及其利息、违约金。一审判决支持某某保理公司的全部诉讼请求。颐源阳光公司不服一审判决,认为应当在保理融资款本金 250 万元中减少保理服务费等 297150 元,遂以此为由提起上诉。

【裁判观点】深圳中院二审认为,保理服务不同于借贷关系,在无法律明确规定的情况下,应严格按照合同各方的约定及行业惯例。本案商业保理合同约定某某保理公司有权优先扣除保理服务费,且各方签署的分期还款协议对保理融资款本金再次确认,应属有效。颐源阳光公司的上诉理由不成立,应予驳回。

【裁判要旨】第一,保理融资款的裁判依据。本案系保理及保证合同纠纷。保理服务不同于简单的借贷关系,在无法律明确规定的情况下,应严格按照合同各方的约定、保理服务商业惯例履行。第二,商业保理合同约定了履行顺序及违约救济条款。“商业保理合同”第五条明确约定:“本协议签署生效后次日,丙方应将保理服务费、融资启动费一次性支付至乙方指定账户,如丙方未按本款之约定按时向乙方及甲方支付保理服务费、数据监管费及融资启动费的,乙方有权从保理金额中扣除。”根据此约定,某某保理公司的扣除权利系形成权,颐源阳光公司具有先支付义务,在颐源阳光公司未履行先支付义务的前提下,某某保理公司的扣除权利成就,某某保理公司的扣除权利实际也是合同赋予其的违约救济条款。因此,某某保理公司的扣除权利因颐源阳光公司违约在先而产生,应属有效。第三,分期还款协议确定的保理融资款本金合法有效。“分期还款协议”系在颐源阳光公司违约在先、由某某保理公司对颐源阳光公司做出减免的基础上,各方协商一致形成,内容并不违法,应属有效。颐源阳光公司等在“分期还款协议”中确认尚欠 250 万元保理融资款,实际追认了其未依据“商业保理合同”缴纳保理服务等费用的违约事实,已确认了某某保理公司代扣代缴的合同权利及实际行为效力,双方一致确认签署日之前的保理服务费、数据监管费、债权转让登记费、网银手续费、逾期保理服务费、利息、违约金已支付、冲抵完毕,剩余 250 万元尚未偿还。“分期还款协议”是双方意思表示一致的结果,合法有效,颐源阳光公司应该予以遵守。

2. 某某保理公司与深圳市隆川物流有限公司、任某某合同纠纷[广州市越秀区人民法院一审民事判决书(2019)粤 0104 民初 35989 号]

【裁判观点】原告确认隆川公司已于 2018 年 2 月 7 日向原告支付利息 28017.08 元,原告在发放保理融资款的当天向隆川公司收取利息,导致隆川公司实际可支配的款项金额减少,创造经济效益的资金条件受到制约,故上述金额应从融资款本金中扣除,即 2018 年 2 月 7 日发放的保理融资本金应为 587742.92 元(615760 元-28017.08 元)。由于远成公司、两被告均未还款,法院认定隆川公司应向原告偿还保理融资款本金 587742.92 元。关于手续费,涉案“应收账款债权转让通知书”约定的手续费付款时间为原告发放贷款当天,而原告并未对手续费所对应的服务进行举证，故该手续费在性质上也相当于预扣利息，在涉案保理合同已对融资利率作出明确约定的情况下，法院对原告主张的手续费不予支持。

3. 某某保理公司与深圳市沃特玛电池有限公司、泰兴市瑞峰机械有限公司、陈某某、原审被告沈忱合同纠纷[深圳市中级人民法院二审民事判决书(2019)粤03民终8516号]

【案情简介】某某保理公司起诉要求瑞峰公司支付回购价款本金250万元、延长期(15天)的保理融资费17500元及违约金(违约金以250万元为基数，按照年利率24%，自延长期结束后的2018年4月14日起计算至实际给付之日止)。但瑞峰公司认为某某保理公司实际发放的保理融资款已经预扣利息，实际不足250万元，应当按照实际发放的金额计算融资款本金，并在此基础上计算利息。

【裁判观点】当事人融资的目的是取得资金的使用利益，包括资金的期限利益，如果约定发放融资款时即要支付融资利息，实质上是剥夺了融资方对部分融资本金的期限利益。因此，预先在融资款中扣除融资利息的，法院应当将实际提供的融资款金额认定为本金。本案中，某某保理公司与瑞峰公司签订的“保理业务合同”之附件一“保理条款同意书”虽然约定保理融资费以预收的方式收取，但本案保理融资的本金仍然应当以某某保理公司实际发放的金额计算。

4. 某某保理公司与深圳鹭科万科技有限公司、江某合同纠纷[深圳前海合作区人民法院一审民事判决书(2018)粤0391民初3801号]

【争议焦点】关于鹭科万公司按合同约定在收款当日向原告支付的“保理费用”是否属于利息的提前扣除，以及如何认定本案融资款本金的问题。原告某某保理公司认为应以鹭科万公司收到的金额810万元计算，被告江某主张应当扣除鹭科万公收款当日已向原告支付的“保理费用”878400元，本金应为721600元。

【裁判观点】本案实际为借贷法律关系，借款人按约定于收款当日以支付“保理费用”的名义向出借人支付回款尽管并非通常出借款项时直接扣除利息后交付本金的行为，但结合《合同法》的立法目的、利息性质等分析，属于变相提前扣除利息，应予以否定性评价。故被告鹭科万公司按合同约定于收款当日已向原告支付的“保理费用”878400元，应认定为借款利息的提前扣除，鹭科万公司收到并实际支配的借款本金为7221600元。

三、“合同协议书”第 4 条的应用指南

(一)原文条款

> 四、合同文件构成
> 下列各项合同文件一起构成本合同:
> (1)合同协议书;
> (2)通用合同条款;
> (3)专用合同条款及其附件;
> (4)其他合同文件(如有);
> (5)补充协议(如有)。

(二)应用指南

“通用合同条款”第 5 条对本合同各文件的优先顺序作出了规定:“组成本合同的各项文件应互相解释,互为说明。除专用合同条款另有约定外,解释合同文件的优先顺序如下:

(1)补充协议(如有);

(2)合同协议书;

(3)专用合同条款及其附件;

(4)通用合同条款;

(5)其他合同文件(如有)。”

本团标文件较多,要注意先后顺序,如果“专用合同条款”没有另外约定,则应按照“通用合同条款”第 5 条的规定适用文件的先后顺序,在文件发生矛盾时,按照补充协议、合同协议书、专用合同条款及其附件、通用合同条款确定文件的效力。

四、“合同协议书”第 5 条的应用指南

(一)原文条款

> 五、承诺
> 1. 应收账款债权人承诺按照法律规定及本合同约定的期限和方式履行应收账款转让、应收账款转让通知、应收账款转让登记、支付保理费用、转付应收账款并履行陈述及保证等各项义务。
> 2. 商业保理人承诺按照法律规定及本合同约定的期限和方式提供保理服务、确保融通资金来源合法合规并履行陈述及保证等各项义务。

（二）应用指南

在无追索权的商业保理合同中，应收账款债权人应当履行应收账款转让、应收账款转让通知、应收账款转让登记、支付保理费用、转付应收账款并履行陈述及保证等各项义务。

商业保理人应当提供资金融通、应收账款管理、应收账款催收、应收账款债务人付款担保的保理服务、确保融通资金来源合法合规并履行陈述及保证等各项义务。

有追索权保理和无追索权保理在本条款中的主要区别在于有追索保理中，在特定情形下，保理人有权要求债权人回购应收账款。回购应收账款，指在应收账款到期而款项不能收回或不能足额收回时，应收账款债权人对保理人负有的、按约定回购价格从保理人处购回该应收账款的义务。

在有追索权保理合同项下，商业保理人不提供应收账款债务人付款担保服务。保理人可以向应收账款债权人主张返还保理融资款本息或者回购应收账款债权，也可以向应收账款债务人主张应收账款债权。

1. 应收账款转让

应收账款，是指应收账款债权人因提供商品、服务或者出租、出借、许可使用资产等形成的现有的金钱债权及其产生的收益。

应收账款债权人通过将现有的或者将有的应收账款转让给商业保理人，以获取保理人提供的资金融通、应收账款管理或者催收、应收账款债务人付款担保等服务。

2. 应收账款转让通知

应收账款债权人将应收账款转让给商业保理人的应当履行通知义务，未通知应收账款债务人的，该转让对债务人不发生效力。

3. 应收账款转让登记

除合同当事人在专用合同条款中选择其他转让登记日期外，在应收账款转让生效后，商业保理人有权在中国人民银行征信中心动产融资统一登记平台及其他政府部门要求的登记平台办理应收账款转让登记，应收账款债权人应予完全配合。

应收账款转让登记费用（包括初始登记费及变更登记费等）的承担主体由合同当事人在专用合同条款中约定。

4. 支付保理费用、转付应收账款

保理费用，是指商业保理人为提供保理服务而收取的费用或报酬，主要由保理融资款利息、保理服务费、杂费等组成。

应收账款债权人应当以电汇方式按照合同当事人在专用合同条款中约定的商业保理人指定银行账号支付保理费用。此外，除合同另有约定或商业保理人另有指定外，应收账款债权人向商业保理人支付相关款项（如保理费用、回购款）时，均应支付到该商业保理人指定银行账号。

（三）参考规范

《民法典》

第五百四十六条　债权人转让债权，未通知债务人的，该转让对债务人不发生效力。

第七百六十四条　保理人向应收账款债务人发出应收账款转让通知的，应当表明保理人身份并附有必要凭证。

第七百六十六条　当事人约定有追索权保理的，保理人可以向应收账款债权人主张返还保理融资款本息或者回购应收账款债权，也可以向应收账款债务人主张应收账款债权。保理人向应收账款债务人主张应收账款债权，在扣除保理融资款本息和相关费用后有剩余的，剩余部分应当返还给应收账款债权人。

五、“合同协议书”第6、7、8条的应用指南

（一）原文条款

六、词语含义

本合同协议书中词语含义与第二部分通用合同条款中赋予的含义相同。

七、签订时间

本合同于________年____月____日签订。

八、签订地点

本合同在____签订。

（二）应用指南

签订合同的时间应及时填写，以保障合同的合规性。在司法判断和地方金融监管部门的合规判断中，都需要确保应收账款的到期日晚于保理合同的签订日，或在保理合同签订日，有足够的资料体现保理客户即将在未来享有应收账款债权，以支持保理人和保理客户进行未来应收保理。

若双方协议约定合同签订地法院对案件进行管辖，则应选取和争议有实际联系的地点作为约定签订合同的地点。实践中，如果选取的管辖法院与双方交易的内容除了签订合同地以外没有其他联系的，法院通常会根据该行为是否会破坏诉讼秩序为标准判断管辖条款的效力，从而造成管辖条款的不确定性。

（三）参考规范

《民事诉讼法》

第二十四条　因合同纠纷提起的诉讼，由被告住所地或者合同履行地人民法院管辖。

第三十五条　合同或者其他财产权益纠纷的当事人可以书面协议选择被告住所地、合同履行地、合同签订地、原告住所地、标的物所在地等与争议有实际联系的地点的人民法院管辖，但不得违反本法对级别管辖和专属管辖的规定。

（四）参考案例

郭某铭与重庆度小满小额贷款有限公司、广州市天河区韦博语言培训中心小额借款合同纠纷一案［（2022）最高法民辖27号］

【案情背景】本案为互联网借贷案件。借款协议载明签署地、实际履行地为北京市海淀区，发生争议，由协议签署地人民法院管辖，度小满公司、郭某铭的住所地均不在北京市海淀区，现有证据材料无法证明当事人系在北京市海淀区签订并履行案涉借款协议，北京市海淀区与本案争议没有实际联系。

【法院观点】互联网借贷纠纷面广量大，虽然协议选择北京市海淀区人民法院管辖，系双方当事人在案涉合同中进行的明确约定，但是，在无证据材料可以证明北京市海淀区与本案争议有实际联系的情况下，如就此认定北京市海淀区人民法院是本案的管辖法院，势必造成大量案件通过协议管辖进入约定法院，破坏正常的民事诉讼管辖秩序，故案涉协议管辖条款无效。

六、"合同协议书"第9条的应用指南

（一）原文条款

> 九、补充协议
>
> 未尽事宜，合同当事人可以另行签订补充协议等其他合同文件。

（二）应用指南

在实践中，补充协议的名称可能多种多样，除了补充协议书之外，常见的还包括债务重整协议（展期协议）、各类单方承诺等。

这里要特别注意的是，除专用条款另有约定外，通用合同条款第1.5条规定，补充协议的效力大于合同附件的效力，在实操当中，如果补充协议作出在前，而合同专用条款的附件，如"应收账款转让申请暨确认书"作出在后，在二

者内容有明显冲突时,则二者效力的优先性就容易产生争议。故不建议在补充协议中约定专用条款的附件中已经有的项目。

最后,补充协议建议采用主合同系列编号,以方便未来在各类法律文书中提及该补充协议。

七、“合同协议书”第 10、11 条的应用指南

(一)原文条款

> 十、合同签订与生效
>
> 本合同以下述第________种方式签订并生效:
>
> (1)本合同采用线下方式签订,自合同当事人签章和/或法定代表人、授权代表在本合同上签章之日生效。
>
> (2)本合同采用线上方式签订,自合同当事人点击确认或以其他方式同意本合同之日,即视为合同当事人已经充分阅读并理解本合同所有条款的含义及相应法律后果,本合同自合同当事人以数据电文形式签订本合同之日生效。
>
> (3)本合同采用____方式签订,自____________之日生效。
>
> 十一、合同份数
>
> 本合同一式____份,均具有同等法律效力,应收账款债权人执____份,商业保理人执____份。

(二)应用指南

电子签名,是指数据电文中以电子形式所含、所附用于识别签名人身份并表明签名人认可其中内容的数据。

合同采用线上方式签订的,双方合同当事人可约定采用电子签名的方式签订合同。可靠的电子签名与手写签名或者盖章具有同等的法律效力。根据《电子签名法》第 13 条第 1 款的规定,电子签名需为签名人专用、仅由电子签名人控制,且对电子签名任何改动可被发现、对数据电文任何改动被发现。如果保理人需要使用电子签名的,可以向专业电子签名认证机构购买服务,以确保法院对电子签名予以认可。

(三)参考规范

《电子签名法》(2019 年修订)

第三条 民事活动中的合同或者其他文件、单证等文书,当事人可以约定使用或者不使用电子签名、数据电文。

当事人约定使用电子签名、数据电文的文书,不得仅因为其采用电子签名、数据电文的形式而否定其法律效力。

前款规定不适用下列文书：

（一）涉及婚姻、收养、继承等人身关系的；

（二）涉及停止供水、供热、供气等公用事业服务的；

（三）法律、行政法规规定的不适用电子文书的其他情形。

第十三条第一款　电子签名同时符合下列条件的，视为可靠的电子签名：

（一）电子签名制作数据用于电子签名时，属于电子签名人专有；

（二）签署时电子签名制作数据仅由电子签名人控制；

（三）签署后对电子签名的任何改动能够被发现；

（四）签署后对数据电文内容和形式的任何改动能够被发现。

第三章　“通用合同条款”和“专用合同条款”理解、运用及风险提示

一、“通用合同条款”和“专用合同条款”第 1 条的应用指南

(一)原文条款

第二部分　通用合同条款

1.一般约定

1.1　词语定义与解释

除非上下文另有规定,合同协议书、通用合同条款、专用合同条款中的下列词语具有本款所赋予的含义:

1.1.1　合同

1.1.1.1　本合同:是指根据法律规定和合同当事人约定具有约束力的文件,构成合同的文件包括合同协议书、专用合同条款、通用合同条款以及其他合同文件。

1.1.1.2　合同协议书:是指构成本合同的应收账款债权人与商业保理人共同签署的称为“合同协议书”的书面文件。

1.1.1.3　通用合同条款:是指构成本合同的应收账款债权人与商业保理人共同签署的称为“通用合同条款”的书面文件。

1.1.1.4　专用合同条款及其附件:是指构成本合同的应收账款债权人与商业保理人共同签署的称为“专用合同条款”的书面文件及其合同当事人签署的格式如专用合同条款附件的其他书面文件。

1.1.1.5　其他合同文件:是指经合同当事人约定的与本合同有关的具有合同约束力的文件。合同当事人可以在专用合同条款中进行约定。

1.1.1.6　补充协议:是指经合同当事人约定的对合同协议书、专用合同条款及其附件、通用合同条款以及其他合同文件进行补充或者变更并具有合同约束力的文件。

1.1.1.7　基础交易合同:是指应收账款债权人与应收账款债务人签订的有关提供商品、服务或者出租、出借、许可使用资产等的交易合同。

1.1.1.8　寄售合同:是指销售人委托代理人销售商品的合同。代理人负有推销和妥善保管商品的义务,销售款以及未售完的商品均属销售人所有,代理人只提取佣金的交易合同。

1.1.2 合同当事人及相关方

1.1.2.1 合同当事人:是指签订本合同的当事人,包括应收账款债权人和商业保理人,如应收账款债务人或其他相关方以签订本合同或其他方式同意加入成为本合同当事人的,该应收账款债务人或其他相关方也成为合同当事人之一。

1.1.2.2 应收账款债权人:是指因提供商品、服务或者出租、出借、许可使用资产等而获得的要求应收账款债务人支付金钱价款的权利人。

1.1.2.3 商业保理人:是指以保理为主营业务的非银行法人企业。

1.1.2.4 应收账款债务人:是指因接受商品、服务或者承租、借用、被许可使用资产等而应当向应收账款债权人支付金钱价款的义务人。

1.1.2.5 保理客户:是指接受保理服务的合同当事人,包括应收账款债权人以及成为本合同当事人的应收账款债务人或其他相关方。

1.1.3 应收账款

1.1.3.1 应收账款:是指应收账款债权人因提供商品、服务或者出租、出借、许可使用资产等形成的现有的或者将有的金钱债权及其产生的收益。依受让时应收账款是否产生分类,分为现有应收账款和将有应收账款。

1.1.3.2 现有应收账款:是指应收账款债权人转让给商业保理人时或此前已经产生的应收账款。

1.1.3.3 将有应收账款:是指应收账款债权人转让给商业保理人时尚未产生的应收账款。

1.1.3.4 合格应收账款:是指应收账款债权人转让给商业保理人时,符合本合同约定的合格标准的应收账款。

1.1.3.5 已受让应收账款:是指应收账款债权人向商业保理人申请转让且商业保理人已同意受让的应收账款。

1.1.4 保理服务及类型

1.1.4.1 商业保理:是指以应收账款债权人转让其应收账款为前提,集资金融通、应收账款管理、应收账款催收、应收账款债务人付款担保于一体的综合性金融服务。

1.1.4.2 资金融通:是指商业保理人基于应收账款转让,向应收账款债权人预先支付保理融资款的行为。

1.1.4.3 应收账款管理:是指商业保理人基于本合同,定期或者不定期向应收账款债权人提供关于应收账款回收情况、逾期账款情况、对账单等财务和统计报表的行为。

1.1.4.4 应收账款催收:是指商业保理人基于本合同,对所受让的应收账款进行保理结算与收款的行为,但不包括在未受让应收账款的情形下受托从事催收、讨债业务的行为。

1.1.4.5 付款担保:是指商业保理人为保障应收账款到期收回,与应收账款债权人约定,对受让的到期无法从应收账款债务人处收回的应收账款,由商业保理人履行债务或者承担责任。

1.1.4.6 商业纠纷:是指应收账款债务人或其他当事人对于其付款义务的任何异议,包括但不限于应收账款债务人提出的抗辩、抵销、索赔或类似行为,或者出现第三方对应收账款主张权利等情形。

1.1.4.7 信用风险:是指应收账款债务人不能偿付或拒绝偿付债务而导致应收账款债权人或商业保理人潜在损失的可能性。

1.1.4.8 无追索权保理:是指商业保理人在保理融资期限届满、应收账款债务人发生信用风险未按基础交易合同约定按时足额支付应收账款时,应当向应收账款债务人主张应收账款债权,不能向应收账款债权人主张回购应收账款的保理。

1.1.4.9 公开保理:是指应收账款转让时,应收账款债权人和商业保理人将应收账款转让事实通知应收账款债务人的保理。

1.1.4.10 隐蔽保理:是指应收账款转让时,应收账款债权人和商业保理人未将应收账款转让事实通知应收账款债务人的保理。

1.1.4.11 直接回款保理:是指要求应收账款债务人直接向商业保理人支付已受让应收账款的保理。

1.1.4.12 间接回款保理:是指不要求应收账款债务人直接向商业保理人支付已受让应收账款的保理。

1.1.5 额度

1.1.5.1 保理融资额度:是指商业保理人为应收账款债权人核定的资金融通额度。根据本合同的约定,保理融资额度可以是可循环额度或不可循环额度。

1.1.5.2 可循环的保理融资额度:是指可以多次向商业保理人申请保理融资,但商业保理人为应收账款债权人提供的保理融资款余额不得超过保理融资额度的额度类型。

1.1.5.3 不可循环的保理融资额度:是指可以多次向商业保理人申请保理融资,但商业保理人为应收账款债权人提供的保理融资款累计金额不得超过保理融资额度的额度类型。

1.1.5.4 保理融资额度有效期:是指应收账款债权人可以向商业保理人提出保理融资申请的期限。

1.1.5.5 累计信用额度:是指在无追索权保理业务中,商业保理人拟就所有应收账款债务人核准的未清偿债务的额度。

1.1.5.6 信用额度:是指在无追索权保理业务中,商业保理人拟就某一特定应收账款债务人核准的未清偿债务的额度。

1.1.5.7 信用额度有效期:是指应收账款债权人可以向商业保理人提出应收账款债务人付款担保申请的期限。

1.1.6 日期和期限

1.1.6.1 应收账款到期日:是指应收账款债务人应当向应收账款债权人支付应收账款的日期。该日期可以在基础交易合同或债权凭证中约定或推定。

1.1.6.2 宽限期:是指商业保理人和应收账款债权人对应收账款债务人未在约定期限内全额付款所给予的宽限时间。

1.1.6.3 保理融资期限:是指商业保理人向应收账款债权人发放保理融资款之日起至应收账款债务人应当向商业保理人支付应收账款的期间。保理融资期限可由商业保理人和应收账款债权人在本合同中根据应收账款到期日、宽限期等因素综合确定。

1.1.6.4 日:除特别指明外,均指日历日。合同中按日计算时间的,开始当日不计入,从次日开始计算,期限最后一日的截止时间为当天24:00时。

1.1.7 价款与费用

1.1.7.1 保理融资款:是指商业保理人因受让应收账款而在应收账款到期前向应收账款债权人预先支付的转让对价。

1.1.7.2 保理费用:是指商业保理人为提供保理服务而收取的费用或报酬,主要由保理融资款利息、保理服务费、杂费等组成。

1.1.7.3 保理融资款利息:是指商业保理人就其预先支付的保理融资款而向应收账款债权人、应收账款债务人或其他第三方收取的利息,一般分为正常期利息、宽限期利息和逾期利息。

1.1.7.4 保理服务费:是指商业保理人因提供保理服务而向应收账款债权人、应收账款债务人或其他第三方收取的费用。

1.1.7.5 杂费:是指在合同订立及履行过程中商业保理人收取的未进行专门定义的费用,譬如发票处理费、代收代付的登记费。

1.1.7.6 保证金:是指为保障应收账款债权人、应收账款债务人或其他第三方按约履行合同相关义务而由商业保理人收取的现金担保。

1.1.7.7 回购款:是指应收账款债权人基于合同的约定,在一定条件下购回已受让应收账款时,向商业保理人支付的转让对价。

1.1.7.8 为实现债权而产生的费用:是指包括但不限于诉讼费、仲裁费、财产保全费、保全担保费或保险费、执行费、送达费、公告费、评估费、拍卖费、公证费、律师费在内的追索债权而产生的费用。

1.1.8 其他

1.1.8.1 保理专户:是指以应收账款债权人或商业保理人名义开立的结算账户,作为接收已经转让给商业保理人的应收账款的账户。

1.1.8.2 书面形式:是指合同文件、信函、电报、传真、数据电文等可以有形地表现所载内容的形式。

1.2 语言文字

本合同以中国的汉语简体文字编写、解释和说明。合同当事人在专用合同条款中约定使用两种以上语言时,汉语为优先解释和说明合同的语言。

1.3 法律

合同所称法律是指中华人民共和国法律、行政法规。

合同当事人可以在专用合同条款中约定本合同适用的其他规范性文件。

1.4 标准

1.4.1 对于本合同第二部分通用合同条款及本合同上下文中未作定义或解释的术语,适用《T/CATIS 001-2020 商业保理术语》中的词语定义与解释。

1.4.2 适用于本合同的其他国家标准、行业标准、团体标准、地方标准等,合同当事人有特别要求的,应在专用合同条款中约定。

1.5 合同文件的优先顺序

组成本合同的各项文件应互相解释,互为说明。除专用合同条款另有约定外,解释合同文件的优先顺序如下:

(1)补充协议(如有);

(2)合同协议书;

(3)专用合同条款及其附件;

(4)通用合同条款;

(5)其他合同文件(如有)。

1.6 联络

1.6.1 与本合同有关的通知、确认、批准、证明、证书、指示、指令、要求、请求、同意、意见和决定等,均应采用书面形式。

1.6.2 合同当事人应在专用合同条款中约定各自的送达接收人、联系地址和联系方式。任何一方合同当事人指定的接收人、联系地址和联系方式发生变动的,应提前3日以书面形式通知对方。

1.6.3 因本合同发生任何纠纷而诉诸司法机关(法院/仲裁机构/公证机构)的,本合同约定的送达接收人、联系地址和联系方式将作为各自的司法送达地址,确认的送达地址适用于包括一审、二审、再审、执行等各个阶段。如果提供的送达地址不确切、或不及时告知变更后的地址,导致司法文书无法送达或未及时送达,该方将自行承担由此可能产生的法律后果。受诉司法机关邮寄至送达地址即视为有效送达。

1.6.4 如司法机关采用电子送达方式(即区别于传统纸质邮寄送达方式,而是通过电子邮件、手机号、即时通讯号、网络送达平台等电子送达方式)送达诉讼文书(包括但不限于:案件受理通知书、传票、举证通知书、应诉通知书、交纳诉讼费用通知书等程序性文书,判决书、裁定书、调解书等裁判文书),本合同约定的电子邮箱、即时通讯号将作为各自接收司法送达的特定系统,该电子送达地址适用于包括一审、二审、再审、执行等各个诉讼阶段。如果提供的电子送达地址不确切、或不及时告知变更后的电子送达地址,导致诉讼文书无法送达或未及时送达,该方将自行承担由此可能产生的法律效果。受诉司法机关将诉讼文书进入该特定系统时即视为有效送达。

（二）应用指南

本条是关于商业保理合同常用词语概念、适用语言和法律、相关标准、合同文件的优先顺序及联络问题的约定。

1. 关于保理交易中的合同类型及合同相关方的界定

保理合同是有名合同、要式合同。《民法典》第761条明确规定："保理合同是应收账款债权人将现有的或者将有的应收账款转让给保理人，保理人提供资金融通、应收账款管理或者催收、应收账款债务人付款担保等服务的合同。"《商业保理合同准则》就保理相关的合同列举了8种，即"本合同""合同协议书""通用合同条款""专用合同条款及其附件""其他合同文件""补充协议""基础交易合同""寄售合同"。其中"基础交易合同"与《联合国国际贸易应收款转让公约》中的"原始合同"相同，被定义为"转让人与债务人之间据以产生所转让应收款的合同"。其他7种合同在相关公约中未予明确定义。此8种合同是保理人业务活动中最常用的，实际操作中一般会根据交易需要有所增减。

《商业保理合同准则》中定义了5类保理合同当事人及相关方，即"合同当事人""应收账款债权人""商业保理人""应收账款债务人""保理客户"。

《国际保理业务通用规则》仅定义了4类保理，即"供应商"（通常亦称客户或卖方）、"债务人"（通常亦称买方或顾客）、"出口保理人"、"进口保理人"。《商业保理合同准则》中"应收账款债权人""应收账款债务人"应分别相当于《国际保理业务通用规则》中的"供应商"（通常亦称客户或卖方）、"债务人"（通常亦称买方或顾客）。名称不同，实质意义是相同的，也就是在保理交易中的合同地位相同。

2. 保理服务类型、额度的相关界定

商业保理服务通常包括资金融通、应收账款管理、应收账款催收、应收账款债务人付款担保4项内容。《商业保理合同准则》中此点界定与《国际保理公约》中商业保理服务的规定基本一致。《国际保理公约》第1.2.2条规定商业保理服务的4项内容为：（a）为供应商融通资金，包括贷款和预付款；（b）保持与应收账款有关的账目（总账）；（c）催收应收账款；（d）坏账担保。最大不同点是：《国际保理公约》规定商业保理人应履行至少两项以上述职能。

根据不同的标准，保理可以分为不同的种类。常见的分类如下。

（1）按照提供保理业务的机构不同分类，则分银行保理和商业保理两种。

（2）按照基础交易当事人及基础交易行为是否跨境分类，则分国内保理和国际保理两种。

（3）按照是否将应收账款转让的事实通知债务人分类，则分明保理（公开保理)和暗保理(隐蔽保理)两种。

(4)按照保理业务融资方式分类,则分折扣保理和到期保理两种。

(5)按照保理人是否承担债务人的信用风险分类,则分有追索权的保理和无追索权的保理两种。

(6)按照应收账款债务人是否向保理人直接支付已受让应收账款分类,则分有直接回款保理、间接回款保理。《商业保理合同准则》中明确定义了5种保理,即无追索权保理、公开保理、隐蔽保理、直接回款保理、间接回款保理。

实际的商务活动中要远远多于此5种保理业务类型。

3. 保理合同中日期和期限的界定

保理合同中最重要的日期和期限应该就是“应收账款到期日”和“保理融资期限”。应收账款到期日决定了商业保理人可以实际向应收账款债务人主张清偿债权的日期。保理融资期限是关乎商业保理人支付保理融资款后所需承担的资金占用成本即风险的重要考量因素之一。

4. 保理合同中语言文字、使用法律、标准的界定

虽然《国际保理业务通用规则》第4条规定“进口保理人与出口保理人之间联络的通用语言为英语,如以其他语言提供信息,则必须附加英语翻译”;但是在域内使用本国的语言文字是国际通例,也是国家主权的一种体现。因此《商业保理合同准则》明确确定,保理交易中的“本合同”应当使用中国的汉语简体文字,包括合并文本的编写、解释以及相关的说明,并明确“专用合同条款”中如约定使用两种以上语言文字时,汉语版本具有法律上的优先性。

基于上述同样的理由,保理合同中的法律如无特别说明应当指中华人民共和国法律、行政法规。这与《立法法》中明确的法律基本一致的。为了贯彻商业领域“私法自治”原则,保理合同当事人也可以在“专用合同条款”中自行约定保理合同适用其他规范性文件,“其他规范性文件”应当包括其他国家的法律法规或国际公约。

关于保理合同的相关标准主要明确两点:一是约定优先,合同当事人可以约定任一国家的国家标准、行业标准、团体标准、地方标准等;二是兜底说明,《商业保理合同准则》未定义或解释的相关术语,可适用《T/CATI 001—2020商业保理术语》中的词语定义和解释。

5. 保理合同中相关合同文件的优先顺序

保理合同中相关合同文件的优先顺序问题主要涉及相应条款的效力问题,特别是在存有歧义的条款或不同合同文本(条款)约定不一致时什么文本(条款)效力上优先适用问题。

相关合同文件的优先顺序首先是有特别约定合同文件具有最优先的效力。这是尊重合同当事人意思自治的体现。在没有专用合同条款特别约定的情况下,解释合同文件的优先顺序如下:(1)补充协议;(2)合同协议书;(3)专用合同条款及附件;(4)通用合同条款;(5)其他合同文件。

6. 保理合同中有关各方联络及视为送达条款的约定

司法实践中,通知和送达不仅是合同双方的难题,也是法院的难题。为此,最高人民法院还发布《关于进一步推进案件繁简分流优化司法资源配置的若干意见》(法发〔2016〕21号)进一步规范诉讼法律文件约定送达的效力。这同时也为保理合同联络和送达条款的设置提供了充分的启示。“时间就是金钱。”时间的流逝也必然导致债务成本的不断增加。控制时间就是控制了相关的商业成本。《商业保理合同准则》对联络的约定是比较精准的。首先,确定了联络必须是书面形式。这一点体现了保理人业务活动的正式性,也保证了随后可能的司法举证的便捷性。其次,明确了保理合同当事人之间应当在专用合同条款中约定各自的接收人、联系地址和联系方式,并明确上述接收人、联系地址和联系方式发生变动的,应提前3日以书面形式通知对方。

针对保理合同发生纠纷引起的司法机关(法院/仲裁机构/公证机构)送达约定及各种原因可能产生无法送达的情况,以及因此导致的法律后果如何承担的约定《商业保理合同准则》规定得明确细致。针对互联网时代到来司法机关采用电子送达方式送达诉讼文书的情况及一方可能因提供的电子送达地址不确切、或不及时告知变更后的电子送达地址,导致诉讼文书无法送达或未及时送达而产生的法律效果《商业保理合同准则》也作了明确的约定。此约定在当前实为必要且系明智之举。

二、“通用合同条款”和“专用合同条款”第2.1、2.2条的应用指南

(一)原文条款

> 2. 应收账款转让与受让
>
> 2.1　转让申请
>
> 2.1.1　应收账款债权人申请转让其对应收账款债务人的应收账款时,应按商业保理人要求提供以下材料:
>
> (1)应收账款债权人签署的格式如专用合同条款附件的《应收账款转让申请暨确认书》;
>
> (2)申请转让应收账款对应的基础交易合同;
>
> (3)申请转让应收账款对应的发票(如有);
>
> (4)基础交易合同项下的其他商业单据(包括但不限于运输、收货、对账、保险单据等);

(5)应收账款债权人与应收账款债务人的历史交易记录；

(6)应收账款债权人与应收账款债务人的证照、许可、征信记录、决议等；

(7)商业保理人要求的其他证明文件。

2.1.2 就上述通用合同条款第2.1.1条规定的材料，应收账款债权人应向商业保理人提交签章复印件，并提供原件供商业保理人核对，商业保理人亦可收取相关材料的原件。

2.1.3 应收账款债权人应确保其申请转让的应收账款为符合合格标准的应收账款，即不存在下列任一情形的应收账款：

(1)基础交易合同不真实、未成立、不生效、无效、被撤销或者终止；

(2)已超过诉讼时效的；

(3)已逾期或应收账款债权人应当预见将逾期的；

(4)正在或应收账款债权人应当预见将发生商业纠纷的；

(5)基于关联交易形成的应收账款(商业保理人已事先知晓的除外)；

(6)基于寄售合同形成的应收账款；

(7)已消灭、被转让或设定担保、或被设定为信托名下财产的；

(8)正在或应收账款债权人应当预见将被第三方主张权利的(如代位权等)；

(9)被采取冻结、查封等法律强制措施的；

(10)存在其他权利瑕疵的；

(11)法律规定不得转让的。

合同当事人可以在专用合同条款中对应收账款的合格标准作出补充约定。

2.2 受让

商业保理人有权自行判断是否接受应收账款债权人的应收账款转让申请。保理人在应收账款债权人签署的《应收账款转让申请暨确认书》上签署确认时，应收账款转让生效，该应收账款即成为商业保理人已受让应收账款。

(二)应用指南

1. 关于保理中应收账款债权转让适用《民法典》债权转让规则的规定

保理必须具备的一个基本要素是应收账款债权的转让，没有应收账款的转让就不具备保理合同的成立要件，而应收账款本是债权的一种，应收账款的转让属于债权转让，应收账款债权人就是债权转让中的出让人，保理人就是债权转让中的受让人，应收账款债务人就是债权转让中的债务人。因此，在《民法典》第16章保理合同中没有特别规定的情形中，应当适用《民法典》合同编第6章关于债权转让的一般规定，具体而言，在债权转让的范围内，适用以下规定：

(1)不得转让的债权的规定。(第545条)

(2)关于债权转让通知的效力和撤销的规定。(第546条)

(3)债权受让人取得与债权有关的从权利的规定。(第547条)

(4)债务人对让与人的抗辩可以继续向受让人主张的规定。(第548条)

(5)债务人对受让人主张抵销权的规定。(第549条)

(6)债权转让增加的履行费用的负担的规定。(第550条)

当然,《民法典》第6章债权转让中未规定,但在《民法典》其他地方对债权转让有规定的,也要在保理中予以适用,如《民法典》第502条第3款中对债权转让批准的规定。因此,保理业务在开展过程中,应收账款的转让也要遵守债权转让的相关规定。

债权转让是指不改变债权的内容,由债权人通过合同将债权转让给第三人。从鼓励交易、促进市场经济发展的目的来看,法律应当允许债权人的转让行为,承认债权的经济价值,使得债权具有流通性,实现担保融资、托收、贴现、保理、资产证券化等多种交易模式的构建。因此,债权原则上具有可转让性,债权人可以转让其债权,无论该债权是现有的还是将有的债权,只要债权可以被特定化。此时,债权人作为让与人,与第三人作为受让人之间,必须经过协商一致达成债权转让合同,转让合同的行为作为民事法律行为应当适用民事法律行为的一般性规定。同时,依据《民法典》第502条,如果按照法律、行政法规规定,债权转让应当办理批准等手续的,依照其规定;如未办理批准等手续影响债权转让合同生效的,不影响合同中履行报批等义务条款以及相关条款的效力;应当办理申请批准等手续的当事人未履行义务的,对方可以请求其承担违反该义务的责任。债权人既可以将债权全部转让,也可以将债权部分转让。债权全部转让的,第三人作为受让人取代原债权人即让与人的地位,成为新的债权人;债权部分转让的,第三人作为受让人,除受让人和让与人另有约定外,受让人与让与人按份享有债权。

依据让与人与受让人之间的债权转让合同,除非让与人和受让人之间另有约定,或者让与人在订立转让合同时知道或者应当知道,则让与人负有保证债权转让时确实存在、所有与该转让有关的文件或合同都是真实的并与其所声称的保持一致、其对该债权有处分权、其不会进行任何使得转让债权的价值落空或者减损的行为、债务人对转让债权没有抗辩和抵销权、第三人不得向受让人主张任何权利等瑕疵担保义务,否则应当对受让人承担责任。但是,除非另有明确的约定,让与人并不对受让人承诺债务人具有或者将具有履行能力。同时,受让人取得债权后,为了使受让人的债权便于实现,受让人享有让与人告知主张转让债权的必要信息和交付转让债权证明文件的请求权。

为了维护社会公共利益或者特定主体的私人利益,法律又对债权的可转让性进行了一定限制。为此,一些国家和地区的民法都对不得转让的权利作出了规定。例如,《日本民法典》第466条规定,债权得让与之,但其性质不容许让与者,不在此限。我国台湾地区“民法”第294条规定,债权人得将债权让与第三人。但下列债权不在此限:(1)依债权之性质,不得让与者;(2)依当事人之特约,不得转让者;(3)债权禁止扣押者。我国《民法典》第545条明确规定有以下情形之一的,债权人不得转让其权利。

一是根据债权性质不得转让的权利。

根据债权性质不得转让的权利,主要包括以下类型:(1)当事人基于信任关系订立的委托合同、赠与合同等产生的债权。例如,赠与合同的赠与人明确表示将赠与的钱用于某贫困地区希望小学的建设,受赠人如果将受赠的权利转让给他人,用来建造别的项目,显然违反了赠与人订立合同的目的,损害了赠与人的合法权益。(2)债权人的变动必然导致债权内容的实质性变更,例如要求医院进行手术或者要求律师提供咨询的债权;不作为债权一般也不可被单独转让。(3)债权人的变动会危害债务人基于基础关系所享有的利益,实质性地增加了债务人的负担或风险,或实质性地损害了债务人的利益。

在债权的部分转让中,不可分的债权根据债权性质不得被部分转让。同时,债权部分转让如果实质性地增加了债务人的负担或者风险的,也不得被部分转让。金钱债权的部分转让不会实质性地增加债务人的履行负担,故金钱债权可以部分转让。对于非金钱债权而言,只有对该债权的履行是可分的,并且部分转让不会实质性地增加债务人的履行负担或者风险的,才可以被部分转让。

二是按照当事人约定不得转让的权利。

当事人可以对债权的转让作出特别约定,禁止债权人将权利转让给第三人以维护当事人利益。具体而言,能够防止债务人面对可能更为苛刻的新债权人,确保交易清算过程明晰,避免会计财务等事务手续的繁杂,避免因忽略转让通知而向让与人错误履行的风险,避免受让人住所地不利的法律和税收制度,保障充分的抵消利益等。这种约定只要是有效的,债权人就应当遵守,不得再将权利转让给他人;否则其行为构成违约,造成债务人利益损害的,债权人应当承担违约责任。

三是依照法律规定不得转让的权利。

我国一些法律中对某些权利的转让作出了禁止性规定。对这些规定,当事人应当严格遵守,不得违反法律的规定,擅自转让法律禁止转让的权利。例如,我国文物购销一直实行国家统一管理、收购和经营的政策，禁止私自倒卖文物的行为。为了保护国家的历史文化遗产，严格控制文物的出境，禁止公民个人私自将文物卖给外国人，根据文物保护法的规定，私人收藏的文物，严禁倒卖牟利，严禁私自卖给外国人。私人收藏的文物其所有权受国家的法律保护，其所有权的转移必须严格遵守国家法律的规定，转移的渠道要受法律的限制。因此，公民不得违反该规定将文物买卖合同中取得文物的债权转让给外国人。《信托法》第 11 条第 4 项规定，专以诉讼或者讨债为目的设立的信托无效，因此，不得专以诉讼或者讨债为目的设立信托而进行债权转让。

应当注意的是，债权不得转让的目的有可能是维护社会公共利益，也有可能是保护让与人、债务人或者特定第三人的私人利益，如果是后一种保护目的，则被保护主体的同意原则上可以使债权具有可转让性。例如，《保险法》第 34 条第 2 款规定，按照以死亡为给付保险金条件的合同所签发的保险单，未经被保险人书面同意，不得转让或者质押。保险单债权的禁止转让是为了保护被保险人，避免发生道德风险，此时，被保险人的书面同意可以使保险单债权能够被转让。同时，还需要注意的是，《民法典》第 761 条规定，可以将现有的或者将有的应收账款转让给保理人，这与第 440 条第 6 项所规定的将有的应收账款也可以被出质的精神是一致的，但是这些债权的转让不得违反法律、行政法规的强制性规定和违背公序良俗。

按照当事人约定不得转让的权利中，债权人违反约定未经债务人同意而转让债权的，应当依法对债务人承担违约责任。但是，受让人能否取得债权，对此存在不同观点和立法例。一种观点认为受让人不能取得债权，另一种观点认为债务人可以主张债权转让合同无效，也有观点认为善意受让人能够取得债权。立法过程中，有意见提出，应当对此予以明确，以统一实践。经研究，考虑到债务人利益保护和债权流通性之间的平衡，在通过民事法律行为转让该类债权时，如果被转让的债权是非金钱债权，区分受让人的善恶意予以不同处理。在受让人为善意时，受让人取得债权，债务人不能对受让人主张债权禁止转让的抗辩，以保护善意的受让人并保障债权的流通价值；在受让人为恶意时，受让人仍然取得债权，但债务人有权向受让人主张债权禁止转让的抗辩。如果被转让的债权是金钱债权，金钱债权的转让对债务人所造成的影响较小，金钱债权的流通性价值在实践中非常重要，其与融资之间的关系更为密切，实践中的债权转让也主要是金钱债权的转让。此时，受让人无论善意还是恶意，都能取得债权，债务人不能对受让人主张债权禁止转让的抗辩，债务人因此所遭受的损失，有权请求让与人承担违约损害赔偿责任。据此，《民法典》第 545 条增加了第 2

款:“当事人约定非金钱债权不得转让的,不得对抗善意第三人。当事人约定金钱债权不得转让的,不得对抗第三人。”《民法典》对金钱债权作出的特殊规定,与《国际商事合同通则》第 9. 1. 9 条、《欧洲合同法原则》第 11:301 条、《国际保理公约》第 6 条第 1 款、《联合国国际贸易应收账款转让公约》第 9 条、《联合国国际贸易法委员会担保交易示范法》第 13 条基本一致,体现了最新的立法趋势。

最后,需要注意的是,有关证券、债券、票据等权利的转让,存在证券法、票据法等特别法规定,依据《民法典》第 11 条,应当适用这些特别规定。同时,在我国法律中,除了通过民事法律行为转让债权外,还存在一些法定的债权移转情形,债权转让的一些规则可以参照适用于这些情形;在应收账款质押中,对应收账款债务人的效力也可以参照适用债权转让的规则。因此,保理业务中应收账款的转让,也应当适用债权转让的相关规定进行执行。

2. 关于虚构应收账款或基础交易对保理合同的影响

(1)《民法典》对应收账款虚假的相关意见

应收账款或基础交易虚假,是保理实践中的突出问题。典型的场景是,在尽职调查过程中,保理人通常会向债务人核实应收账款的真实性,债务人在征询函或其他文书上确认该应收账款真实存在,保理人因而与债权人签订保理合同,事后保理人向债务人主张权利时,债务人以基础交易合同不实或应收账款虚假为由进行抗辩。此时,债权转让合同或者保理合同并非因此当然无效,但保理人有权依法以欺诈为由请求撤销其与债权人之间的合同,同时依据《民法典》第 157 条的规定,有权请求债权人承担撤销后的返还财产、赔偿损失责任。依据债权人和保理人之间的合同,债权人负有保证所转让债权是真实的义务,保理人也有权解除合同并请求债权人承担违约赔偿责任。但是,债务人是否以及如何向保理人承担责任,在实践中争议较大,因此《民法典》对此予以明确规定。当然,这个问题不仅在保理中存在,在其他债权转让中也同样存在,在其他债权转让中如果出现类似的问题,可以参照适用《民法典》予以处理。

针对此种情形,一种方式是统一规定通谋虚伪表示不得对抗善意第三人,这当然也适用于《民法典》所针对的情形,如《奥地利普通民法典》第 916 条第 2 款、《日本民法典》第 94 条第 2 款以及我国台湾地区“民法”第 87 条第 1 项等。另一种方式是对民法典所针对的情形予以特别规定,例如《德国民法典》第 405 条规定,债务人出具关于债务之文书者,如于文书提出时而为债权让与,债务人不得对新债权人主张债之“关系之成立或者承认系出于虚伪,或者与原债权人曾有债权不得让与之约定。但新债权人于债权让与时明知或者可得而知其情事者,不在此限”。《瑞士债务法》第 18 条第 2 款也采取了类似的方式。还有一种方式是受让人有权请求债务人承担侵权的损失赔偿责任。无论采取哪一种立法方式,共识是此种情形中,债务人应当向受让人(保理人)承担责任,区别在于所承担的责任是债务人不得以债权不存在为由对受让人提出抗辩,而必须履行本不存在的债权所对应的债务,还是对受让人承担侵权赔偿责任,但是最终的结果并无实质区别。经研究,对此种情形明确予以规定,并采取债务人不得以债权不存在为由对受让人提出抗辩的方式,有助于实践中对债务人承担责任的数额的确定,能够对受让人(保理人)的利益予以充分保护。

《民法典》适用的前提是,首先,作为转让标的的应收账款不存在。所谓应收账款不存在,包括应收账款全部不存在,也包括应收账款存在但与真实债权数额不实,因而部分不存在。

其次,应收账款不存在是因为应收账款债权人与债务人虚构。虚构的方式是多样的,可能是以下两种方式:①应收账款债权人与债务人通谋以虚假的意思表示制造了虚假应收账款的外观。这属于《民法典》第 146 条第 1 款所规定的通谋虚假行为,即行为人与相对人以虚假的意思表示实施的民事法律行为无效;但是,该无效仅是在应收账款债权人和债务人之间无效,不得对抗据此产生信赖的保理人。②债务人向保理人确认应收账款的真实性,制造了虚假应收账款的外观。虽然债权一般不具有权利外观,原则上不适用善意取得,但是,在《民法典》所针对的情形中,债权在例外情况下具有一定的权利外观,对据此产生信赖的债权受让人(保理人)应当予以保护。

最后,保理人因此对应收账款存在产生了合理的信赖,从而签订了保理合同。保理人必须是因应收账款债权人与债务人的虚构对应收账款的存在产生了合理的信赖,受让人若在未对此有所信赖的情形下而蒙受不利,例如,在受让某笔虚构的将来债权的情形下,受让人受让将来债权时,并非基于对该债权的信赖而给付对价,就不适用《民法典》。同时,保理人的信赖必须是合理的。《民法典》中的应收账款不包括因票据或其他有价证券而产生的付款请求权,而仅仅是普通的债权。普通债权与票据等证券化债权不同,保理人本来就没有充分理由仅依据债权存在的外观而信赖债权的真实存在,而负有必要的调查核实的义务。保理人调查核实债权的真实性有时成本较高,如在债权打包转让的情形中,涉及大量债权,保理人单独对涉及这些债权的发票或者合同逐一核实,审查难度较大。因此,在实践中,保理人通常会向债务人调查核实。如果债务人确认了债权的真实性,虽然不应因此而完全免除保理人的调查核实义务,但此时保理人一般能够相信债务人不存在债权真实性的抗辩,这会使保理人对债权真实性的审核义务降低,保理人的合理信赖更容易构成。因此,《民法典》规定在保理人明知债权不存在的情形下,保理人就不存在合理信赖,不能适用《民法典》予以保护。这一方面考虑到,在债务人确认的情形中,受让人对债权真实性的审核义务较低,仅限于保理人“明知”债权不存在的情形中才不适用《民法典》的规定,这有助于避免过分增加受让人的审核义务;另一方面,保理人也不能因为债务人的确认而完全不对债权进行任何的调查核实,在保理人完全可以通过成本较低的审核措施就能够发现债权不存在的情形中,就有理由认为保理人对债权不存在是明知的。

《民法典》适用的法律后果是,应收账款债务人不得以应收账款不存在为由对抗保理人。这意味着,在债务人虚构或者确认债权的范围内,保理人仍有权请求债务人履行如同债权存在时相对应的债务,债务人不得以应收账款实际上不存在为由对保理人提出抗辩。

(2)虚假应收账款是否影响保理合同的性质与效力

实践中,虚构应收账款主要有三种情形:第一种情形是保理企业与用款人通谋,保理人在明知用款人无真实应收账款的前提下,仍然为其提供融资,甚至协助、提示用款人编造基础交易合同。此种情形下,保理人的融资风险显著增加,但其多通过提高融资利息、第三人另行担保等方式实现风控补偿。第二种情形是保理人未与用款人通谋,保理人仅根据用款人提交的其与虚假应收账款债务人编造的虚假基础交易合同或者对应收账款的确认,即订立保理合同并提供保理融资款,后债务人以应收账款虚假为由抗辩。第三种情形是保理人已对基础交易合同及相关凭证进行了必要审查,仍未发现应收账款为虚构的情形。对第一种和第三种情形,既有裁判观点均较为一致,分别支持债务人与保理人;唯对第二种情形,是否支持保理人的诉请,存有较大争议。争议的核心是保理人审查的强度要求,是形式审查还是实质审查,要审查到何种程度。

《民法典》第763条的规定,就上述情形作出了准确的回应:“应收账款债权人与债务人虚构应收账款作为转让标的,与保理人订立保理合同的,应收账款债务人不得以应收账款不存在为由对抗保理人,但是保理人明知虚构的除外。”根据该条规定,只有保理人明知应收账款为虚构的,才能支持虚构应收账款的债务人的抗辩。就该条规定,有以下几点值得注意。

一是应收账款债权人与债务人虚构应收账款对保理合同效力的影响。

在保理交易中,始终要注意区分两个不同的合同关系,并且明确是讨论哪个合同的效力。在应收账款债权人与债务人虚构基础交易合同而保理人并非明知的情形下,首先应当明确的是,应收账款债权人与债务人因为通谋虚伪表示,故二者之间的基础交易合同无效,但不影响保理合同的效力。在保理合同中,保理人是受欺诈的一方。《民法典》第 148 条规定:"一方以欺诈手段,使对方在违背真实意思的情况下实施的民事法律行为,受欺诈方有权请求人民法院或者仲裁机构予以撤销。"如果保理人选择撤销,则其可以根据《民法典》第 157 条的规定,主张撤销保理合同,并要求用款人返还财产、赔偿损失,此时的损失,应当为期间的资金占用成本。如果保理人未选择主张合同无效,而是按照保理合同的既有约定,向虚假应收账款债权人主张追索权,则亦应当按照保理合同的约定,支持保理人的诉请。

二是保理人向虚构应收账款的债务人主张权利的处理。

《民法典》第 763 条规定"应收账款债务人不得以应收账款不存在为由对抗保理人"的情景,是保理人选择以基础交易合同为依据,要求应收账款债务人履行应收账款的付款义务的路径。保理人之所以能够以基础交易合同关系为依据,向虚构应收账款债务人主张权利,是因为其从债权人处受让了基础交易合同项下的债权,承继了债权人的地位。基础交易合同本身因债权人和债务人属于《民法典》第 146 条第 1 款规定的"行为人与相对人以虚假意思表示实施的民事法律行为无效"的情形,但《民法典》总则部分未就此种情形中对第三人的影响,特别是债权受让人的效力问题作出规定。《民法典》第 763 条对此予以明确,即虚构应收账款债务人不得以此对保理人的履约诉请提出抗辩。

三是关于保理人明知的判断标准。

虽然根据《商业银行保理业务管理暂行办法》第 14、15 条的规定,保理人应当"从严审查交易背景真实性""重点对交易对手、交易商品及贸易习惯等内容进行审核,并通过审核单据原件或银行认可的电子贸易信息等方式,确认相关交易行为真实合理存在"。如果保理人未按照上述标准审查应收账款的真实性,对此亦有过错,不应予以保护,或者亦应承担相应责任。但是保理人自身的风险控制措施与行政监管机关对保理人的管理要求,并不构成其对其他交易主体的义务,不能成为其自身权利减损的事实和法律依据。

从主观过错来看,如非显而易见的疏失,其过错与虚假应收账款债权人及债务人之间的恶意串通骗取保理人的资金的过错,不可同日而语。前者为恶意骗贷,后者为疏于风控。不应以后者的风控疏失激励恶意串通骗贷者从中获利。从风险负担上来看,保理人并非应收账款所涉行业的专业经营者,其发现虚构应收账款的成本,要高于刻意造假的应收账款债权人及债务人的成本。如果过于苛求保理人的审查义务,特别是实质审查义务,不仅将显著增加保理人的经营成本,而且等于激励债务人与债权人虚构应收账款后逃债。保理人这种经营成本的增加，最终仍将转化到其提供融资的交易价格当中，提升整个社会的交易成本，亦非善治。

《民法典》第763条将债务人抗辩的事由限定为“明知”而非“应知”，说明立法者对保理人的审查义务标准要求是比较低的。据此，在司法审判中，对“明知”的认定标准的把握，应当以一个普通人的常识作为判断标准进行认定，对基础交易合同或债务确认书的审查，应当以形式审查为主，而不应苛求保理人对整个基础交易及所有可能的交易凭证进行实质审查，更不应苛求保理人进行实地勘察。当然，从另一方面说，如债务人提供录音、视频、邮件等证据证明，保理人直接参与，甚至指导虚构应收账款，则应当认定保理人确属明知。

3. 关于未来应收账款叙做保理的适格性

(1)未来应收账款叙做保理的合法性

《民法典》第761条所规定的“将有的应收账款”，是指保理合同订立时尚未产生的应收账款，也被称为未来应收账款。值得注意的是，该条规定将“将有的应收账款”也纳入可以叙做保理的应收账款范围，与中国银行业监督管理委员会（以下简称银监会）2014年4月发布的《商业银行保理业务管理暂行办法》（以下简称《管理办法》）第13条有关商业银行不得基于未来应收账款而产生的付款请求权等开展保理融资业务的规定，有显著不同。

从规范层级上来看，《管理办法》为规章，效力低于作为法律的《民法典》；从颁行时间上看，《管理办法》在先，《民法典》在后；从调整对象看，《管理办法》是对商业银行经营行为的监督管理，《民法典》是对保理合同双方合同效力关系的界定。监管机构严格限制对未来应收账款债权转让叙做保理，主要基于对金融机构审慎经营原则的要求，因为通常而言，未来应收账款的风险要远大于现有应收账款债权。但是，《管理办法》不调整合同关系，合同效力的认定只能由人民法院及仲裁委员会依法确定，而不是由行政监管机关认定。因此，无论从调整合同的规范层级、调整对象看，还是从规范目的、行权机关看，都不应以《管理办法》为依据，认定合同无效。《民法典》第761条的规定，更是强化了这一判断。作为问题的另一面，此条规定也并不意味着其必然排斥行政监管机关从金融安全、金融风险防控角度对被监管主体作出更为严格的风控要求。路归路，桥归桥，对二者无须进行人为捆绑。

就司法审判角度而言，应以《民法典》第761条的规定为依据，认定此种保理合同有效，而不应以作为规章的《管理办法》的管理性规定为依据，认定此种保理合同无效。实务中，允许对能够确定产生的未来应收账款（比如航空公司下一年度的机票收入、景区下一年的门票收入）进行转让的方式融资，这有利于拓宽企业融资渠道，解决融资难问题。《民法典》对此予以肯定，确为亮点。2020 年 1 月 1 日起施行的《应收账款质押登记办法》(中国人民银行令〔2019〕第 4 号)(现已失效)第 2 条将“未来的金钱债权”作为可以登记的应收账款范围，并在第 34 条规定，“以融资为目的的应收账款转让”参照该办法办理登记，体现出中国人民银行对未来应收账款转让也持肯定态度。

(2)未来应收账款叙做保理的要求

虽然，《民法典》第 761 条认可未来应收账款叙做保理，但是对未来应收账款也有一定的要求，要求该应收账款应当具有可确定性和可清偿性。

第一，未来应收账款的可确定性。商业保理中未来应收账款的可确定性标准并未要求达到一般民事法律关系对客体明确确定的程度，而是未来应收账款可以在性质、种类、发生期间、债务人及最高数额等方面作出一定程度确定性的概括，不要求未来应收账款具有事先的、完全个别化的可能，而是能在事后形成个别化的应收账款的可能即可。

第二，未来应收账款的可执行性。商业保理中的可执行性是指未来应收账款有被履行的可能。保理人在基础贸易合同合法有效存在的前提下，可以根据供应商历史相同或相似的交易信息，合理预测供应商提供的未来应收账款被履行的可能，并根据该可能性确定商业保理合同的融资额度等。

因此，不能一概认为所有的未来应收账款均可作为保理标的，仍应对其从合法性、可确定性、可执行性方面综合判断。如果不具备该三个主要特征，保理人与债权人之间的法律关系很大可能不会被认定为保理关系，而应当按照普通借款关系进行认定。

4. 关于基础交易合同协商变更或者终止对保理人效力的规定

依据保理合同，为保障保理人地位，应收账款债权人负有不减损该应收账款债权价值的义务，因此，债权人不能通过与债务人协商，作出任何使转让的应收账款债权价值落空或者减损的行为，债权人违反该义务时，保理人有权依法解除保理合同并请求债权人承担违约责任。但问题是，这些行为是否对保理人发生效力。为保护保理人的利益，借鉴《德国民法典》第 407 条第 1 款、《联合国国际贸易应收账款转让公约》第 20 条、《欧洲合同法原则》第 11:308 条、《联合国国际贸易法委员会担保交易示范法》第 66 条、《美国统一商法典》第 9-405 条(a)(b)等立法例，《民法典》对此作出明确规定。

《民法典》第 765 条适用的前提如下：首先，应收账款债权人和债务人协商作出了有关转让债权的民事法律行为。该民事法律行为必须是关于转让债权的，如果不涉及转让债权，不会对保理人发生影响，就不适用《民法典》。而且，必须是债权人和债务人协商一致作出了法律行为，这里既包括协商变更或者终止基础交易合同的情形，如延期、和解、协议抵销、协议解除等，也包括债权人免除债务人的债务而债务人未在合理期限内拒绝的情形；但是，不应当包括基于法律规定以及债务人单方行使基于法律规定享有的法定解除权等使基础交易合同发生变更或者终止的情形。

其次，该民事法律行为对保理人产生不利影响。这里意味着债权人和债务人通过协商使应收账款债权的价值落空或者减损，而对保理人产生不利影响，如债权人和债务人协商一致变更基础交易合同而减少了债权数额，或者协商一致解除基础交易合同而对保理人产生了不利影响。如果债权人和债务人的行为对保理人是有利的，自然无须保理人同意即可对保理人发生有利的效力。

再次，该民事法律行为发生在债务人接到债权转让通知后。债务人接到债权转让通知前，由于债权转让对债务人不发生效力，债务人有权主张债权人仍然对债权有处分权，此时债权人和债务人协商一致作出的民事法律行为，即使导致保理人利益受损，该行为仍然对保理人发生效力，保理人所取得的债权发生相应变动，保理人仅能依法解除保理合同并请求债权人承担违约责任。

最后，对保理人产生不利影响的民事法律行为无正当理由。这里所谓的正当理由，第一是指经过保理人的同意。如果经过保理人的同意，自然能够对保理人发生效力。第二是指该民事法律行为符合诚信原则且保理人并无合理理由反对的情形，具体可能包括：(1)基础交易合同已约定可变更或者终止的情形。毕竟债务人原本依据基础交易合同享有与让与人协商变更、消灭其债之关系的自由，此种自由不应因债权人转让其债权而丧失，并且保理人能够通过尽职调查知道该约定的存在进而采取其他风险预防措施。(2)政府合同和复杂的合同安排中，尤其是对数额尚未最终确定的债权。例如，建筑商将对业主的付款请求权转让给保理人并且通知之后，建筑商和业主变更约定由业主向建筑商预付款项，以使建筑商有能力支付工资、购买原料等，从而继续进行建筑工程，此种预付是必要的，否则建筑商可能会发生资金链断裂，这就会涉及更换建筑商，交易无法进行，而业主也会拒绝付款，对转让债权的实现最终也会发生不利影响，故应当允许如此变更；如果涉及无法合理预料的工程量增减，也同样应当允许变更。对保理人而言，保理人也能够预知该等债权即使被转让，但在正常的业务过程中也可能会有合理的变动，因此同样能够采取风险的预防措施，如可以有效地约定业主的任何变更都构成违约。当然，即使该等行为对保理人发生效力，也不影响债权人依照法律规定或者按照约定对保理人承担违约责任。

《民法典》规定的法律后果是，该民事法律行为对保理人不发生效力。这意味着，保理人仍然可以根据该民事法律行为成立之前的债权状况请求债务人履行支付应收账款的债务。该规定的目的是保护保理人利益，保理人当然也可以放弃此种保护，而选择依法解除保理合同并请求债权人承担违约责任。债权人与债务人恶意串通变更或者终止基础交易合同，损害保理人利益的，保理人也有权选择依据《民法典》第1168条的规定主张债权人与债务人构成共同侵权，请求他们对造成的损失承担连带责任。

为了鼓励交易，促进社会财富的增长和市场经济的发展，在不损害第三人利益的前提下应当允许当事人自愿协商修改合同，而不轻易认定修改行为无效。但是为了平衡各方利益，立法应当限定一定的前提和条件。前提是要看通知债务人债权转让事实的时间，即如果修改行为发生在通知债务人之前，债务人对债权转让并不知情，就应当考虑对债务人信赖利益的保护。如果修改行为发生在通知债务人之后，则不存在对债务人信赖利益的保护问题。限定的条件：一是基础合同的修改不会根本影响保理合同目的的实现；二是因基础合同的修改使保理人受到损失的，保理人有权向应收账款出让方请求赔偿；三是应收账款出让方与债务人恶意串通损害保理人利益的，其修改行为无效。

（三）参考规范

1.《民法典》

第一百四十六条　行为人与相对人以虚假的意思表示实施的民事法律行为无效。

以虚假的意思表示隐藏的民事法律行为的效力，依照有关法律规定处理。

第五百四十五条　债权人可以将债权的全部或者部分转让给第三人，但是有下列情形之一的除外：

（一）根据债权性质不得转让；

（二）按照当事人约定不得转让；

（三）依照法律规定不得转让。

当事人约定非金钱债权不得转让的，不得对抗善意第三人。当事人约定金钱债权不得转让的，不得对抗第三人。

第七百六十三条　应收账款债权人与债务人虚构应收账款作为转让标的，与保理人订立保理合同的，应收账款债务人不得以应收账款不存在为由对抗保理人，但是保理人明知虚构的除外。

第七百六十五条　应收账款债务人接到应收账款转让通知后，应收账款债权人与债务人无正当理由协商变更或者终止基础交易合同，对保理人产生不利影响的，对保理人不发生效力。

第七百六十九条 本章没有规定的，适用本编第六章债权转让的有关规定。

2.《应收账款质押登记办法》

第二条 本办法所称应收账款是指权利人因提供一定的货物、服务或设施而获得的要求义务人付款的权利以及依法享有的其他付款请求权，包括现有的和未来的金钱债权，但不包括因票据或其他有价证券而产生的付款请求权，以及法律、行政法规禁止转让的付款请求权。

本办法所称的应收账款包括下列权利：

（一）销售、出租产生的债权，包括销售货物，供应水、电、气、暖，知识产权的许可使用，出租动产或不动产等；

（二）提供医疗、教育、旅游等服务或劳务产生的债权；

（三）能源、交通运输、水利、环境保护、市政工程等基础设施和公用事业项目收益权；

（四）提供贷款或其他信用活动产生的债权；

（五）其他以合同为基础的具有金钱给付内容的债权。

3.《商业银行保理业务管理暂行办法》

第七条 商业银行应当按照“权属确定，转让明责”的原则，严格审核并确认债权的真实性，确保应收账款初始权属清晰确定、历次转让凭证完整、权责无争议。

第十三条 商业银行应当根据自身内部控制水平和风险管理能力，制定适合叙做保理融资业务的应收账款标准，规范应收账款范围。商业银行不得基于不合法基础交易合同、寄售合同、未来应收账款、权属不清的应收账款、因票据或其他有价证券而产生的付款请求权等开展保理融资业务。

未来应收账款是指合同项下卖方义务未履行完毕的预期应收账款。

权属不清的应收账款是指权属具有不确定性的应收账款，包括但不限于已在其他银行或商业保理公司等第三方办理出质或转让的应收账款。获得质权人书面同意解押并放弃抵质押权利和获得受让人书面同意转让应收账款权属的除外。

因票据或其他有价证券而产生的付款请求权是指票据或其他有价证券的持票人无需持有票据或有价证券产生的基础交易应收账款单据，仅依据票据或有价证券本身即可向票据或有价证券主债务人请求按票据或有价证券上记载的金额付款的权利。

第十四条　商业银行受理保理融资业务时，应当严格审核卖方和/或买方的资信、经营及财务状况，分析拟做保理融资的应收账款情况，包括是否出质、转让以及账龄结构等，合理判断买方的付款意愿、付款能力以及卖方的回购能力，审查买卖合同等资料的真实性与合法性。对因提供服务、承接工程或其他非销售商品原因所产生的应收账款，或买卖双方为关联企业的应收账款，应当从严审查交易背景真实性和定价的合理性。

4. 上海市浦东新区人民法院《2014—2019 年涉自贸区商业保理案件审判情况通报》

（一）关于基础交易

1. 基础交易不真实将影响保理合同的效力

基础交易真实性瑕疵有可能导致保理合同无效。真实性瑕疵通常表现为虚构基础交易、伪造基础交易材料、应收债权不存在、基础交易不具备履行可能、约定的标的物数量与实际不一致等。

如有些案件反映，保理公司明知基础交易真实性存在瑕疵，而仍与融资方缔结保理合同，此时系争交易构成“名为保理，实为借贷”，缔约各方间并不构成保理合同关系，我院对所涉交易将以借款合同予以认定。

若有证据证明保理公司不知道或不应当知道基础交易系伪造或不真实，则不影响保理合同的效力。如某起案件中，保理公司已审核了合同、交易凭证等基础交易材料，发送了应收账款转让通知并取得债务人确认回执，法院认为其已尽到了应有的注意义务，有理由相信基础交易的真实存在，该基础交易的真实性瑕疵未影响保理合同效力。

2. 基础交易真实性的审查判断标准

保理公司对基础交易的审查范围和程度是判断其是否全面适当履行审查义务的关键。通常而言，保理公司作为专业从事并开展保理业务的机构，理应承担作为专业交易者的较高注意义务。

如某起案件中，被告辩称基础交易中的增值税发票无登记信息、基础合同虚假，法院经审理认为，保理公司已就基础交易凭证进行了审查，系争发票具有增值税发票的一般特征，发票号亦真实存在，足以让保理公司产生增值税发票为真的信赖，因此发票虚假的事实仅能说明融资方存在恶意欺骗情形，不足以证明保理公司存在恶意。

建议：

首先，增强审慎审查基础交易真实性的意识。作为理性的专业交易者，保理公司需认识到自身的审查义务应当高于普通交易者，应尽可能通过所了解和掌握的信息、采取合理方法,对基础交易进行适当的审查。

其次,全面审核相关书面基础交易材料。保理公司应全面查阅交易合同条款并核验交易单据、财务凭证的真实性及相关性;审查所涉业务是否合法、真实,合同条款是否涉及违反法律强制性或者禁止性规定的情形;通过公开信息核验基础合同所涉及的相关证照、单据、凭证、票据是否真实有效;基础合同文本、发货清单、增值税发票、第三方单据等是否相互关联等。

再次,尽可能加大对基础交易的审查力度。在条件允许的情况下,保理公司可通过实地走访、访谈等方式开展尽职调查,如至仓库等项目所在地核查基础交易下的标的物状况、核验标的物出入库及物流状态、对相关人员开展访谈了解上下游贸易情况等。

最后,对审查过程应当留档保全备查,形成规范、完整的基础交易核查流程,以确保审查义务履行的可视化和可追溯。

(二)关于应收账款转让

1. 未来应收账款可转让性的判断标准

债权人与保理公司间的应收账款转让是保理关系的核心。现实债权因已确定存在,故除法定或约定不可转让外,均具备可转让性;而未来债权是否具备可转让性,主要以该特定债权的确定性程度作为判断标准。

如某起案件中,基于POS机交易的未来债权不具备确定性,案涉保理合同所依附的应收债权不具有可转让性及可执行性,故保理公司和融资方间的交易以借款合同关系予以认定。

特定未来应收账款的确定性程度需根据个案具体情况,综合考虑予以认定,可基于以下两个方面予以考量:一是考虑交易标的及交易对手,如以高速公路通行费等特许经营收入为交易标的,其业务性质具有相对的稳定性,交易对手虽也涉及不特定的多数人,但结合交易标的的性质,其整体营业收入是相对稳定的,因此这类应收债权具有较高的确定性。二是考虑交易的时间跨度及交易频率,如有的应收账款产生于债权人与债务人间的长期固定业务合作收入,时间跨度较长且交易金额、频次均相对稳定,已形成了稳定的交易关系,则该类应收债权的确定性较高;而若交易时间跨度较短,且交易金额波动较大的,则应收账款的确定性程度较低。

建议:

应当在审查基础交易关系真实性的同时,全面评估应收账款的可转让性。尤其是对于涉及不特定多数人的未来债权,更需基于交易行业及标的的性质,确定交易审查的时间跨度,综合考量交易频率及金额的稳定性,评估未来应收账款的确定性程度。

（四）参考案例

1. 广东自贸区司法保障典型案例之七：×公司诉Z公司保理合同纠纷案

【基本案情】2014年9月10日，×公司、Z公司及P银行签订了“应收账款转让登记协议”，约定：×公司将其对Z公司的应收账款债权14075631.2元转让给P银行，并在中国人民银行征信中心办理了动产权属初始登记。P银行向Z公司的住所地邮寄了“应收账款转让通知书”，网上查询显示Z公司收到该邮件。后×公司与Z公司进行两次对账，先后确认Z公司的欠款总额为16912873.11元、7294293.11元。第二次对账后，Z公司向×公司支付了100万元。P银行确认其与×公司存在金融借款关系，×公司向该行申请了3000余万元的融资性借款，包括流动资金贷款、银行承兑汇票业务、保理业务，尚欠本金16956002元，案涉应收账款转让协议是对保理业务提供的担保。×公司认为，Z公司向×公司的付款都是支付到×公司的保理账号上，×公司应P银行要求提起诉讼，主张Z公司支付拖欠的货款6294293.11元及产生的利息。对于两次对账之间的差额问题，×公司和Z公司均确认第二次对账涉及实际付款情况，属于双方对欠款数额的最终确认。

【裁判观点】法院认为，×公司向P银行申请贷款，并将其对Z公司的应收账款债权转让给该分行作为贷款的担保，×公司不向P银行收取债权转让的费用，故三方之间形成保理合同关系，包括作为基础合同法律关系的买卖合同关系及债权转让关系。鉴于保理合同在我国合同法领域尚属无名合同，故应适用合同法中有关债权转让的相关规定，并考虑此类合同的特殊性。×公司与P银行签订“应收账款转让登记协议”后，P银行已向Z公司邮寄债权转让通知，且在本案中亦以第三人的身份参加诉讼，故该债权转让行为对Z公司产生法律效力，该公司应当直接向P银行清偿其对×公司所负债务。×公司对Z公司的债权人地位已被P银行取代，×公司无权再向Z公司主张债权。×公司与Z公司最终对账确认的欠款数额与“应收账款转让登记协议”约定的应收账款数额不同，虽然基础合同与债权转让合同有一定的权利义务牵连，但二者是相互独立的合同，故P银行无权要求Z公司按“应收账款转让登记协议”约定的数额偿还欠款，但可以根据合同相对性原理，在其保理目的无法实现的情况下，另循法律途径向×公司主张权利。

【典型意义】本案三方当事人之间存在保理合同关系，该法律关系包括买卖合同关系和债权转让关系。鉴于保理合同属于我国合同法领域的无名合同，故法院在本案中以适用债权转让相关规定为原则，兼顾保理合同的特殊性，从合同相对性角度出发，明确了销售商将债权转让给保理人后无权再要求购买方支付货款、保理人只能在其受让的债权数额范围内向购买方主张权利的裁判规则。

2. 丙公司与甲保理公司、荆州市沃特玛电池有限公司等其他合同纠纷［上海金融法院二审民事判决书（2019）沪 74 民终 418 号］

【案情简介】2017 年 4 月 20 日，丙公司与甲保理公司签订“商业保理业务合同”，约定甲保理公司向丙公司提供最高额 2000 万元的国内有追索权保理融资服务。同日，丙公司与甲保理公司签订了《应收账款转让协议》《应收账款转让通知书》。贺某江向甲保理公司出具“最高额担保函”，提供最高额度 2400 万元的连带责任担保。2017 年 4 月 21 日，丙公司向甲保理公司背书转让了票据金额为 500 万元、汇票到期日为 2018 年 2 月 24 日的电子商业承兑汇票，甲保理公司发放到期日为 2018 年 3 月 6 日的 500 万元保理融资款。2017 年 4 月 27 日，丙公司向甲保理公司背书转让了票据金额均为 200 万元、汇票到期日分别为 2018 年 3 月 24 日、25 日的两张电子商业承兑汇票，甲保理公司发放了到期日分别为 2018 年 4 月 3 日、4 日的两笔 200 万元保理融资款。上述三张电子商业承兑汇票到期后，甲保理公司提示付款均未获兑付。上述三笔保理融资款到期后，甲保理公司亦未收到乙公司、贺某江应支付的应收账款。

【裁判要旨】在以票据背书转让作为债权转让形式的保理交易中，若交易各方未约定交付票据后原债权即消灭，则票据到期后未能兑付时，不能视为债务人履行了付款义务。保理公司既可以基于票据关系主张权利，也可以基于保理合同主张权利。

【裁判观点】法院认为，丙公司将涉案应收账款债权以票据背书的形式转让给甲保理公司，乙公司确认收到《应收账款转让通知书》，该债权转让行为已对债务人即乙公司生效，故乙公司应向甲保理公司履行付款义务。乙公司虽辩称其向丙公司背书转让涉案三张电子商业承兑汇票的行为应视为履行了付款义务，但因系争交易各方并未约定交付票据后原债权即消灭，甲保理公司未实现票据付款请求权，表明其作为债权人未能获得实际完全给付，其与乙公司之间的债权债务关系并未消灭，故其有权就应收账款债权请求权与票据追索权择一行使。因此，甲保理公司要求乙公司支付应收账款债权本金 900 万元的主张，具有事实和法律依据，法院予以支持。因甲保理公司在保理融资到期后，未足额收回应收账款，故其有权按照涉案《商业保理业务合同》的约定行使追索权。因此，甲保理公司要求丙公司归还保理融资本金 900 万元并支付逾期违约金的主张，法院亦予以支持。

【裁判意义】涉票据结算保理系保理业务的一种创新形式,保理公司在受让应收账款的同时受让了作为该笔应收账款结算工具的票据,保理关系与票据关系出现了交叉,存在基于票据权利及保理合同两类权利的主张路径。本案对于"票据到期未能兑付,不能视为债务人履行了付款义务"的认定,厘清了两种不同的法律关系,系对保理创新业务的认可,有利于促进保理行业的健康有序发展。

3. 南京新一棉纺织印染有限公司、合肥科技农村商业银行股份有限公司宁国路支行合同纠纷[合肥市中级人民法院二审民事判决书(2018)皖01民终981号]

【裁判观点】法院认为,关于本案的管辖问题,南京新一公司已提起过管辖权异议,管辖权异议申请已经法院终审裁决。故管辖问题不属本案的审查范围,本案中不再对此进行审理。

关于南京新一公司主张一审法院漏查科农行在本案保理合同中,约定的应收账款有部分属于未来应收账款的上诉理由,法院认为,关于银行不得基于未来应收账款开展保理业务的内容规定于《商业银行保理业务管理暂行办法》,该暂行办法系中国银监会的规范性文件,不属于法律、行政法规。因此,无论本案是否涉及未来应收账款,均不影响保理合同的效力及当事人的权利义务关系,因此,保理合同标的物是否涉及未来应收账款与本案的审理结果无关,不属于本案必须查明的事实。

科农行与瑞安棉业公司办理了应收账款转让、受让的相关手续,且在中国人民银行征信中心办理了动产权属登记。应收账款转让通知书已经依法通知了南京新一公司,南京新一公司予以签收,且南京新一公司对应收账款的真实性以及基础交易合同项下的卖方义务已履行情况进行了书面确认。科农行也对基础交易合同的履行进行了相应的审查,审查了"基础交易合同"以及"基础交易合同"项下发票的开具和发货通知单。南京新一公司亦未提供证据证明科农行审查时相应发票已作废且科农行对此知晓。综上,科农行已履行了保理合同中保理银行方相应的审查义务,产生合理信赖并有理由相信涉案应收账款债权真实、合法、有效。

科农行不是基础交易合同的当事人,南京新一公司在应收账款转让通知书中以债务人的身份签收确认,并承诺:"卖方已经按照基础交易合同的约定履行了基础交易合同项下的主要义务和其他已到期的义务",该承诺合法有效。本案的基础交易合同为买卖合同,卖方的主要义务就是交付货物。由于该应收账款转让通知书载明一式三份,应收账款债权人、应收账款债务人、应收账款受让银行各留一份。因此，上述承诺应理解为南京新一公司向科农行认可瑞安棉业公司已履行交货义务，应当发生抗辩切断的法律效果，如果基础交易关系债务人再就其承诺的相应事项向受让人提出抗辩，则违反诚实信用原则，法院不予支持。《合同法》第 82 条规定的抗辩权的立法目的，系为保护债务人之利益不致因债权转让而受损。根据上述规定，债权转让后，债务人对抗辩权的行使享有选择权，其既可以对原债权人主张，也可以向受让人主张。由于基础交易合同的双方当事人均向科农行认可瑞安棉业公司已履行供货义务，双方不得以此对抗作为善意第三人的科农行。但南京新一公司对瑞安棉业公司所享有的实体权利并未因此而消灭。即便南京新一公司和瑞安棉业公司之间的涉案基础交易合同签订后确系存在未履行的情况，也是南京新一公司和瑞安棉业公司之间的纠纷问题，不属本案的审理范围。

4. 恒丰银行股份有限公司重庆分行、华弘国际工程设计有限公司等与瞿某某、兰某某等合同纠纷［重庆市高级人民法院二审民事判决书（2020）渝民终 183 号］

【裁判观点】法院认为，本案中恒丰银行重庆分行与亿森林公司之间应当是借款关系，而非一审法院所认定的保理合同关系。理由如下：（1）恒丰银行重庆分行与康信公司签订的“保理服务合同”、康信公司与亿森林公司签订的“售后回租租赁合同”、恒丰银行重庆分行与亿森林公司签订的“贸易融资主协议”均非各方的真实意思表示，恒丰银行重庆分行同时向康信公司与亿森林公司提供保理的真实目的就是向亿森林公司发放贷款。其一，正常情况下，保理银行会对应收账款债权所涉及的基础合同进行审查之后才会签订保理合同，而本案中，在康信公司与亿森林公司签订“售后回租租赁合同”之前，恒丰银行重庆分行就与康信公司签订了“保理服务合同”。其二，康信公司将其对亿森林公司的债权转让给恒丰银行重庆分行的同时，恒丰银行重庆分行又接受亿森林公司提出的买方保理业务申请，针对康信公司转让的该笔债权为亿森林公司提供买方信用风险担保，导致恒丰银行重庆分行同时拥有债权人和担保人的身份，这也让康信公司转让债权给恒丰银行重庆分行的行为失去意义。其三，恒丰银行重庆分行主张其基于为亿森林公司提供买方保理担保垫款的行为要求亿森林公司还款，但恒丰银行重庆分行所谓的垫款是指从账号为 9133××××××××××××××的账户向账号为 9133××××××××××××××的账户转款的行为，两个账户其实都是恒丰银行重庆分行的，因此如果认定恒丰银行重庆分行与亿森林公司之间是保理合同关系，则恒丰银行重庆分行在本案中的诉求就变成其基于自己向自己付款的行为对亿森林公司主张还款，有悖常理。其四，康信公司与亿森林公司2016年8月14日签订“售后回租租赁合同”,8月15日将债权转让给恒丰银行重庆分行,8月16日收到恒丰银行重庆分行的3800万元,当日将该款划至亿森林公司。由此可以看出,康信公司从保理银行取得的融资款实际用于履行作为保理关系基础合同的“售后回租租赁合同”。而在康信公司向亿森林公司付款之前,康信公司就已经将债权转让给了恒丰银行重庆分行,这与亿森林公司提交的“买方保理业务申请书”背面“办理买方保理业务的条款和条件(背面)”关于“申请人承诺前述保理业务项下的应付账款具有真实的交易背景,且该应付账款为卖方已适当履行了基础交易合同项下义务的应付账款”的记载明显不符。以上事实表明,恒丰银行重庆分行与康信公司关于保理的意思表示虚假,康信公司在整个交易模式中的主要作用就在于,协助恒丰银行重庆分行将资金转给亿森林公司。其五,恒丰银行重庆分行、康信公司、亿森林公司签订的“恒丰银行股份有限公司‘恒租通’保理三方合作协议”表明,三方对各自之间的关系是清楚的,各方都明知资金来源于恒丰银行重庆分行,而亿森林公司应当直接还款给恒丰银行重庆分行,三方合作的目的是确保恒丰银行重庆分行的贷款发放给亿森林公司。(2)根据恒丰银行重庆分行在上诉状中的陈述和二审的当庭陈述,本案的交易模式就是恒丰银行重庆分行设计,恒丰银行重庆分行一方面向亿森林公司提供售后回租融资模式的咨询服务,为亿森林公司提供康信公司作为其相对方的市场信息并对康信公司进行资信调查,促成“售后回租租赁合同”的签订;另一方面为亿森林公司提供买方信用风险担保额度,在其到期不能支付售后回租的租赁本金及利息时,为其承担买方信用风险担保责任;该行同时为“售后回租租赁合同”的双方康信公司与亿森林公司提供保理服务也是该交易模式的组成部分。恒丰银行重庆分行、康信公司、亿森林公司之间所签合同以及三方共同签订的“恒丰银行股份有限公司‘恒租通’保理三方合作协议”也证明,各方实际上也是按照恒丰银行重庆分行所设计的交易模式在操作。(3)恒丰银行重庆分行和亿森林公司之间的“综合授信额度合同”是双方的真实意思表示且已经实际履行,亿森林公司实际收到源自恒丰银行重庆分行的3800万元资金。综上,恒丰银行重庆分行和亿森林公司之间应系借款关系,一审法院认定其为保理合同关系错误,二审法院依法予以纠正。

5. 华讯方舟股份有限公司与某某保理公司、上海致汶商贸有限公司等合同纠纷[苏州市中级人民法院二审民事判决书(2020)苏05民终2443号]

【裁判观点】法院认为,本案当事人争议的焦点是华讯方舟公司主张编号为HXFZC0201707014的“采购合同”实际未履行能否对抗债权受让人某某保理公司的问题。因致汶公司对华讯方舟公司享有应收账款债权并向某某保理公司转让该应收账款债权是办理本案保理业务的基础，某某保理公司作为保理人对该应收账款的真实性、合法性、有效性进行审核是避免其权益受损的必经环节。致汶公司向某某保理公司提供了编号为 HXFZC0201707014 的“采购合同”、到货验收单、致汶公司向华讯方舟公司开具的价税合计金额为 47910460 元的增值税专用发票复印件，致汶公司在增值税专用发票复印件上加盖公章，某某保理公司指派工作人员去致汶公司处进行核实并由华讯方舟公司在编号为 HXFZC0201707014 的“采购合同”复印件、到货验收单复印件、“应收账款转让通知书”回执、“送达地址确认书”上加盖公章予以确认。“应收账款转让通知书”中载明了应收账款的基础合同是编号为 HXFZC0201707014 的“采购合同”、金额为 47910460 元、相应的增值税专用发票号码及开票日期、应收账款到期日等，均与编号为 HXFZC0201707014 的“采购合同”、到货验收单、增值税专用发票复印件反映的内容一致，且“应收账款转让通知书”的回执中载明“我方确认被转让的应收账款是真实的、排他的、无商业纠纷的、尚未到期且尚未支付的合法应收账款，该通知书的内容真实无误”，故足以使某某保理公司产生合理信赖并有理由相信涉案应收账款真实、合法、有效，某某保理公司已尽审慎审核义务。华讯方舟公司作为一家上市公司，内部有严格的规章制度，其在某某保理公司提供的相关材料上盖章，应当是经内部的审批流程后才能实施的行为，且所涉盖章的材料对其有重大的利益影响，其盖章前对所需盖章材料的内容进行审核是前提，华讯方舟公司认为公司的盖章流程不健全、存在一定过错的抗辩意见，缺乏说服力。本案所涉应收账款转让已经在中国人民银行征信中心进行了初始登记，具有公示效力，且华讯方舟公司在应收账款到日期后未向某某保理公司提出书面异议，华讯方舟公司对其主张应提供有效证据加以证明，但华讯方舟公司未能提供相关证据推翻其作出的书面证明，故华讯方舟公司提出的合同实际未履行的抗辩意见不能成立。因华讯方舟公司已经签收“应收账款转让通知书”，故涉案应收账款债权转让对华讯方舟公司产生约束力，华讯方舟公司应向某某保理公司支付相应的应收账款。

三、“通用合同条款”和“专用合同条款”第 2.3、2.4 条的应用指南

（一）原文条款

2.3 转让通知 应收账款转让生效后，区分下列两类情形进行应收账款转让通知：

2.3.1 如应收账款债权人与商业保理人在《应收账款转让申请暨确认书》中约定采用"公开保理"方式的,除合同当事人在专用合同条款中选择其他转让通知方式外,应采取以下方式进行该应收账款的转让通知:

(1)在应收账款转让生效后,应收账款债权人应与商业保理人共同签署格式如专用合同条款附件的《应收账款转让通知书》并有效送达给应收账款债务人;且

(2)应收账款债权人有义务及时促成应收账款债务人以签署《应收账款转让通知书回执》或其他令商业保理人满意的方式确认其已收到并认可该转让通知。

2.3.2 如应收账款债权人与商业保理人在《应收账款转让申请暨确认书》中约定采用"隐蔽保理"方式的,除合同当事人在专用合同条款中选择其他转让通知方式外,应采取以下方式进行该应收账款的转让通知:

(1)在应收账款转让生效后,暂不通知应收账款债务人。但是商业保理人有权根据自行判断,自行将应收账款已转让的事实通知应收账款债务人,为此应收账款债权人应先行按商业保理人要求签署《应收账款转让通知书》并预先提交给商业保理人,由商业保理人自行决定通知应收账款债务人的时间和方式;且

(2)在应收账款转让生效后,应收账款债权人应与商业保理人共同签署格式如专用合同条款附件的《应收账款转让回款账号变更通知书》并有效送达给应收账款债务人;且

(3)应收账款债权人有义务及时促成应收账款债务人以签署《应收账款转让回款账号变更通知书回执》或其他令商业保理人满意的方式确认其已收到并认可该变更通知。

2.4 转让登记

除合同当事人在专用合同条款中选择其他转让登记日期外,在应收账款转让生效后3日内,商业保理人在中国人民银行征信中心动产融资统一登记平台及其他政府部门要求的登记平台办理应收账款转让登记,应收账款债权人应予完全配合。

应收账款转让登记的费用(包括初始登记费及变更登记费等)的承担主体由合同当事人在专用合同条款中约定。

(二)应用指南

1.关于保理中应收账款转让通知的规定

鉴于保理关系的实质是应收账款的债权转让,因此,如何认定债权转让通知的形式和效力对审理保理合同纠纷起着至关重要的作用。由于债权人转让债权的行为会给债务人的利益造成一定的影响,为了保护债务人的利益,应收账款转让通知的规定应适用《民法典》合同编关于债权转让通知的规定。这也是因为应收账款属于流动资产性质的债权,应收账款的转让属于债权转让的一种,因此当然适用债权转让的规定。

关于债权人转让权利,不同国家的法律规定有所区别。部分国家的相关法

律规定,债权人转让债权不必经债务人的同意,也无须通知债务人。这种制度设立的目的在于鼓励交易,加速经济的流转,因而给债权人充分行使其权利的自由,但另一方面也忽略了对债务人利益保护的程度,在债务人不知道债权人权利转让的情况下,债务人可能无法获知当前的债权人,此时债务人就会面临重复履行和向错误的债权人履行的风险,给债务人的履行增加负担,引起不必要的纠纷。还有的国家存在相关法律规定,债权人转让其债权可以不经债务人同意,但是必须将债权转让的相关事实及时通知债务人。这种制度考虑到对债务人利益的保护,保证债务人能及时了解权利转让的情况,避免了债务人重复履行和向错误的债权人履行可能造成的损失。同时,对债权人转让债权的行为没有实质性的制约,也不会影响交易的正常运转。除了以上两种规定外,还有一种规定是要求债权人转让权利应当取得债务人的同意,如果转让方未经债务人的同意转让权利的,其转让行为不发生法律效力。这种制度确立的出发点,侧重于保护债务人的利益,通过限制债权的转让,达到稳定交易秩序的目的。但另一方面将债权人转让权利的效力交由债务人决定,限制了债权人转让债权的权利,达不到债权流通和发挥债权的经济价值的目的。考虑到债权流通性和债务人利益保护之间的平衡,《民法典》在债权转让的问题上确立了债权转让只需通知债务人的原则。

《合同法》第 80 条第 1 款规定:“债权人转让权利的,应当通知债务人。未经通知,该转让对债务人不发生效力。”立法过程中,有的意见认为,债权转让通知的效力并不清晰,债权转让通知是否是受让人取得债权的条件,应当予以明确。经研究认为,债权转让通知的目的是保护债务人,据此,是否通知债务人不影响受让人对转让债权的取得。因此,《民法典》对《合同法》的上述条文进行了修改,在让与人和受让人之间的关系上,受让人取得转让债权不以通知债务人作为条件,债权转让合同的效力不因未通知债务人而受影响。如果转让债权已经存在,除非让与人和受让人另有约定,则受让人在债权转让合同生效时即取得债权;如果被转让的权利是将来债权或者尚不具备可转让性的债权,则在债权转让合同生效之后,转让债权成为现存权利或者具备可转让性时,受让人才取得债权。但是,为保护债务人的合法权益,债权转让未通知债务人的,该转让对债务人不发生法律效力,即使受让人取得了债权,债务人仍有权拒绝受让人的还款履行请求;债务人向让与人履行债务的,也发生债权消灭的法律效果。如果将债权转让通知了债务人,则债权转让对债务人发生法律效力,此时债务人即对受让人负有还款义务,并且有权以此拒绝让与人的履行请求;如果债务人仍然向让与人履行,则不发生债权消灭的法律效力,债务人仍有义务向债权受让人履行还款义务。这样规定一方面尊重债权人对其权利的行使,有利于保障债权的流通性;另一方面也防止债务人的利益受到损害,同时债权转让通知作为保护债务人的客观时点,避免了考察债务人主观因素可能导致的不确定性进而过分增加债务人的审查成本和难度。

债权转让通知的生效、解释、撤回等,参照适用《民法典》关于意思表示的规定,除法律另有规定、让与人和债务人另有约定外,转让通知原则上为不要式。以下情形都可以被认为作出了有效的转让通知,包括:让与人在债权转让通知文件上签章并实际送达债务人的,如将转让通知以邮寄形式向债务人的法定注册地址或约定通讯地址寄送且已实际送达的、将转让通知书向产生债权的基础合同中债务人指定的联系人邮寄且已实际送达的;让与人在所转让债权的对应发票上对转让主体与内容等相关事项予以明确标记,且债务人收到该发票的;受让人与让与人、债务人共同签订债权转让合同的;经公证证明债权转让通知已经送达债务人,但有相反证据足以推翻公证的除外。转让通知的内容除了应当指明转让的事实外,还要指明受让人的范围、被转让的权利,部分转让的还要指明转让的范围。债务人对债权转让予以确认的,在大多数情形中,债务人的确认以让与人发出通知为前提,此时就可以认为已经存在让与人的通知,债务人确认就仅具有证据效力;如果让与人未发出转让通知而受让人发出,债务人对债权转让予以确认的,基于"禁反言"的价值考量,此时债务人的确认也发生与债权转让通知同等的效力。虽然没有向债务人发出转让通知,但受让人直接起诉或者申请仲裁后,法院或者仲裁机构经过审理确定了受让人已经取得债权,此时也可以判决或者裁决债务人应当向受让人履行。

债权转让在通知债务人后,按照有效的债权转让合同,为保护受让人的利益,让与人对受让人负有不得撤销转让通知的义务。如果让与人在转让通知后有权随意单方撤销转让通知,则债务人即有权拒绝受让人的履行请求,在债务人向让与人作出履行后,债务人的债务消灭,此时受让人仅能向让与人请求,会因此而遭受讼累、承受让与人的破产风险等不利益,不利于受让人地位的保障和债权的流通。因此,原债权人无权撤销转让权利的通知,只有在受让人同意的情况下,债权人才能撤销其转让权利的通知。这也同样有助于保护债务人的利益,避免债权人单方撤销转让通知时债务人的审查困难。

2. 关于应收账款转让通知未依法送达债务人不影响保理合同本身的效力

虽然有判例认为应收账款转让通知未送达债务人的,则保理合同不成立,其理由是"因保理合同是以债权转让为基础,故完整的保理合同,除金融借款合同本身外,还应包括应收账款债权转让通知书、应收账款确认书和付款承诺等,根据现有证据,本院确认本案的保理合同关系实质上未建立”。这种观点值得商榷,因为根据《民法典》的规定,债权转让通知未送达债务人,只发生该债权人之间债权转让行为无效的法律后果;也就是说未通知只影响债权转让的对外效力,并不影响该行为的对内效力。

从保理的概念上来说,根据《商业银行保理业务管理暂行办法》第6条的规定,保理业务是以债权人转让其应收账款为前提,集应收账款催收、管理、坏账担保及融资于一体的综合性金融服务。从该规定来看,构成保理法律关系,应当同时具备以下三个基本条件:一是保理法律关系应当以应收账款转让为前提,该转让不仅需要银行与债权人就应收账款转让的意思表示一致,而且必须通知债务人。因此,应收账款未有效转让不是指保理人与债权人之间的债权转让合同无效,而是指应收账款转让因未通知债务人而对债务人不发生效力,此处的无效是针对债务人而言的。二是保理人与债权人应当签订书面的保理合同。三是保理人应当提供下列服务中的至少一项:应收账款催收、管理、坏账担保或保理融资。因此,应收账款的转让与保理合同的订立构成一笔完整的保理业务,应收账款转让通知是否有效送达不影响保理合同本身的效力。保理人有权要求债权人根据保理合同的约定履行其合同义务,包括但不限于保理人行使追索权。

3. 关于应收账款转让通知的形式和效力

关于债权转让通知的形式,根据《民法典》的规定,除了法定形式外,民事法律行为可以采用书面形式、口头形式或者其他形式,同时该债权转让通知在法律上适用有关意思表示的规定。实务中通知一般包含以下几种形式:(1)口头形式;(2)书面形式;(3)诉讼形式;(4)公告形式。其中,口头和书面形式目前的争议不大,但是仍有一定的要求,现对诉讼和公告形式是否视为应收账款转让的通知进行进一步分析。

首先,关于诉讼形式是否视为有效通知。结合现有的司法判例,从保障债权人利益的角度出发,受让人起诉债务人请求履行基础合同中约定的债务的,该起诉行为可以视为通知。北京市高级人民法院《审理民商事案件若干问题的解答之五(试行)》(京高法发〔2007〕168号)中指出:债权转让没有通知债务人,受让债权人直接起诉债务人的,视为“通知”,法院应该在满足债务人举证期限后直接进行审理,而不应驳回受让债权人的起诉。北京市高级人民法院进一步解释称,将受让人起诉视为转让债权履行“通知”义务的特殊情况来理解,是因为当债务人对债权人所转让的债权提出抗辩时,法院在对案件审理过程中,可以依照《最高人民法院关于适用〈中华人民共和国合同法〉若干问题的解释(一)》第 27 条的规定列债权人为第三人参加诉讼,以达到法律保护或不损害债务人权益的立法目的。因此,债权转让通知的目的在于让债务人知悉并确认债权已转让给受让人这一事实。受让人起诉的行为不但向债务人表明了身份,而且诉讼请求本身还包含了要求债务人履行债务的意思表示和内容,债务人签收法院送达的应诉材料亦能确定其收到了通知。因此,应当认定受让人的诉讼行为已经达到了对债务人通知的效果。

其次,公告通知的方式能否视为送达债务人。结合目前法律法规的规定来看,公告通知多适用于法律明确规定的特定主体债权人,对普通债权人主体一般不认可公告通知的效力,但是由于可能存在客观上难以通过口头、书面形式有效通知,以及穷尽一切方式仍然无法有效通知债务人的情况。出于对债权人的保护,司法实践中,司法部门亦认定公告通知的债权转让效力。例如,在刘某田与甘某海、刘某等股权转让纠纷一案[(2015)民二终字第 310 号]中,最高人民法院指出:“对于债权转让通知方式,法律没有强制性规定。从诚实信用角度看,除非万不得已,公告通知方式不是首选,但登报通知也是一种合法方式,与单个书面通知具有同等作用和效力。”

因此,公告形式作为债权转让通知的方式之一具有合理性和实用性。尤其是在债务人下落不明的情况下,若确已穷尽其他各种通知方式仍无法有效通知债务人的,可以采用包括债务催收内容的公告形式实现通知义务。退一步讲,即便普通债权人公告通知的效力不被认可,结合前文分析,若受让人对债务人提起诉讼,那么亦会产生通知效力,故法院一般不会因受让人采取了公告通知的方式而不予认定通知的效力。

然而,公告通知仅仅是推定送达,在实践中并不是任何公告媒介平台都可以被推定为债务人会接收到债权转让通知的内容。因此,为了防止公告通知被滥用,实现公正和效率的价值平衡,债权人、受让人非迫不得已应避免采用公告方式进行通知,若必须通过公告通知的,则应妥善选取公告媒介,避免因债务人不具备查阅可能性而被否定通知的效力。

因此,为了保障有效送达债权转让通知书,应当注意以下方面。首先,如果当事人之间有约定的,应按照约定方式送达。比如,合同约定通过使用电子签名、数据电文等形式进行债权转让通知或相关事实的承诺或确认,那么只要通过数据电文、电子签名等形式能够证明债务人收到债权转让通知书的,可以认定应收账款转让对债务人发生法律效力。其次,如果当事人之间未约定通知方式,一般情况下,以下情形可认定履行了应收账款转让通知义务。

(1)债权人在债权转让通知文件上签章并实际送达债务人;

(2)债权人在所转让应收账款的对应发票上明确记载了债权转让主体和内容并实际送达债务人;

(3)保理人与债权人、债务人共同签订债权转让协议;

(4)经公证证明债权转让通知已经送达债务人,但有相反证据足以推翻公证的除外。

4. 关于保理人发出转让通知表明身份义务的规定

保理合同的核心是应收账款债权转让,在此应当适用《民法典》关于债权转让的一般规则,为保护债务人利益,依据《民法典》第546条第1款,债权人转让债权,未通知债务人的,该转让对债务人不发生效力。因此,应收账款债权转让未通知债务人的,该转让对债务人不发生法律效力,即使保理人取得了相关债权,债务人仍有权拒绝保理人的履行请求;债务人向债权人履行债务的,债权消灭。如果应收账款债权转让通知了债务人,则债权转让对债务人发生法律效力,此时债务人即对保理人负有履行还款的义务,并且有权以此拒绝债权人的履行请求;如果债务人仍然向债权人履行,则不发生债权消灭的法律效力。因此,只有通知了债务人,方可以最大限度地保护保理人的利益。

但是,问题是保理人是否有权单独向债务人发出转让通知。在一般的债权转让中,对转让通知的发出主体,不同的立法例有不同的规定。有的规定仅限于让与人,如《日本民法典》第467条第1款。有的规定让与人或者受让人均可发出转让通知,如《瑞士债务法》第167条、我国台湾地区“民法”第297条第1项。有的规定,让与人当然可以发出转让通知,受让人发出转让通知的必须附有必要凭证,受让人未提出必要凭证的,转让通知不发生效力,债务人可以向让与人履行债务,债务人也有权要求受让人在合理期间内提供必要凭证,并在受让人提供之前有权拒绝履行,如《联合国国际贸易应收账款转让公约》第13条第1款和第17条第7款、《国际商事合同通则》第9.1.10条第1款和第9.1.12条、《联合国国际贸易法委员会担保交易示范法》第58条和第63条第8款、《欧洲合同法原则》第11:303条第1~2款、《美国统一商法典》第9-406条(a)和(c)。经研究,不同立法例存在的共识是,让与人可以发出转让通知,因为此时债务人无须对债权是否转让予以审核,不会增加债务人的负担;而受让人发出转让通知的,债务人并无充分理由予以相信。因此,允许受让人发出转让通知的观点和立法例,往往同时认为此时应当附有受让人已经取得债权的必要凭证。但真正的问题在于何为必要凭证以及债务人对这些凭证的审核义务程度。如果债务人承担过高的审核义务,则其就会处于两难境地而遭受不利益:要么向受让人履行,如果受让人并未取得债权,此时债务人就仍需向让与人再次履行,并且增加了债务人依据不当得利要求让与人返还可能承担的让与人资力不足的风险;要么拒绝受让人的履行请求,但如果受让人确实取得了债权,此时债务人可能就会构成违约。如果债务人承担过低的审核义务,则又会不利于让与人利益的保障。只要允许受让人发出通知,此种价值权衡上的进退维谷就无法避免。因此,在一般的债权转让中,发出转让通知的主体原则上应当仅限于让与人。但是,根据现有司法判例,如果从事实层面上可以判断债权转让通知已足以使债务人确信债权转让的事实已经发生,那么将不会拘泥于债权人作为通知主体的限制。

在保理合同中,实践中的大多数情形都是保理人发出通知,因为其对此具有重大利益,以避免债务人在转让发生后仍向债权人履行债务,故保理人更有动力主动发出通知。因此,根据《民法典》的规定,在保理人向应收账款债务人发出应收账款转让通知时,除提供相关债权凭证之外,仍应当表明保理人身份并附有必要凭证。基于前述避免增加债务人审核负担的考虑,此时最为重要的是对必要凭证的认定,对此应当采取较为严格的认定方式。如果保理人提交了书面的债权转让合同或者保理合同,或者债权人签字、盖章的书面转让通知,考虑到我国当前的信用环境,这些凭证被伪造的可能性较大,且对于债务人来说,其收到债权转让通知后审查的时间往往并不充足,因此其仍有可能无法判断合同或者转让通知的真实性,故并不必然构成充分的必要凭证,需要结合其他具体情况予以具体判断。但是,如果保理人提交了经过公证的债权转让合同、保理合同或者转让通知等,由于公证书的证明力较强,此时债务人无须审核,因此保理人向债务人发出转让通知的,如果表明了保理人的身份并且附有经过公证的债权转让合同、保理合同或者转让通知等必要凭证,可以认为具有同债权人发出转让通知同等的法律效力。这也可以被认为是债权转让的一般适用规则,因此在其他债权转让中,也可以参照适用《民法典》的相关规定,允许受让人单独对债务人发出债权转让通知,但受让人应当附有经过公证的债权转让合同或者转让通知等必要凭证;受让人单独通知但未提出充分的必要凭证的,转让通知不发生法律效力,债务人可以向让与人直接履行债务,也可以要求受让人在合理期间内提供充分的必要凭证,并在受让人提供之前有权拒绝向受让人履行。

5. 关于保理中应收账款转让登记在债权重复转让时的优先效力

在实践中,经常会出现应收账款债权人就同一应收账款订立多个保理合同,致使多个保理人主张应收账款债权的情形。就多个作为债权受让人的保理人之间优先顺位的确定，不同的立法例存在不同的观点。有的采取转让合同成立在先的规则，如《德国民法典》和我国台湾地区“民法”；有的采取通知在先的规则，如《意大利民法典》第 1265 条、《埃塞俄比亚民法典》第 1967 条、《希腊民法典》第 460 条、《日本民法典》第 467 条第 2 款、《欧洲合同法原则》第 11:401 条以及我国《澳门特别行政区民法典》第 578 条；有的采取登记在先的规则，如《美国统一商法典》第 9-322 条(a)、《联合国国际贸易法委员会担保交易示范法》第 18 条、《欧洲复兴开发银行动产担保交易示范法》第 17 条。实践中的争议也较大。

经研究，以何种方式确定多个保理人之间的优先顺位，取决于哪种方式能够使债权交易的公示成本、事先的调查成本、事中的监督防范成本、事后的债权实现的执行成本等各种成本更低，对第三人和社会整体的外部成本也更低。在上述三种方式中，采取登记在先的方式，保理人的调查成本、监督防范成本、实现债权的执行成本都是最低的，并且有助于防止债权人和其他人串通损害保理人的道德风险，提高债权的流通和担保价值，最终降低债权人的融资成本。建立在电子化的通知登记程序系统上的债权转让登记，由于电子化登记簿、自助登记和登记机构的审核程度低，因此登记成本非常低，并且其他第三人对登记的查询成本也较低，是最为便捷、安全、高效、可靠的公示方法。采取登记在先的方式，使整体的社会成本最低，对受让人的地位保障最为充分，有利于保护交易安全，提升营商环境，同时便利企业的融资实践。关于登记机构的问题，《优化营商环境条例》第 47 条第 2 款规定：“国家推动建立统一的动产和权利担保登记公示系统，逐步实现市场主体在一个平台上办理动产和权利担保登记。纳入统一登记公示系统的动产和权利范围另行规定。”2019 年修订后的《应收账款质押登记办法》第 34 条规定，权利人在登记公示系统办理以融资为目的的应收账款转让登记，参照本办法的规定。同时，同一债权向多个保理人多重转让的情形，在利益衡量上类似于同一财产向两个以上债权人抵押的情形，对后一种情形，《民法典》第 414 条第 1 款规定，抵押权已经登记的，按照登记的时间先后确定清偿顺序，抵押权已经登记的先于未登记的受偿；同时在第 2 款中规定，其他可以登记的担保物权，清偿顺序参照适用前款规定。因此，为了提升营商环境，保障交易安全，便利融资，在利益结构相似的情形中保持适用规则的一致性，进而提高裁判的统一性，《民法典》首先肯定了以登记在先的方式确定多个保理人之间的优先顺位，即应收账款债权人就同一应收账款订立多个保理合同，致使多个保理人主张权利的，已经登记的先于未登记的取得应收账款；均已经登记的，按照登记时间的先后顺序取得应收账款。

保理人都未进行债权转让登记的情形，考虑到通知在先虽然较之登记在先的社会成本要高，但较之合同成立时间仍然成本要低，因此，此时采取通知在先的顺位确定方式，即最先到达债务人的转让通知中载明的保理人顺位在先。

保理人既未登记也未通知债务人的情形，有些立法例采取了以合同成立时间的先后确定优先顺位，《民法典》则规定，既未登记也未通知的，按照保理融资款或者服务报酬的比例取得应收账款。这与《民法典》第 414 条第 1 款第 3 项在最后采取的按照所担保的债权比例清偿的方式一致，同时区分了担保性的保理和非担保性的其他服务性保理。在担保性的保理中，涉及保理融资款，此时按照保理融资款的比例取得应收账款；在服务性的保理中，并不涉及保理融资款，此时按照服务报酬的比例取得应收账款。

应当注意的是，首先，《民法典》仅明确规定了应收账款债权人就同一应收账款订立多个保理合同致使多个保理人主张权利，也即应收账款债权重复保理的情形，明确了多个保理人之间的优先顺位，但是并未明确规定应收账款多重处分的其他情形。在实践中，有可能是应收账款的保理人和应收账款的质权人之间发生利益冲突，也有可能是应收账款的保理人和应收账款的其他受让人之间发生利益冲突。例如，甲公司将其应收账款转让给乙工厂用于抵债，后又将该应收账款重复转让给保理人丙银行，因甲乙之间的交易并非保理合同且不以融资为目的，无须登记也无法登记，此时就会出现丙银行和乙工厂之间的利益冲突；同样，此种利益冲突也可能发生于并非保理的其他类型的债权多重处分中。此时，为保护交易的安全，在债权多重处分的其他情形中，有些立法例也按照《民法典》所规定的顺位确定不同主体之间的顺位。其次，《民法典》仅明确规定了应收账款的多重保理人之间的关系，但是，在应收账款保理和一般的债权转让或者其他处分中，所涉及的第三人，除了转让债权的重复受让人之外，还包括该债权上的其他担保权人、让与人的其他债权人，让与人的其他债权人又包括让与人的一般债权人、让与人的扣押和执行债权人、让与人的破产管理人等。受让人和这些第三人的关系，在有些立法例中，如《美国统一商法典》《联合国国际贸易法委员会担保交易示范法》，为了保护交易安全，受让人和让与人的其他扣押债权人、破产管理人之间的顺位，统一取决于登记与扣押、受理破产案件的时间先后，如果债权转让未登记或者登记时间在后的，受让人不能对抗这些第三人；如果债权转让先登记，则受让人能够对抗这些第三人取得优先顺位。

（三）参考规范

1.《民法典》

第一百三十七条　以对话方式作出的意思表示，相对人知道其内容时生效。

以非对话方式作出的意思表示，到达相对人时生效。以非对话方式作出的采用数据电文形式的意思表示，相对人指定特定系统接收数据电文的，该数据电文进入该特定系统时生效；未指定特定系统的，相对人知道或者应当知道该数据电文进入其系统时生效。当事人对采用数据电文形式的意思表示的生效时间另有约定的，按照其约定。

第一百三十八条 无相对人的意思表示，表示完成时生效。法律另有规定的，依照其规定。

第一百三十九条 以公告方式作出的意思表示，公告发布时生效。

第一百四十条 行为人可以明示或者默示作出意思表示。

沉默只有在有法律规定、当事人约定或者符合当事人之间的交易习惯时，才可以视为意思表示。

第一百四十一条 行为人可以撤回意思表示。撤回意思表示的通知应当在意思表示到达相对人前或者与意思表示同时到达相对人。

第一百四十二条 有相对人的意思表示的解释，应当按照所使用的词句，结合相关条款、行为的性质和目的、习惯以及诚信原则，确定意思表示的含义。

无相对人的意思表示的解释，不能完全拘泥于所使用的词句，而应当结合相关条款、行为的性质和目的、习惯以及诚信原则，确定行为人的真实意思。

第五百四十六条 债权人转让债权，未通知债务人的，该转让对债务人不发生效力。

债权转让的通知不得撤销，但是经受让人同意的除外。

第七百六十四条 保理人向应收账款债务人发出应收账款转让通知的，应当表明保理人身份并附有必要凭证。

第七百六十八条 应收账款债权人就同一应收账款订立多个保理合同，致使多个保理人主张权利的，已经登记的先于未登记的取得应收账款；均已经登记的，按照登记时间的先后顺序取得应收账款；均未登记的，由最先到达应收账款债务人的转让通知中载明的保理人取得应收账款；既未登记也未通知的，按照保理融资款或者服务报酬的比例取得应收账款。

2. 上海市浦东新区人民法院《2014—2019 年涉自贸区商业保理案件审判情况通报》

1. 保理公司通知债务人应收账款转让的效力认定

债权人转让权利的，应当通知债务人，未经通知，该转让对债务人不发生效力。实践中，大部分债权转让通知系由债权人向债务人作出，该种情形符合法律规定,但亦有部分债权转让通知系由保理公司作为应收账款受让人向债务人作出,此时是否产生相应的通知效力具有争议。

关于债权转让通知,其目的系使债务人知晓保理公司对其享有债权,以便债务人及时了解其债务给付对象并履行债务,基于此,由保理公司作出的债权转让对债务人产生效力的前提,系保理公司的债权转让通知需足以让原债务人相信债权转让是原债权人的真实意思表示。

如一起案件反映,保理公司虽主张向债务人以寄送挂号信的方式通知债权转让事宜,但未能举证证明由原债权人盖章的"应收账款转让确认书"确已送达债务人,不足以使债务人确认债权转让的真实性。

建议:

1. 由保理公司与原债权人共同作出债权转让通知为宜。若仅由债权人向债务人作出的,需向债务人明确披露受让人身份以及受让的债权内容。

2. 谨慎使用仅由保理公司发出债权转让的通知方式。确需使用的,保理公司必须以明示的方式足以让债务人相信该债权转让的真实性。如保理公司在向债务人送达转让通知时应将债权转让协议或经债权人确认意思表示的书面文件一并向债务人送达,并附上债权人的详细联系方式等以备债务人核实。

3.《优化营商环境条例》

第四十七条　不动产登记机构应当按照国家有关规定,加强部门协作,实行不动产登记、交易和缴税一窗受理、并行办理,压缩办理时间,降低办理成本。在国家规定的不动产登记时限内,各地区应当确定并公开具体办理时间。

国家推动建立统一的动产和权利担保登记公示系统,逐步实现市场主体在一个平台上办理动产和权利担保登记。纳入统一登记公示系统的动产和权利范围另行规定。

(四)参考案例

1. 中国工商银行股份有限公司上海市浦东开发区支行与上海业和顺企业发展有限公司、邯郸钢铁集团有限责任公司等金融借款合同纠纷[上海市浦东新区人民法院一审民事判决书(2014)浦民六(商)初字第4932号]

【裁判观点】原告与被告业和顺公司签订"国内保理业务合同"、与被告郑某忠、陈某签订的"最高额保证合同"及与郑某忠签订的"最高额抵押合同",均系各方当事人的真实意思表示,故依法成立且有效,对各方均具有约束力。业和顺公司未按约定履行回购义务,显属不当,故法院支持原告对业和顺公司提出的诉请。郑某忠、陈某作为担保人,在业和顺公司未履行义务时,应承担相应的担保责任。原告针对被告邯钢集团的诉请,是基于债权的转让,合同法规定,债权人转让权利的,应当通知债务人,未经通知的,该转让对债务人不发生效力。本案中,原告向邯钢集团账务部资金科长寄送的债权转让通知,首先,原告没有邯钢集团对槐利某有授权或在此前的类似行为中曾有授权的证据,而仅以其身份推断其在如此巨额的权利处置中具有授权依据不足;其次,函件的收件人也非槐利某本人,应收账款确认函,只能说明该时邯郸钢铁集团负有债务,但不能作为邯郸钢铁集团确认债权转让的依据。故法院认为,仅以现有证据,尚不足以证明原告和业和顺公司已向邯钢集团送达债权转让通知,原告与业和顺公司之间的债权转让关系对邯钢集团不发生效力,现邯钢集团已提供证据证明其在本案诉讼之前支付了货款,债务已履行完毕,且业和顺公司作为债权人也确认收到款项,原告再要求邯钢集团支付货款没有事实和法律依据,法院不予支持。

【案件评析】保理的核心是应收账款的转让,因此,保理人向债务人主张权利的前提是应收账款转让通知书真实有效地送达债务人。在保理业务中,如果债权人未将应收账款转让通知书有效送达债务人,则保理人不能请求债务人清偿,债务人可以以此向保理人行使抗辩权。

2. 某某保理公司与深圳市定兴印刷有限公司、夏某某商业保理合同纠纷[广州市中级人民法院二审民事判决书(2016)粤01民终2661号]

【裁判观点】本案的争议焦点为某某保理公司向定兴公司行使追索权是否以某某保理公司向应收账款债务人宝嘉公司行使通知权为前提条件。本案所涉保理业务为有追索权的暗保理,根据双方的约定,在应收账款债务人未按时支付货款的情况下,某某保理公司有权随时宣布融资提前到期,并向定兴公司追索未偿融资款。在合同约定期限届满或约定事项出现后,某某保理公司可以将应收账款转让事项通知应收账款债务人。可见,某某保理公司向定兴公司行使追索权并非以通知应收账款债务人宝嘉公司为前提条件。原审法院对此认定有误,二审法院予以纠正。

最终,二审法院对某某保理公司要求定兴公司偿还全部剩余融资款本金并支付利息及逾期利息的主张予以支持,但认为合同约定的逾期利息标准过高,依法调整为中国人民银行同期贷款利率的4倍;对某某保理公司主张定兴公司支付律师费的主张予以支持;判令夏某某依据“保证合同”的约定对定兴公司的债务承担连带清偿责任。

【案件评析】“保理”属于舶来品,更多的是金融监管方面的规范。作为一种无名合同,案件中保理合同纠纷主要适用《合同法》的规定(现在应适用《民法典》),在地方层面,可参见一些法院发布的会议纪要或审判指引。总体而言，保理合同中当事人的自由约定在司法审判中发挥着重要作用。

本案是一起典型的商业保理合同纠纷，案涉合同明确约定采用“有追索权保理+暗保理”形式，但对案件的核心争议点——保理人行使追索权是否以通知应收账款债务人为前提，一审法院和二审法院给出了完全不同的观点。对此，笔者认为，二审法院的观点充分尊重当事人的意思自治，抓住了有追索权保理、暗保理的特点，具有更强的说服力。

第一，立足有追索权保理，明确本案追索权的行使条件。参照《商业银行保理业务管理暂行办法》第 10 条第 2 项的相关规定，有追索权的保理和无追索权的保理的划分依据为：保理人在债务人破产、无理拖欠或无法偿付应收账款时，是否可以向债权人反转让应收账款、要求债权人回购应收账款或归还融资。参照天津市高级人民法院《关于审理保理合同纠纷案件若干问题的审判委员会纪要（一）》（津高法〔2014〕251 号）第 11 条的相关规定，有追索权保理指保理人不承担为债务人核定信用额度和提供坏账担保的义务，仅提供包括融资在内的其他金融服务。无论应收账款因何种原因不能收回，保理人都有权向债权人追索已付融资款项并拒付尚未收回的差额款项，或者要求债权人回购应收账款。根据前述划分标准及定义可知，所谓“追索”实质是保理方未按时、足额收回保理融资款项而向保理卖方进行追偿。业务实践中，开展保理合作的双方一般以在保理合同中约定回购条款或反转让应收账款等条款的形式明确保理方追索权的行使，可见追索权行使的条件并非法定而由保理合同约定。

第二，暗保理的特点和操作模式。参照天津市高级人民法院《关于审理保理合同纠纷案件若干问题的审判委员会纪要（一）》（津高法〔2014〕251 号）第 11 条相关的规定，暗保理是指保理合同签订后的一定时期内，保理商或债权人都未将应收账款转让事实通知债务人，仅在约定期限届满或约定事由出现后，保理商可将应收账款转让事实通知债务人。暗保理中，即使保理商已预付融资款，正常情况下债务人仍直接向债权人付款，再由债权人将相关付款转付保理商，融资款项仅在债权人与保理商之间清算。以上可见，暗保理的特点是应收账款的债务人并不知道应收账款债权转让的事实，在满足特定条件时，保理人可将该等转让事实通知债务人，使暗保理转化为明保理。本案“国内保理业务合同”中明确阐述了暗保理的含义，可推知定兴公司和某某保理公司对暗保理的含义和特点有充分认识。且“国内保理业务合同”还约定在约定期限届满或约定事项出现后，某某保理公司实际享有是否通知应收账款债务人宝嘉公司的选择权。因此,保理人某某保理公司未将应收账款转让的事实通知债务人宝嘉公司并不违反合同约定。

第三,厘清“保理”与“应收账款转让”的关系。一般而言,保理以债权人转让其应收账款为前提,双方当事人之间的权利义务关系亦建立在应收账款转让的基础上,因此,保理合同项下的应收账款转让应适用债权转让的相关规定。根据《民法典》第 546 条关于“债权人转让债权,未通知债务人的,该转让对债务人不发生效力”的规定,在债权人定兴公司或保理人某某保理公司将保理事项通知债务人宝嘉公司之前,该应收账款转让对宝嘉公司不生效,某某保理公司无权要求宝嘉公司向其偿付欠款,某某保理公司将应收账款债权转让在中国人民银行征信中心动产融资统一登记平台进行登记不能视为对债务人宝嘉公司的通知,但并不影响应收账款债权转让在恒晟公司与定兴公司之间的效力,即应收账款转让是否对债务人生效与保理人是否可以向应收账款债权人进行追索两者之间并无必然联系。

进一步分析如下:某某保理公司向定兴公司主张追索权是基于“国内保理业务合同”中关于追索权的约定,首先,该合同是双方当事人之间真实的意思表示,也不存在《民法典》第 144、146、153、154 条规定的合同无效的情形,故对双方当事人均具有约束力。其次,合同约定的追索权行使要件已满足,某某保理公司未通知应收账款债务人宝嘉公司并不影响其向定兴公司追索,但因未通知宝嘉公司,某某保理公司不能要求宝嘉公司还款;质言之,仅当某某保理公司向宝嘉公司主张支付欠付应收账款时,才涉及《民法典》第 546 条所规定的通知问题。

保理合同的双方当事人可以根据各自的需求和实际情况选择不同的保理模式,其中有追索权保理相比无追索权保理,对保理方来说多了应收账款债权人这一还款来源,更能保障保理融资款的按时、足额回收,因此建议合同的双方当事人,尤其是保理人,重视保理模式的选择和相应合同条款的设计。

鉴于保理业务围绕应收账款债权的转让展开,因此在经营保理业务的过程中还应当重视应收账款债权转让的实体性及程序性规定,尤其通知应收账款债务人是债权转让对其生效的必要条件,不可忽视,故对保理人而言,若拟向债务人追偿,必须通知债务人。毕竟,对保理交易而言,债务人对应收账款的支付是保理融资款的第一还款来源。因此建议享有追索权的保理人及时、有效地通知应收账款债务人债权转让事宜,以保障自身债权利益的实现、对抗应收账款债务人和/或债权人的抗辩。

3. 增城友丰实业发展公司、增城友丰企业发展总公司债权转让合同纠纷[广州市中级人民法院二审民事判决书(2019)粤01民终22458号]

【裁判观点】法院认为,关于争议焦点一,案涉债权转让合同的效力问题;上诉人友丰实业公司、友丰总公司主张,广发银行增城支行将债权转让给粤财公司,粤财公司将债权转让给为盛公司均未通知友丰实业公司和友丰总公司,故该转让应当无效。对此法院认为,《合同法》第80条第1款规定,债权人转让权利的,应当通知债务人。未经通知,该转让对债务人不发生效力。可见,债权转让无须取得债务人的同意,债权人对债务人只需履行通知义务。债权人未履行通知义务并不产生债权转让无效的法律后果,仅对债务人不发生法律效力,即债务人仍可向原债权人履行义务。债权转让与合同解除系不同的民事法律行为,债权转让并不能视为解除合同。涉案债权人已履行了发放贷款的义务,债务履行期也早已届满,不存在解除合同之必要。对于债权转让应采取何种方式通知债务人,法律并无明确规定。本案中,涉案债权转让通过公告的方式通知债务人并无不当。即便此前的债权转让未能通知债务人,为盛公司提起本案诉讼也应视为通知友丰实业公司和友丰总公司。友丰实业公司、友丰总公司以未收到债权转让通知及合同解除未签订书面合同为由主张债权转让无效缺乏法律依据,法院不予支持。友丰实业公司、友丰总公司并未提供相关证据证明已就涉案债权转让另行提起诉讼,故一审法院未中止审理,并无不当。

4. 2012年度上海法院公布金融审判系列白皮书和金融审判十大案例之八:甲银行诉乙公司、丙超市、施某等保理合同纠纷案

【基本案情】甲银行与乙公司签订"国内保理业务合同"及"应收账款转让清单",约定乙公司将其在丙超市的应收账款债权及相关权利转让给甲银行,甲银行向乙公司发放保理融资款,若保理融资到期日前甲银行未收到丙超市的应收账款,甲银行有权向乙公司追索。乙公司的法定代表人施某等人向甲银行提供最高额抵押及连带责任保证。合同签订后,甲银行发放了335万元保理融资款,并就所涉3788766.01元应收账款的发票在中国人民银行征信中心应收账款质押登记系统(以下简称央行登记系统)办理了应收账款转让登记。融资到期后,甲银行未收到丙超市或乙公司的应付款项,担保人亦未履行担保责任。同时,因乙公司尚有其余未清债务,另案审理法院陆续向丙超市发出协助执行通知书,冻结了乙公司对丙超市的应收账款。甲银行遂以丙超市、乙公司及施

某等为被告向法院提起诉讼,请求判令:(1)丙超市支付应收账款本金3788766.01元及相应利息损失;(2)乙公司在融资本金335万元及利息范围内对丙超市的债务承担回购责任;(3)判令施某等承担担保责任。

【裁判要旨】保理是一项以债权人转让其应收账款为前提,集融资、应收账款催收、管理及坏账担保于一体的综合性金融服务。保理合同项下的应收账款转让应当适用债权转让相关法律进行规制,虽然银行就保理合同项下的债权转让登记于央行登记系统,但登记并不能免除债权转让通知的法定义务。在债务人未收到债权转让通知的情况下,保理合同项下的债权转让对债务人不发生效力。

【裁判观点】法院认为,乙公司与甲银行签订“国内保理业务合同”之目的在于以转让其对丙超市的债权为对价,获得甲银行的资金融通。本案双方的争议焦点在于债权转让通知是否到达丙超市。根据《合同法》的规定,债权人转让权利的,应当通知债务人。未经通知,该转让对债务人不发生效力。虽然甲银行就系争保理合同项下的债权转让在央行登记系统办理了登记,但登记并不当然免除债权转让通知的义务。首先,央行登记系统系根据《物权法》等法律法规的规定,为应收账款质押登记而设;其次,央行登记系统操作规则明确规定该系统为债权转让登记提供“公示服务”,对债权转让登记不作实质性审查。因此,在《合同法》明确规定债权转让必须以通知作为生效要件的前提下,债权转让登记于央行登记系统不能起到通知的法律效力,也不发生类似债权质押式的强制性排他对抗效力。甲银行及乙公司均未有效履行通知义务,丙超市接到其他法院强制执行文书,冻结了丙超市对乙公司的应付账款,使甲银行与乙公司不可能就本案债权转让再行通知,因此丙超市的债权人仍为乙公司,甲银行只能根据保理合同的约定向乙公司行使追索权。

【裁判意义】2012年以来,上海市法院受理了多起银行保理合同纠纷案件。此类纠纷从无到有,再到多点频发,说明中小企业通过保理渠道融资的风险在经济增速放缓的形势下开始逐渐显现。目前银行业内对保理业务比较注意审核债务人的信用,对债权转让方的信用要求低于申请贷款的信用要求。但实际上,保理业务是复合型金融产品,除了融资功能外,还有应收账款管理、坏账担保等功能,相较于传统的贷款业务,风险点较多,会涉及货物质量纠纷、交付时间争议、所有权保留、债务人或债权转让人破产等法律问题,这些都将对保理合同项下应收账款的回收形成障碍。本案裁判力求准确把握保理合同法律关系的根本性质,确定了债权转让在央行登记系统公示并不能替代债权转让的通知义务,为金融机构有序开展保理业务,防范风险划定了标准。

四、“通用合同条款”和“专用合同条款”第3条的应用指南

(一)原文条款

3. 权利转让与义务保留

3.1 权利转让

应收账款转让生效后,该应收账款所从属的一切权利和权益均一并转让给商业保理人。该等从属的权利和权益包括但不限于:

(1)收取该应收账款的违约金、赔偿金、滞纳金等相关款项的权利;

(2)该应收账款对应的担保权益;

(3)该应收账款对应的保险权益;

(4)该应收账款对应的保留所有权的货物、拒收或退回货物的所有权和取回权;

(5)提起诉讼、仲裁、申请强制执行等程序性权利;

(6)在应收账款债务人发生破产、清算或其他类似的情况时,作为应收账款的债权人参加破产、清算或其他类似程序的权利;

(7)按照法律或基础交易合同约定应收账款债权人享有的其他权利和权益。

合同当事人可以在专用合同条款中进一步明确转让给商业保理人的从属权利和权益。

3.2 权利转让手续

为将已受让应收账款之从属权利和权益转让给商业保理人的目的,商业保理人有权要求应收账款债权人完成通知保证人、变更担保登记、变更保险受益人等各项手续,应收账款债权人有义务完成。合同当事人可以在专用合同条款中明确从属权利和权益转让给商业保理人应完成的手续及由此发生的费用的承担主体。

3.3 义务保留

在任何情况下,应收账款转让给商业保理人都不得理解为商业保理人承担了基础交易合同项下的任何义务或责任,应收账款债权人应继续履行其在基础交易合同项下对应收账款债务人的任何义务。

(二)应用指南

1. 关于保理中权利转让与义务保留的规定

鉴于保理业务是应收账款债权人将现有的或将有的应收账款转让给保理人,实质上仅仅是权利的转让,不包括义务的转让。保理业务一般涉及两个合同,三方当事人,包括债权人(基础合同中的债权人,同时也是保理合同中的应收账款出让人)、债务人(基础合同项下的付款义务人)、保理人(保理款的给付人,同时也是保理合同中的应收账款受让人);涉及的合同法律关系一般包括

保理人与供应商的保理合同关系，供应商与债务人的买卖合同关系，以及保理人与债务人之间继受的债权债务关系，是系列合同及法律关系的组合，不能简单归属于借款合同或债权转让合同，也不能简单视为合同权利义务的一并转让。

在保理合同中，债权人出让的是对债务人的应收账款，仅仅是权利的受让，债务人在收到债权转让通知后，有义务将相应的款项支付给保理人。根据合同的相对性以及债权人与债务人履行基础合同的行为能力，债务人要求保理人履行基础合同义务显然扰乱了市场运行规律，也加重了保理人在开展保理业务中的压力。因此，基础交易合同项下对应收账款债务人的义务仍应当由债权人履行，债务人无权要求保理人履行基础合同的任何义务。但债务人收到债权转让通知后，其因基础合同而对债权人享有的抗辩权、抵销权均可以向保理人主张，除非债务人明确表示放弃。债务人在收到债权转让通知后新产生的抗辩事由，若该抗辩事由的发生基础是在债权转让通知前已经客观存在的，债务人也可以向保理人主张。

2. 关于受让人取得转让债权的从权利的规定

从权利是指附随于主权利的权利。抵押权、质权、保证等担保权利以及附属于主债权的利息等孳息请求权，都属于主权利的从权利。由于从权利是从主权利派生出来的，从权利从属于主权利，这也包括转让上的从属性。基于以上原因，不少国家和地区的法律都确定了合同主权利转让从权利也一并转让的制度。比如，《德国民法典》第 401 条规定，让与债权时，该债权的抵押权、船舶抵押权或质权，以及由一项向上述权利提供担保所产生的权利，均随同移转于新债权人。《意大利民法典》第 1263 条规定，根据转让的效力，债权的转让要将先取特权、人的担保和物的担保以及其他从权利都转让给受让人。我国台湾地区“民法”第 295 条第 1 款规定，让与债权时，该债权之担保及其他从属之权利，随同移转于受让人。但与让与人有不可分离之关系者，不在此限。同样规定的还有《荷兰民法典》第 6:142 条、《联合国国际贸易应收账款转让公约》第 10 条第 1 款、《联合国国际贸易法委员会担保交易示范法》第 14 条、《国际商事合同通则》第 9.1.14 条等。

根据《民法典》第 547 条第 1 款的规定，债权人转让主权利时应当将从权利一并转让，受让人在取得主权利的同时，也取得与债权有关的从权利。《民法典》第 407 条也规定，债权转让的，担保该债权的抵押权一并转让，但是法律另有规定或者当事人另有约定的除外。根据《民法典》第 696 条第 1 款可推知，债权人将全部或者部分债权转让给第三人，通知保证人后，保证人对受让人承担相应的保证责任。同时,主债权被分割或者部分转让的,各债权人可以就其享有的债权份额行使担保权。

考虑到有的从权利的设置是针对债权人自身的,与债权人有不可分离的关系,《民法典》第 547 条第 1 款在确立从权利随主权利转让原则的同时,规定专属于债权人自身的从权利不随主权利的转让而转让。在法律另有规定或者当事人另有约定时,受让人可能也会在取得主债权的同时未取得从权利。例如,《民法典》第 421 条规定,最高额抵押担保的债权确定前,部分债权转让的,最高额抵押权不得转让,但是当事人另有约定的除外;第 696 条第 2 款也规定,保证人与债权人约定禁止债权转让,债权人未经保证人书面同意转让债权的,保证人对受让人不再承担保证责任。抵押权人在转让部分债权时,也可以与受让人约定,仅转让债权而不转让担保该部分债权的抵押权。

抵押权、质权等从权利随着主债权的转让而转让,但受让人对这些从权利的取得是否以办理转移登记手续或者转移占有为前提,对此,存在不同观点:一种观点认为未办理转移登记手续或者转移占有,受让人就不能取得这些从权利,否则即违反物权变动公示公信的原则;另一种观点认为无须办理转移登记手续或者转移占有,受让人即取得从权利。合同法对此未予明确规定,立法过程中,有意见提出,应当对此予以明确。经研究,《民法典》在合同法的基础上增设第 696 条第 2 款,并采取了后一种观点,债权受让人取得这些从权利是基于法律的规定,并非基于法律行为的物权变动,并且有利于保障主债权的顺利实现。在债权转让前,这些从属性的担保权利已经进行了公示,公示公信的效果已经达成,因此没有进一步保护第三人进而维护交易安全的必要。这也与前述其他国家和地区的立法例基本保持一致。此时,在物和权利担保的顺位上,仍是以设定担保的公示时间为依据确定顺位。

3. 关于合同权利义务一并转让的规定

合同权利义务的一并转让,又被称为概括转让或者合同地位转让,是指合同关系的一方当事人将其合同权利义务一并转移给第三人,由第三人全部地承受这些权利义务。合同权利义务的一并转让不同于债权转让、债务转移的是,它是一方当事人对其当事人地位的转让,转让的内容实际上包括但不限于债权转让和债务转移,并非债权转让和债务转移的简单组合,而是第三人成为新的当事人,与当事人地位联系在一起的撤销权、解除权等权利,也均转移给第三人。合同权利义务的一并转让主要发生于双务合同,只有双务合同中的当事人一方才可以转让此种权利和义务。区别于双务合同的特点,单务合同的显著特点是一方当事人可能仅享有权利或仅承担义务,因此不能出让全部的权利义务,故单务合同一般无法发生合同权利义务一并转让的情形。比如,赠与合同的被赠与人只享有权利而不承担义务,这些合同的当事人一般不可能发生将合同权利义务一并转让的情况。

在立法过程中,有观点认为《民法典》规定不应限于合同权利义务,而应包括所有的债权债务,故应当将“合同中的权利和义务”修改为“债权和债务”。经研究,债权债务除了合同权利义务之外,确实还包括其他法定的债权债务,例如,无因管理中管理人和受益人相互之间可能就存在债权和债务。但是,合同权利义务通过约定一并转让,涉及与当事人地位相关的撤销权、解除权等权利也随之转让,因此有必要作出特别规定。法定的债权债务虽然也可能通过约定而被一并转让,但一般不会涉及撤销权、解除权等权利的随之转让,因此可以认为是债权转让和债务转移的结合,并无像合同权利义务通过约定一并转让那样强的特殊性。因此,《民法典》仍然保留了《合同法》之前的规定。

根据《民法典》的规定,债权人转让债权应当通知债务人;债务人转移债务必须经债权人的同意。合同权利义务的一并转让既包括债权的转让,又包括债务的转移,这可能会对对方当事人产生不利。因此,当事人一方将合同权利义务一并转让时,应当经过对方当事人的同意。如果当事人一方未经对方当事人同意,将自己的权利和义务一并转让的,对对方当事人不发生效力。

合同权利义务的一并转让,除当事人另有约定外,原则上转让的当事人一方退出合同关系,其当事人地位被第三人取代,第三人成为新的当事人,享有当事人的所有权利,承担当事人的所有义务。这并未排除当事人的其他约定,例如当事人可以约定,转让方继续对债务承担连带债务和对债权享有连带债权,或者转让方对债务承担约定担保责任。

应当注意的是,《民法典》仅规定了通过约定所进行的合同权利义务的一并转让。除此之外,还有法定的债权和债务的一并转让,此时适用所涉的特别规定。最为典型的是,法人合并和分立情形中的一并转让。《民法典》第 67 条规定:“法人合并的,其权利和义务由合并后的法人享有和承担。法人分立的,其权利和义务由分立后的法人享有连带债权,承担连带债务,但是债权人和债务人另有约定的除外。”《公司法》第 174 条规定:“公司合并时,合并各方的债权、债务,应当由合并后存续的公司或者新设的公司承继。”第 176 条规定:“公司分立前的债务由分立后的公司承担连带责任。但是,公司在分立前与债权人就债务清偿达成的书面协议另有约定的除外。”据此,法人的合并、分立不应当影响法人外部债权人的利益,合并、分立前法人的权利义务应当概括转移给合并、分立后的法人。另外,在被继承人死亡以后,被继承人的遗产(包括债权)

转让给继承人继承的同时,继承人也应当概括继承被继承人的债务,当然,对被继承人的债务应当在被继承的遗产的范围内予以清偿。《民法典》第 1161 条第 1 款规定:“继承人以所得遗产实际价值为限清偿被继承人依法应当缴纳的税款和债务。超过遗产实际价值部分,继承人自愿偿还的不在此限。”依据该规定,继承人在继承遗产时,也应当承受被继承人的债务。由于被继承人的债权在性质上属于遗产的范畴,应当由继承人继承,因此,继承也可以产生债权和债务一并转让的效力。《民法典》第 725 条规定:“租赁物在承租人按照租赁合同占有期限内发生所有权变动的,不影响租赁合同的效力。”根据该规定,买受人在取得租赁物所有权的同时,还承受该租赁物上已经存在的租赁合同关系中出租人的当事人地位,也可认为是法定的债权和债务的一并转让。除此之外,《城市房地产管理法》第 42 条规定“房地产转让时,土地使用权出让合同载明的权利、义务随之转移。”这也会产生债权和债务一并转让的效力。

(三)参考规范

1.《民法典》

第四百零七条　抵押权不得与债权分离而单独转让或者作为其他债权的担保。债权转让的,担保该债权的抵押权一并转让,但是法律另有规定或者当事人另有约定的除外。

第五百四十七条　债权人转让债权的,受让人取得与债权有关的从权利,但是该从权利专属于债权人自身的除外。

受让人取得从权利不因该从权利未办理转移登记手续或者未转移占有而受到影响。

第五百五十五条　当事人一方经对方同意,可以将自己在合同中的权利和义务一并转让给第三人。

第五百五十六条　合同的权利和义务一并转让的,适用债权转让、债务转移的有关规定。

2.《商业银行保理业务管理暂行办法》

第九条　本办法所指应收账款的转让,是指与应收账款相关的全部权利及权益的让渡。

(四)参考案例

1. 某某保理公司与西安砺锋商贸有限公司、陈某某合同纠纷[深圳前海合作区人民法院一审民事判决书(2018)粤 0391 民初 2566 号]

【裁判观点】法院认为,本案所述应收账款质押是一种权利质押,不同于一般物的质押,作为可以出质的权利,是出质人吉信佳公司有权处分的一般金钱债权，吉信佳公司于2017年8月7日设立了质权并办理了质押登记，吉信佳公司已于该日取得了“商业保理合同”（合同编号：××××）项下的应收账款的权利质权。虽然应收账款质押登记协议及中国人民银行征信中心动产权属统一登记的质权人为吉信佳公司，但吉信佳公司已于2016年9月30日，将“商业保理合同”（合同编号：××××）项下的全部债权转让给某某保理公司，即某某保理公司于2016年9月30日在取得该笔应收账款的债权的同时，也取得了担保该笔应收账款债权的质权。吉信佳公司于2017年10月17日通知西安砺锋公司，也就是说，在2016年9月30日至2017年10月17日，上述债权转让对西安砺锋公司不发生效力。但自2017年10月17日，吉信佳公司将债权转让事宜通知西安砺锋公司后，某某保理公司可就担保“商业保理合同”（合同编号：××××）项下的应收账款债权所设立的质权向西安砺锋公司追偿。该转让后的质权是否进行变更登记，并不影响某某保理公司取得质权。综上，对某某保理公司主张的其对于西安砺锋公司质押的应收账款折价、拍卖或变卖的价款享有优先受偿权的诉讼请求，法院予以支持。

2. 某某保理公司与于某某借款合同纠纷［佳木斯市向阳区人民法院执行裁定书（2020）黑0803执异39号］

【裁判观点】法院认为，《物权法》第208条规定“为担保债务的履行，债务人或者第三人将其动产出质给债权人占有的，债务人不履行到期债务或者发生当事人约定的实现质权的情形，债权人有权就该动产优先受偿。前款规定的债务人或者第三人为出质人，债权人为质权人，交付的动产为质押财产”，第228条第1款规定“以应收账款出质的，当事人应当订立书面合同。质权自信贷征信机构办理出质登记时设立”。本案中，为担保债务的履行，恒阳热力公司作为出质人将其应收账款出质给宝亚公司占有，双方订立了书面合同，并在信贷征信机构办理了出质登记。因此，在恒阳热力公司不履行到期债务的情况下，宝亚公司有权就该应收账款优先受偿。《合同法》第81条规定，“债权人转让权利的，受让人取得与债权有关的从权利，但该从权利专属于债权人自身的除外”。2017年5月29日，宝亚公司与案外人签订保理业务合同，约定将对恒阳热力公司的债权全部转让给案外人，案外人取得与该债权有关的从权利。综上所述，案外人通过债权转让取得对恒阳热力公司的债权，且一并取得恒阳热力公司以应收账款出质的质权，如果恒阳热力公司不履行到期债务，案外人有权就该应收账款优先受偿，其主张足以阻却法院的执行，故对案外人要求停止对该应收账款执行的异议请求应予支持。

3. 北方工业科技有限公司、中国信达资产管理股份有限公司广东省分公司借款合同纠纷［广州市中级人民法院再审民事判决书(2019)粤01民再98号］

【裁判观点】法院再审认为,信达公司提供的其与平安广州分行于2018年8月31日签订的“债权资产转让合同”、平安广州分行和信达公司在南方日报上联合发布的“债权转让暨债务催收联合公告”及广州市天河区人民法院(2019)粤0106执异472号执行裁定书证实,平安广州分行已经将涉案债权转让给信达公司,信达公司是本案合法的诉讼主体,平安广州分行的权利义务,依法应由信达公司享有和承担。

2014年9月28日,平安广州分行与旭源公司签订“最高额质押担保合同”,约定以旭源公司与光电公司签订编号为GB/NG-201306B003“煤炭供需合同”、GB/NG-201306B003-01“煤炭供需合同补充协议”中所约定的应收账款33921750元进行质押。中国人民银行征信中心“动产权属统一登记-初始登记”载明:“将旭源公司对光电科技公司签订编号为GB/NG-201306B003的‘煤炭供需合同’、GB/NG-201306B003-01的‘煤炭供需合同补充协议’中产生的应收账款33921750元转让给平安广州分行。”信达公司对旭源公司质押的光电公司的应收账款33921750元是否具有优先受偿权,是本案争议的焦点。根据本案现有的事实和证据分析:首先,平安广州分行与旭源公司于2013年7月25日签订“国内保理业务合同”,约定旭源公司将其对光电公司应收账款3871万元的债权转让给平安广州分行。旭源公司向光电公司出具“征询函”,请求确认应收账款金额,光电公司确认应付账款3871万元属实。上述保理合同期满后,旭源公司未依约归还借款本息。2014年9月30日,平安广州分行与旭源公司签订“贷款合同”,约定旭源公司以借新还旧的方式向平安广州分行借款2262万元。2014年9月28日,平安广州分行与旭源公司签订“最高额质押担保合同”,约定以旭源公司与光电公司签订的编号为GB/NG-201306B003“煤炭供需合同”、GB/NG-201306B003-01“煤炭供需合同补充协议”中所约定的应收账款33921750元进行质押。贷款合同、最高额质押担保合同签订时,平安广州分行及旭源公司没有征求光电公司的意见。其次,“征询函”是基于“国内保理业务合同”出具,而非“最高额质押担保合同”。“征询函”载明:“截至2013年11月29日,贵司对我公司的应付账款3871万元。”“最高额质押担保合同”于2014年9月28日签订,该合同的签订时间与“征询函”债权确认的时间距离长达10个月,“最高额质押担保合同”签订时,旭源公司与光电公司之间的债权债务情况并不明确,旭源公司以3871万元应收账款进行质押,光电公司作为债务人并未确认。最后,光电公司主张其于2013年12

月31日支付20687680元、2014年1月27日支付7505000元、2014年4月28日支付9493368.59元给旭源公司，虽然上述款项没有支付到旭源公司指定的账户，但不能因此否认支付款项的事实。在光电公司与旭源公司的债权债务存在争议、“最高额质押担保合同”签订时旭源公司应收账款并不确定的情况下，平安广州分行向光电公司主张对33921750元应收账款享有优先受偿权，证据不足，法院不予认定。

五、“通用合同条款”和“专用合同条款”第4条的应用指南

（一）原文条款

> 4. 应收账款债务人推荐和接受
>
> 4.1　限定应收账款债务人
>
> 如合同当事人约定应收账款债务人限于特定的自然人、法人或非法人组织的，合同当事人可以在专用合同条款中明确列明特定的应收账款债务人信息。
>
> 4.2　不限定应收账款债务人
>
> 若专用合同条款中未约定应收账款债务人限于特定的自然人、法人或非法人组织的，应收账款债权人可以不时向商业保理人推荐应收账款债务人，商业保理人有权根据自己的独立判断，确认是否接受该应收账款债务人以及是否附加条件（如要求提供应收账款债务人内部决议、资信证明、历史交易记录、相应担保等）。

（二）应用指南

本条是商业保理人与应收账款债权人签订“商业保理合同”时，对是否限定应收账款债务人做出选择。如选择限定应收账款债务人，则应在“专用合同条款”部分第4条列明具体的应收账款债务人；如选择不限定应收账款债务人，则应收账款债权人可以在不时提交的“应收账款转让申请暨确认书”中确定具体的应收账款债务人。

根据《民法典》第761条的规定，作为保理合同标的应收账款可以分为现有的或将有的。从实践来看，应收账款可以分为以下三类：一是应收账款债权人、债务人、金额、到期日均确定；二是应收账款债权人、债务人确定，但是应收账款涉及的基础合同正在履行中，金额和到期日有待确定；三是应收账款债务人不确定或者不能完全确定，如公用事业项目收益权、高速公路收费权、景点收费权等。其中第一类属于现有的应收账款，第二类和第三类属于将有的应收账款。从本条规定的表述来看，无论是在“商业保理合同”中对应收账款债务人做出限定，还是在不时的“应收账款转让申请暨确认书”确定具体的应收账款债务人，应收账款债务人均是可以确定的，与实践中第三类将有的应收账款有

所区别。本条规定，主要是为了便利应收账款债权人根据不时产生的应收账款和实际融资需要灵活选择何时确定应收账款债务人。

（三）参考规范

《民法典》

第七百六十一条　保理合同是应收账款债权人将现有的或者将有的应收账款转让给保理人，保理人提供资金融通、应收账款管理或者催收、应收账款债务人付款担保等服务的合同。

（四）参考案例

1. 潘某某等与某某保理公司合同纠纷［北京市第一中级人民法院二审民事判决书（2020）京01民终6675号］

【案情简介】2015年11月27日，某某保理公司（甲方）与福润通公司（乙方）签订“保理合同”，主要约定：本合同项下保理为有追索权暗保理，乙方将其加盟的位于北京市顺义区天竺镇天柱东路丙2号特许经营速8酒店自2015年12月1日至2016年11月30日所享有的未来出租客房获得的所有营业收入及相关权益无条件转让给甲方，甲方为乙方提供保理服务。同日，潘某贵、潘某东、张某、王某分别作为保证人与债权人某某保理公司签订了“保证合同”，4份“保证合同”均约定保证人愿意为福润通公司在主合同项下的债务向某某保理公司提供最高额连带责任保证担保。自2015年12月1日至2016年5月13日，某某保理公司共向福润通公司支付了三笔保理融资款项，截至2017年9月10日，福润通公司尚欠融资款本金、利息及罚息若干。某某保理公司起诉福润通公司要求偿还保理融资款本金及其利息、违约金。一审判决认为某某保理公司与福润通公司构成借贷法律关系，判决福润通公司支付融资款、利息及罚息。福润通公司不服一审判决，认为某某保理公司为职业放贷人，涉案主合同及从合同均无效，遂以此为由提起上诉。

【裁判观点】北京一中院二审认为，某某保理公司分别与福润通公司、潘某贵、潘某东、张某、王某签订的“保理合同”及4份“保证合同”均不违反法律、行政法规的强制性规定，应为有效。因涉案“保理合同”约定的内容符合借款合同的特征，故涉案“保理合同”名为保理，实为借贷。现上诉人未提供充分证据证明某某保理公司为职业放贷人，故其关于涉案“保理合同”和“保证合同”无效的上诉理由缺乏事实及法律依据，法院不予采信。

【裁判要旨】第一，案涉合同的性质不符合商业保理法律关系的特征。保理法律关系应当以债权转让为前提，本案中福润通公司转让的债权为“未来所有营业收入”及“相关权益”，债权具体金额不明确、债务人未知、债权将来是否发生不确定，故双方签订的“保理合同”并不符合商业保理法律关系的特征。第二，案涉合同应为借款合同。如果保理人与债权人签订的合同名为保理合同，经审查不符合保理合同的构成要件，实为其他法律关系的，应按照实际法律关系予以处理。双方关于某某保理公司提供融资款，福润通公司到期还款并按月支付利息的约定符合借款合同的特征，双方所发生的法律关系名为保理，实为借贷。第三，案涉合同合法有效。以虚假的意思表示隐藏的民事法律行为的效力，依照有关法律规定处理。案涉合同是双方意思表示一致的结果，且福润通公司未提供充分证据证明某某保理公司为职业放贷人，因此案涉合同符合借款合同的构成要件，合法有效，福润通公司应该予以遵守。

2. 某某保理公司与长沙市天心区三大碗酒楼合同纠纷[长沙市天心区人民法院一审民事判决书(2019)湘0103民初2827号]

【案情简介】2016年1月27日，三大碗酒楼与某某保理公司签署“商业保理申请书”(以下简称“申请书”)，双方签订“协议书”；同年2月19日，双方签订“确认书”，约定某某保理公司受让三大碗酒楼从2016年2月22日起至同年8月17日止销售商品或提供服务时通过POS机形成的1764540元未来应收账款，某某保理公司向三大碗酒楼支付保理预付款297000元，并约定申请书、协议书与确认书共同构成本次商业保理的主体合同。但截至2019年3月20日，三大碗酒楼拖欠融资对价款230447元、保理手续费20621元，共计251068元。某某保理公司起诉三大碗酒楼要求偿还上述欠款及相应违约金。三大碗酒楼辩称，案涉保理合同违反了国家金融管理秩序，为无效合同。

【裁判观点】长沙天心法院认为，某某保理公司未能证明案涉未来债权确定存在及具有可转让性，因此案涉合同不具有保理合同的典型特征，“名为保理，实为借贷”的，应按民间借贷的相关法律规范进行审查。某某保理公司擅自从事国家特许经营的金融业务，应认定案涉民间借贷法律行为无效。故三大碗酒楼尚欠某某保理公司的借款本金应予以返回，某某保理公司要求三大碗酒楼支付逾期违约金的诉求，无事实和法律依据，法院不予支持。

【裁判要旨】第一，案涉合同实为借贷合同，某某保理公司未举证证明在保理合同成立时，基础合同已经签订，亦未举证证明在保理合同履行中直至履行期限届满时，基础合同已经签订、基础合同已特定于保理合同项下、债务人名称准确、主债权数额和履行期限明确等，故未来应收账款债权不具有合理期待性、确定性以及可转让性，故案涉合同应按民间借贷的相关法律规范进行审查。第二，案涉合同为无效合同，某某保理公司以保理为名对外贷款的对象主体众多，通过向社会不特定对象提供资金以赚取高额利息，出借行为具有反复性、经常性,借款目的也具有营业性,擅自从事国家特许经营的金融业务,违反了效力性强制性规定,亦损害了社会公共利益和公序良俗,故应认定案涉民间借贷法律行为无效。

六、"通用合同条款"和"专用合同条款"第5条的应用指南

(一)原文条款

> 5. 保理服务费与杂费
>
> 5.1 收费
>
> 商业保理人有权采用下列方式向应收账款债权人分期收取保理服务费:
>
> 5.1.1 第一期保理服务费的金额、支付时间等由合同当事人在专用合同条款中约定;
>
> 5.1.2 第二期保理服务费(如有)的金额、支付时间等由合同当事人在《应收账款转让申请暨确认书》中约定;
>
> 5.1.3 第三期保理服务费(如有)的金额、支付时间等由合同当事人在《提款申请暨确认书》中约定。
>
> 5.2 退还
>
> 保理服务费为对商业保理人提供保理服务中所耗费的操作成本、人工成本及商业机会以及从事本合同项下保理服务的对价,保理服务费一经收取,不予退还。
>
> 5.3 杂费
>
> 合同当事人可以在专用合同条款中对商业保理人应收取的杂费种类、金额及支付期限作出约定,杂费一经收取,不予退还。
>
> 5.4 支付方式
>
> 应收账款债权人应当以电汇方式按照合同当事人在专用合同条款中约定的商业保理人指定银行账号支付保理服务费与杂费。此外,除本合同另有约定或商业保理人另有指定外,应收账款债权人向商业保理人支付相关款项(如保理费用、回购款)时,均应支付到该商业保理人指定银行账号。

(二)应用指南

本条是关于商业保理人提供保理服务的对价收取的条款。

根据《商业保理术语》(T/CATIS 001—2020)第5.3.3条的规定,"保理服务费"是指保理人因提供保理服务(2.1.1)而收取的费用。通常包括应收账款管理费、单据处理费等。

实务中,保理服务费可以是财务上的应税收入,也可以是有别于保理融资利息的成本性开支,根据保理公司的实际情况而定。实践中注意需要留存相应凭证,以免所收的服务费被人民法院或仲裁委认定为"利息"的提前预收,进而

影响合理收益的计算。

《商业保理术语》(T/CATIS001—2020)并未定义“杂费”,实践中注意需要留存相应凭证,以免所收的服务费被人民法院或仲裁委认定为“利息”的提前预收,进而影响合理收益的计算。

《民法典》第509条规定,当事人应当按照约定全面履行自己的义务。第511条第1款第5项规定,履行方式不明确的,按照有利于实现合同目的的方式履行。综合商务实践,就履行金钱给付债务来说,最便捷的方式即为电汇。但《民法典》第543条规定,当事人协商一致,可以变更合同,因此若双方同意以其他方式结算保理服务费和杂费的,亦可。

由于“反向保理”(又称买方保理)是由应收账款债务人作为保理合同要约人的保理,即反向保理通常是指商业保理人与规模较大、资信较好的应收账款债务人(往往是买卖合同的买方)达成协议,根据应收账款债务人的要求,对向其供货、位于其供应链上的应收账款债权人(往往是买卖合同中的卖方,一般为融资渠道较少的中小企业)提供保理业务。因此,在“反向保理”实务中,应收账款债务人往往同意承担保理合同中的保理服务费与杂费。所以,在反向保理合同中可以与非保理合同当事人的应收账款债务人承担保理服务费。此时,可以考虑援引《民法典》第551条“免责的债务承担”规则,明确应收账款债务人自愿承担保理服务费,进而明确相关当事人的权利义务。

(三)参考规范

1.《商业保理术语》(T/CATIS001—2020)

5.3.3

保理服务报酬(factoring charge)

保理服务费

保理人(2.3.2)因提供保理服务(2.1.1)而收取的费用。通常包括应收账款管理费、单据处理费等。

2.《民法典》

第五百零九条 当事人应当按照约定全面履行自己的义务。

当事人应当遵循诚信原则,根据合同的性质、目的和交易习惯履行通知、协助、保密等义务。

当事人在履行合同过程中,应当避免浪费资源、污染环境和破坏生态。

第五百一十一条 当事人就有关合同内容约定不明确,依据前条规定仍不能确定的,适用下列规定:

(一)质量要求不明确的,按照强制性国家标准履行;没有强制性国家标准的，按照推荐性国家标准履行；没有推荐性国家标准的，按照行业标准履行；没有国家标准、行业标准的，按照通常标准或者符合合同目的的特定标准履行。

（二）价款或者报酬不明确的，按照订立合同时履行地的市场价格履行；依法应当执行政府定价或者政府指导价的，依照规定履行。

（三）履行地点不明确，给付货币的，在接受货币一方所在地履行；交付不动产的，在不动产所在地履行；其他标的，在履行义务一方所在地履行。

（四）履行期限不明确的，债务人可以随时履行，债权人也可以随时请求履行，但是应当给对方必要的准备时间。

（五）履行方式不明确的，按照有利于实现合同目的的方式履行。

（六）履行费用的负担不明确的，由履行义务一方负担；因债权人原因增加的履行费用，由债权人负担。

第五百四十三条　当事人协商一致，可以变更合同。

第五百五十一条　债务人将债务的全部或者部分转移给第三人的，应当经债权人同意。

债务人或者第三人可以催告债权人在合理期限内予以同意，债权人未作表示的，视为不同意。

3. 天津市高级人民法院《关于审理保理合同纠纷案件若干问题的审判委员会纪要（一）》

第十一条第一款第 2 段　反向保理：指保理商与规模较大、资信较好的买方达成协议，对于为其供货、位于其供应链上的中小企业提供保理业务。实务操作中，保理商首先与资信较好的买方协商，确定由保理商为向买方供货的中小企业提供保理融资，然后保理商与供货的中小企业，或者与供货的中小企业和买方共同签订保理合同。供货的中小企业履行基础合同中的供货义务后，向保理商提示买方承兑的票据，保理商立即提供融资，并进行应收账款管理及账款收取等综合性金融服务。票据到期时，买方直接向保理商支付款项。反向保理不是一种具体产品或者合同名称，而是一种保理营销策略和思路。近年来，反向保理在大幅度减少保理商风险的同时，有效缓解了中小企业的融资困难，提高了中小企业的市场开拓能力。

4. 上海市浦东新区人民法院《2014—2019 年涉自贸区商业保理案件审判情况通报》

2. 保理公司收费名目及收取方式尚需规范

保理公司向保理融资方提供应收账款融资、管理、催收、付款担保等服务，保理融资方也应当依约支付相应的对价。实践中保理合同约定的保理收益名目不尽相同，常见的如保理费、服务费、管理费，有的则直接以融资利息的名义收取；收费方式也各有不同，有的直接约定在发放保理款项时予以一次性扣除，有的则每月收取固定的费用，还有的将两种方式混合使用。因保理公司收取相关费用引发的争议通常有两种情况：

一是保理公司并无发放贷款的主体资格，其能否以利息名义主张收益。法院认为，采用何种收费名目属于当事人意思自治的范畴，不能仅以实际收取固定收益或者收费名目为利息即认定保理公司从事贷款业务，仍需考虑基础关系与应收账款的真实性等因素，综合认定其业务的法律性质。

二是预扣保理费用是否构成预扣利息以及如何计算融资成本。该问题仍需以保理公司是否已提供了相应服务为标准。如果所收取的保理费用对应的是提供融资服务，则可能会被视为预扣利息，如果对应的是其他服务的，则不能等同于预扣利息。

建议规范收费内容及名目。保理公司收取的费用内容及名目应与其提供的服务内容相一致，合理设定融资成本和收取方式，规范各类费用名称，避免采用本金、利息等借款类业务的文本表述方式，以避免保理融资人对业务性质造成误认。

(四)参考案例

1. 某某保理公司、范某辉合同纠纷[崇仁县人民法院一审民事判决书(2020)赣1024民初536号]

【案情简介】2017年8月29日，某某保理公司与银川市兴庆区比乐衣柜红星美凯龙店(以下简称比乐衣柜店)签订了合同号为CNX20170903705211的“商业保理确定书”以及“商业保理协议书”，约定比乐衣柜店向某某保理公司批量转让其在协议期限内使用POS收款工具、在线支付平台，予以销售商品或提供服务所形成的相应应收账款，共计人民币881826元。某某保理公司向比乐衣柜店支付保理款人民币129000元，约定综合管理服务费5%，计6450元；综合保理手续费1.7%/月，共计26608.40元；人行登记费60元；某某保理公司扣除综合管理服务费6450元及人行登记费60元后，某某保理公司向范某辉实际支付金额122490元。

【裁判观点】某某保理公司在支付款项时预扣了手续费6450元，实际借款本金为122550元，范某辉主张支付了介绍费6000元，与某某保理公司无关，故借款本金为122550元。

【裁判要旨】(1)某某保理公司虽然与比乐衣柜店签订了商业保理合同，但某某保理公司在本案中，仅发放保理款项，未对比乐衣柜店提供其他服务，也未对应收账款提供收款服务，还款亦由比乐衣柜店每月按固定金额还款，双方之间无其他业务关系，故某某保理公司与比乐衣柜店虽然签订了商业保理合同，但实为借贷关系，故某某保理公司与比乐衣柜店之间属民间借贷，双方签订的商业保理合同按借贷合同处理；(2)某某保理公司在支付款项时预扣了手续费6450元，实际借款本金为122550元，范某辉主张支付了介绍费6000元，与某某保理公司无关，故借款本金为122550元，根据双方约定的手续费为月利率1.7%，实为借款利率，不违反法律规定，予以认定。

2. 广西异构科技有限公司、罗翼等与某某保理公司、吴平其他合同纠纷[上海金融法院二审民事判决书(2019)沪74民终680号]

【案情简介】2016年12月27日某某保理公司与异构科技公司签订了“国内保理合同”(有追索权、卖方付费)，约定保理手续费以“应收账款转让申请暨确认书”中所载金额为准，保理手续费由保理人从保理预付款中直接扣除，一经收取，不予退还；保理预付款利息在保理人向卖方支付保理预付款之前，由卖方一次性向保理人支付。某某保理公司于2017年12月28日通过银行转账方式向异构科技公司支付了保理预付款共计2133800元(扣除了保理预付款利息66000元及保理手续费200元共计66200元)。

【裁判观点】某某保理公司已扣除的期内利息和手续费，因具有相应合同依据，亦不违反法律、行政法规的强制性规定，故予以确认，异构科技公司的主张，不予采纳。

【裁判要旨】某某保理公司依约发放了保理预付款，因保理融资期限届满后，异构科技公司未按约还款，亦未在还款承诺函所述的期限内履行还款义务，故某某保理公司要求异构科技公司归还保理预付款本金220万元并支付利息和逾期滞纳金的主张，具有事实和法律依据，予以支持。某某保理公司已扣除的期内利息和手续费，因具有相应合同依据，亦不违反法律、行政法规的强制性规定，故予以确认，对异构科技公司的主张，不予采纳。

七、“通用合同条款”和“专用合同条款”第6、7条的应用指南

(一)原文条款

> 6. 额度
>
> 6.1 保理融资额度的核定
>
> 6.1.1 自本合同生效之日起，商业保理人授予应收账款债权人的保理融资额度生效，该额度的金额、性质、有效期等详情由合同当事人在专用合同条款中约定。

6.1.2 应收账款债权人的所有应收账款债务人共同占用商业保理人核定的保理融资额度，商业保理人也有权在专用合同条款中针对每位应收账款债务人核定一个单独保理融资子额度。

6.1.3 应收账款债权人应在保理融资额度有效期内提交保理融资申请，否则商业保理人不予接受。

6.1.4 申请保理融资所对应的应收账款到期日不应晚于保理融资额度有效期的届满日，否则商业保理人不予接受，但合同当事人在专用合同条款中另有约定的除外。

6.1.5 商业保理人为应收账款债权人核定保理融资额度，并不意味着商业保理人有义务为应收账款债权人提出转让申请的全部应收账款提供资金融通，对于应收账款债权人提出的保理融资申请，商业保理人有权予以审核并自行判断决定是否接受。

6.2 保理融资额度承诺费

6.2.1 应收账款债权人在专用合同条款中约定的保理融资额度的最晚使用日（如有）内，未向商业保理人首次申请保理融资的，商业保理人有权于保理融资额度的最晚使用日后3日内向应收账款债权人额外收取保理融资额度承诺费，保理融资额度承诺费的金额由合同当事人在专用合同条款中约定。

6.2.2 应收账款债权人已在保理融资额度的最晚使用日前向商业保理人转让符合本合同约定的合格应收账款并申请保理融资，但商业保理人予以拒绝的，商业保理人不得收取保理融资额度承诺费。

6.3 累计信用额度的核定

6.3.1 自本合同生效之日起，商业保理人授予应收账款债务人的累计信用额度生效，该额度的金额、有效期等详情由合同当事人在专用合同条款中约定。

6.3.2 应收账款债权人的所有应收账款债务人共同占用商业保理人核定的累计信用额度。如合同当事人约定对每位应收账款债务人核定一个单独的信用额度的，该额度的金额、有效期等详情由合同当事人在专用合同条款中约定；合同当事人也可以在《应收账款转让申请暨确认书》中对每位应收账款债务人核定一个金额、有效期等不同的信用额度。

6.4 额度的变更

6.4.1 商业保理人有权视情况对保理融资额度单方予以变更（包括扩大、缩减或撤销额度、延长或缩短额度有效期），自商业保理人决定之日起，该额度变更即生效，但商业保理人应于作出变更决定后立即告知应收账款债权人。对该额度变更生效前商业保理人已受让的应收账款，商业保理人仍有权不再给予相应的保理融资。

6.4.2 商业保理人有权视情况对累计信用额度、信用额度单方予以变更（包括扩大、缩减或撤销额度、延长或缩短额度有效期），自商业保理人决定之日起，该额度变更即生效，但商业保理人应于作出变更决定后立即告知应收账款债权人。但对在该额度变更生效前商业保理人已受让的应收账款，商业保理人仍应按本合同的约定承担相应的付款担保责任。

7. 保理融资

7.1 融资申请

应收账款债权人可凭商业保理人已受让应收账款，在保理融资额度及其有效期内签署格式如专用合同条款附件的《提款申请及确认书》的方式向商业保理人申请保理融资。

7.2 履约担保

7.2.1 商业保理人需要应收账款债权人交付保证金的，由合同当事人在专用合同条款中约定保证金的金额、支付方式及日期等。商业保理人有权将保证金直接抵扣应收账款债权人到期应付款。若发生上述抵扣，应收账款债权人应根据商业保理人的通知立即补足保证金，逾期未补足的，视为其在本合同项下的违约行为。应收账款债权人付清全部应付款后3个工作日内，商业保理人将保证金全额退还给应收账款债权人，该等保证金不计算利息。

7.2.2 商业保理人需要合同当事人提供其他履约担保的，由合同当事人在专用合同条款中约定履约担保的金额、方式及期限等。履约担保可以采用保证、抵押、质押等形式，具体由合同当事人在专用合同条款中约定。

7.3 融资申请条件

应收账款债权人每次融资申请，以满足下列全部条件为前提：

(1)本次融资申请未超过商业保理人核定的保理融资额度；

(2)融资申请在保理融资额度有效期内以书面形式提出并送达商业保理人；

(3)本次融资申请所对应的应收账款为不存在通用合同条款第2.1.3条任一情形的合格应收账款；

(4)商业保理人已受让申请融资所对应的应收账款；

(5)本合同约定的应收账款债权人及其他相关方的在先义务事项(如通用合同条款第2.3、2.4、3.2、5.1、7.2条约定的应收账款转让通知、应收账款转让登记、从属权利和权益转让、保理服务费及杂费、履约担保等)均已经按约完成。

(6)应收账款债权人、应收账款债务人、担保人(如有)及其控股股东、实际控制人、法定代表人不存在经营状况严重恶化、恶意转移财产、丧失信誉或丧失履行债务能力的情形；

(7)应收账款债权人、应收账款债务人、担保人(如有)及其控股股东、实际控制人、法定代表人不存在本合同项下的任何违约行为或者任何违反其与商业保理人或商业保理人关联方签订的其他合同的行为；

(8)合同当事人在专用合同条款约定的其他保理融资前提条件均已满足。

7.4 融资确认

商业保理人有权自主决定是否批准应收账款债权人的融资申请，商业保理人批准应收账款债权人融资申请的，应在应收账款债权人签署并提交的《提款申请暨确认书》上签章确认。

> 7.5 融资发放
>
> 除应收账款债权人和商业保理人在《提款申请暨确认书》另有约定外，商业保理人应当按照专用合同条款规定的方式向应收账款债权人支付保理融资款。

（二）应用指南

本条是关于从保理融资申请至放款为止的流程性规定。

关于融资申请，实务中商业保理人在实际拨付保理融资款前，会先给予债权人一定的融资（授信）额度，并依据债权人实际的提款金额调整剩余可用额度。因此，首先建议商业保理人对由通过保理融资需求的应收账款债权人进行信用和尽职调查，并据此确定对该应收账款债权人的授信额度。

关于履约担保，我们认为存在以下几个注意事项：

首先，依据《民法典》和最高人民法院《关于适用〈中华人民共和国民法典〉有关担保制度的解释》，除了传统的担保物权和保证、定金担保外，商业保理人还能继续选择让与担保、账户担保等非典型担保方式。因此，在处理履约担保时，商业保理人首先应充分考虑应收账款债权人或者其他担保提供者的资信情况，合理选择担保的方式，以及金额与担保履约的期限。此后，应根据最高人民法院《关于适用〈中华人民共和国民法典〉有关担保制度的解释》结合相关担保提供主体、担保方式判断担保约定的效力或者采取必要的措施确保担保约定的效力。

其次，由《民法典》第545条第2款可推论，以金钱给付为内容的债权，可自由转让。因此，商业保理人在同意应收债权人的提款申请并与之签订保理合同之后，在满足一定条件的情况下，债权人理论上享有要求保理人支付保理融资款的权利，并可以转让给他人。然而，如前所述，商业保理此时应当避免出现这种情况出现。

再次，《民法典》通篇未提及“保证金”担保的具体规则，最高人民法院《关于适用〈中华人民共和国民法典〉有关担保制度的解释》也仅规制了“保证金账户”担保，二者并不相同。司法实务中，预收保证金有两种处理方式，一种是认定为预收利息，影响最终计算合理收益之本金的确定；另一种是认定为预付债务的款项，应当适用《民法典》第561条的规定确定保证金的冲抵顺序。因此，建议商业保理人根据自己的实际意思表示，在保理合同中加以明确。

复次，关于担保“金额”，需要注意担保范围与担保债权金额的区别，实务中尤其需要注意登记的债权金额应与实际的担保范围保持一致。关于担保

“方式”，以保证担保为例，当事人对保证方式没有约定或者约定不明确的，默认推定为“一般保证”，一般保证对主债权人并不十分友好。关于担保“期限”，不同的担保权利有各自的行使期限，这一期限可能是除斥期间，也可能是诉讼时效。例如，保证人自保证期间经过后就免于承担保证责任，抵押人在主债务诉讼时效届满后可以主张涤除抵押权。保证期间可以由当事人自由约定，但诉讼时效不可以。综上，保理人需要根据不同担保方式的特点进行针对性约定。

最后，鉴于实务中虚假应收账款风险常存，司法实务中对虚假应收账款是否影响保理合同的效力以及附随担保合同的效力也存在不同的观点。因此，我们建议在担保合同中注明应收账款的真实性不影响担保责任的承担。

关于融资申请条件的确认，商业保理人在实际支付保理融资款（实质性决定融资）之前，往往设定一定的商务或法律上的条件。在理解和适用融资申请条件时，尤其需要注意如何判断保理人“已受让”应收账款。《民法典》第768条规定，在存在应收账款多次转让的情况下，优先考虑依据登记的时间顺序判断应收账款的归属。所以建议在保理人已经取得优先顺位登记的前提下，才能视为保理人已受让应收账款。关于应收账款转让通知的发出等问题，可以参阅相关条款的释义。

特别需要注意的是，如果保理人在明知不符合合同约定的条件下，依然支付保理融资款的，不能依据本条要求债权人提前偿还保理融资，因为债权人在受领融资款后即可视为双方通过行为变更了支付保理融资款的条件。

（三）参考规范

1.《民法典》

第五百四十五条　债权人可以将债权的全部或者部分转让给第三人，但是有下列情形之一的除外：

（一）根据债权性质不得转让；

（二）按照当事人约定不得转让；

（三）依照法律规定不得转让。

当事人约定非金钱债权不得转让的，不得对抗善意第三人。当事人约定金钱债权不得转让的，不得对抗第三人。

第五百六十一条　债务人在履行主债务外还应当支付利息和实现债权的有关费用，其给付不足以清偿全部债务的，除当事人另有约定外，应当按照下列顺序履行：

（一）实现债权的有关费用；

（二）利息；

（三）主债务。

第七百六十一条　保理合同是应收账款债权人将现有的或者将有的应收账款转让给保理人，保理人提供资金融通、应收账款管理或者催收、应收账款债务人付款担保等服务的合同。

第七百六十八条　应收账款债权人就同一应收账款订立多个保理合同，致使多个保理人主张权利的，已经登记的先于未登记的取得应收账款；均已经登记的，按照登记时间的先后顺序取得应收账款；均未登记的，由最先到达应收账款债务人的转让通知中载明的保理人取得应收账款；既未登记也未通知的，按照保理融资款或者服务报酬的比例取得应收账款。

2. 最高人民法院《关于适用〈中华人民共和国民法典〉有关担保制度的解释》

第一条　因抵押、质押、留置、保证等担保发生的纠纷，适用本解释。所有权保留买卖、融资租赁、保理等涉及担保功能发生的纠纷，适用本解释的有关规定。

第二条　当事人在担保合同中约定担保合同的效力独立于主合同，或者约定担保人对主合同无效的法律后果承担担保责任，该有关担保独立性的约定无效。主合同有效的，有关担保独立性的约定无效不影响担保合同的效力；主合同无效的，人民法院应当认定担保合同无效，但是法律另有规定的除外。

因金融机构开立的独立保函发生的纠纷，适用《最高人民法院关于审理独立保函纠纷案件若干问题的规定》。

第六十三条　债权人与担保人订立担保合同，约定以法律、行政法规尚未规定可以担保的财产权利设立担保，当事人主张合同无效的，人民法院不予支持。当事人未在法定的登记机构依法进行登记，主张该担保具有物权效力的，人民法院不予支持。

第七十条　债务人或者第三人为担保债务的履行，设立专门的保证金账户并由债权人实际控制，或者将其资金存入债权人设立的保证金账户，债权人主张就账户内的款项优先受偿的，人民法院应予支持。当事人以保证金账户内的款项浮动为由，主张实际控制该账户的债权人对账户内的款项不享有优先受偿权的，人民法院不予支持。

在银行账户下设立的保证金分户，参照前款规定处理。

当事人约定的保证金并非为担保债务的履行设立，或者不符合前两款规定的情形，债权人主张就保证金优先受偿的，人民法院不予支持，但是不影响当事人依照法律的规定或者按照当事人的约定主张权利。

(四)参考案例

1. 某某保理公司与鄱阳县永宏汽车物流有限公司、王某某合同纠纷[广州市越秀区人民法院一审民事判决书(2019)粤0104民初35986号]

【案情简介】2018年1月30日,原告某某保理公司(甲方)与永宏公司(乙方)签订"国内保理业务合同",约定保理费、手续费按实际转让的应收账款金额的0.1%向原告逐笔支付;融资年利率13%(以融资款为基数按实际融资天数计算),在保理融资到期时一并收取,逾期利率为每日0.1%。2018年2月5日,永宏公司向原告支付保证金181041元。2018年2月6日,原告向永宏公司转账支付3620821元。

【裁判观点】保理人收取保证金,导致债权人实际可支配的款项金额减少,故上述金额应从融资款本金中扣除。保理人未举证证明提供对应服务的,所收取的手续费也应当从实际本金中扣除。

【裁判要旨】(1)原告在发放保理融资款前向永宏公司收取保证金,导致永宏公司实际可支配的款项金额减少,创造经济效益的资金条件受到制约,故上述金额应从融资款本金中扣除,即2018年2月6日发放的保理融资本金应为3439780元(3620821元-181041元)。(2)关于手续费,涉案约定的手续费付款时间早于原告放款的时间,而原告并未对手续费所对应的服务进行举证,故其主张的手续费在性质上相当于预扣利息,在涉案保理合同已对融资利率作出明确约定的情况下,法院对原告主张的手续费不予支持。

2. 焦某某与某某保理公司、上海博司生物科技有限公司等其他合同纠纷[上海金融法院二审民事判决书(2020)沪74民终515号]

【案情简介】2018年2月,博司公司与保理人签订"有追索权保理合同",保理融资金额为350万元整,将博司公司享有的对雨能公司的500万元应收账款转让给保理人。2019年7月31日,上海市公安局经侦总队对保理人客户经理金某勇进行询问,金某勇在该次询问中述称,涉案"商品采购合同"加盖了双方公司的公章,合同在形式上是真实的,但是该合同实际上是没有贸易背景的;保理人名义上是基于博司公司对雨能公司存在应收账款,才对博司公司放款350万元,实际上,博司公司不具有应收账款;保理人是以焦某玉个人房产的抵押作为基础放款的;保理人对商品采购合同的格式、内容把关,具体制作是由毅洋公司的有关人员在操办。

【裁判观点】保理人明知应收账款虚假的,保理合同视为借贷合同。

【裁判要旨】保理合同应当以存在真实的商品采购交易及对应的应收账款为前提,转让应收账款是保理区别于其他金融服务的核心特征。某某保理公司在签订保理合同时对商品采购合同没有真实贸易背景的事实完全知悉,其在明知该商品采购合同不存在真实应收账款的情况下,依然与博司公司签订保理合同并放款,属于“名为保理,实为借贷”的情形,该保理合同因构成通谋虚伪表示而无效。被保理合同隐藏的借款合同是双方当事人的真实意思表示,本案中并无证据证明某某保理公司存在职业放贷行为,亦不存在其他可能导致合同无效的情形,故该借款合同应当认定为有效。

八、“通用合同条款”和“专用合同条款”第8条的应用指南

(一)原文条款

8.保理融资款利息

8.1 保理融资期限

商业保理人发放保理融资款的实际日期与《提款申请暨确认书》记载的保理融资期限起始日不一致的,以实际发放日为准,并以实际发放日(不含当日)开始计算保理融资款利息,但保理融资期限的届满日不变,仍以《提款申请暨确认书》约定的保理融资期限届满日为准。

8.2 利息计算公式

保理融资款利息=(1)保理融资款金额×正常期利率÷360×保理融资款发放日(不含当日)至应收账款到期日(含当日)+(2)保理融资款金额×宽限期利率÷360×应收账款到期日(不含当日)至宽限期届满日(含当日)+(3)保理融资款金额×逾期利率÷360×宽限期届满日(如无宽限期则为应收账款到期日,不含当日)至商业保理人收回保理融资款之日(含当日)或本合同约定的商业保理人应担保付款之日(含当日)。合同当事人可以在专用合同条款中约定对保理融资款利息计算公式进行调整。

8.3 利率

8.3.1 保理融资款利率(包括正常期利率、宽限期利率、逾期利率及合同当事人约定的其他利率)以应收账款债权人和商业保理人签署确认的《提款申请暨确认书》上约定为准。

8.3.2 除合同当事人可以在专用合同条款中另有约定外,本合同项下保理融资款利率不因同期人民币贷款市场报价利率发生调整而变化。

8.4 提前还款

在保理融资期限届满之前,经商业保理人书面同意,应收账款债务人可以提前清偿应收账款,应收账款债权人也可以提前回购应收账款,保理融资利息按照保理融资款的实际占用天数结算。未经商业保理人书面同意,应收账款债务人自行提前清偿应收账款,或者应收账款债权人自行提前回购应收账款的,视为商业保理人仍于保理融资期限届满日收回保理融资款,保理融资款利息不予减少,仍计至融资期限届满日。合同当事人可以在专用合同条款中约定对提前还款时的保理融资款利息计算方式进行调整。

（二）应用指南

保理融资款利息是债权人享受保理融资服务所应当支付的对价，所以应当从实际使用款项之日开始计息。

提供资金融通服务是保理合同中最常见的服务，司法实践中在判断保理融资收益是否过高时，此前以民间借贷的年利率24%为主要参考标准。2020年8月20日修正后的《关于审理民间借贷案件适用法律若干问题的规定》将民间借贷的上限下调至LPR（中国人民银行授权全国银行间同业拆借中心自2019年8月20日起每月发布的一年期贷款市场报价利率）的4倍。2021年1月1日，《最高人民法院关于新民间借贷司法解释适用范围问题的批复》明确，保理合同纠纷的利率限制不再适用新版民间借贷利率限制。

中国人民银行公告〔2019〕第15号规定，自2019年8月20日起，中国人民银行授权全国银行间同业拆借中心于每月20日（遇节假日顺延）9时30分公布贷款市场报价利率，公众可在全国银行间同业拆借中心和中国人民银行网站查询。查询地址为：http：//www. chinamoney. com. cn/chinese/bklpr/？ tab＝2。

关于提前还款，《民法典》第530条第1款规定，债权人可以拒绝债务人提前履行债务，但是提前履行不损害债权人利益的除外。保理人在核算一单保理业务时，往往会要求综合收益能够覆盖配资成本，倘若允许债权人擅自提前还款，保理人可能会遭受损失。为了不剥夺债权人的权利，也为了依法保护自己的合法权利，本条允许债权人提前回购应收账款，但保理融资利息不应减少。

同理，应收账款的债务人依法享有提前清偿的权利，且对保理人来说，提前受领应收账款一般不会给保理人造成不利影响。但可以征求债权人的意见，是否同意视为债权人提前回购，将超过部分返还给债权人。

（三）参考规范

1.《中华人民共和国民法典》

第五百三十条　债权人可以拒绝债务人提前履行债务，但是提前履行不损害债权人利益的除外。

债务人提前履行债务给债权人增加的费用，由债务人负担。

2.最高人民法院《关于修改〈关于审理民间借贷案件适用法律若干问题的规定〉的决定》

二十、将第二十六条修改为："出借人请求借款人按照合同约定利率支付利息的，人民法院应予支持，但是双方约定的利率超过合同成立时一年期贷款市场报价利率四倍的除外。

前款所称'一年期贷款市场报价利率'，是指中国人民银行授权全国银行间同业拆借中心自2019年8月20日起每月发布的一年期贷款市场报价利率。”

3.《最高人民法院关于新民间借贷司法解释适用范围问题的批复》

一、关于适用范围问题。经征求金融监管部门意见，由地方金融监管部门监管的小额贷款公司、融资担保公司、区域性股权市场、典当行、融资租赁公司、商业保理公司、地方资产管理公司等七类地方金融组织，属于经金融监管部门批准设立的金融机构，其因从事相关金融业务引发的纠纷，不适用新民间借贷司法解释。

(四)参考案例

防城联泰石油气有限公司、某某保理公司债权转让合同纠纷[绍兴市中级人民法院二审民事判决书(2020)浙06民终3219号]

【案情简介】2017年1月9日，某某保理公司与防城联泰公司签订“回购协议”一份，约定防城联泰公司(乙方)向某某保理公司(甲方)回购编号为HT保理字2017-9“国内保理业务合同”项下的应收账款债权，回购价款为3202656元，防城联泰公司应在回购协议签署之日起3日向某某保理公司支付转让价款3202656元，防城联泰公司有权选择现金或者电子商业汇票背书转让的支付方式。逾期利息以转让价款为基数每日按千分之一的标准计。

【裁判观点】某某保理公司主张的逾期利息明显过高，故应予调整至年利率24%。

【裁判要旨】保理人主张的任何利息(含逾期利息)合计不得超过年利率24%。

九、“通用合同条款”和“专用合同条款”第9条的应用指南

(一)原文条款

> 9.发票与税负
>
> 9.1 发票开具
>
> 商业保理人在其收到本合同项下的保理融资款利息后向应收账款债权人开具相应的增值税普通发票；商业保理人在其收到本合同项下的保理服务费、杂费后向应收账款债权人开具相应的增值税专用发票；虽由商业保理人收取但不计入商业保理人收入的代收代付费用(如应收账款转让登记费等)，商业保理人仅需在收款后向应收账款债权人开具代收代付收据；商业保理人向应收账款债务人主张应收账款而取得的超过保理融资款、保理融资款利息、保理服务费、杂费及其他应收款项后剩余款项的，无需向应收账款债权人开具发票或收据。合同当事人可以在专用合同条款中另行约定发票开具的方式。

> 9.2　税负调整
>
> 若本合同生效后国家法律或税收法规变化(包括增值税税率本身的变化以及增值税变化为新流转税税率引起的税率变化)致使商业保理人的增值税税负增加的,增加的税负由应收账款债权人在最近一期应付款中予以补足;若本合同生效后国家法律或税收法规变化致使商业保理人的增值税税负减少的,增加的税负应从应收账款债权人最近一期应付款项中予以扣减。合同当事人可以在专用合同条款中另行约定税负调整时的承担方式。

(二)应用指南

本条适用于商业保理人在业务经营中收取保理融资款利息、保理服务费或其他费用时如何开具发票,以及税负调整时如何调整商业保理人和应收账款债权人双方的权利义务。

根据商业保理人收取款项的性质不同,其中,将保理融资款利息定性为贷款服务,应当开具增值税普通发票,不得用于抵扣;将保理服务费或杂费定性为直接收费的金融服务,可以开具增值税专用发票,用于抵扣。因国家税收政策变化导致增值税调整的,本条倡导约定如下:税负增加时,应收账款债权人相应增加支付的款项;税负减少时,应收账款债权人相应减少支付的款项。

(三)参考规范

《营业税改征增值税试点实施办法》

第二十七条　下列项目的进项税额不得从销项税额中抵扣:

……

(六)购进的旅客运输服务、贷款服务、餐饮服务、居民日常服务和娱乐服务。

附:销售服务、无形资产、不动产注释

(五)金融服务

金融服务,是指经营金融保险的业务活动。包括贷款服务、直接收费金融服务、保险服务和金融商品转让。

1. 贷款服务。

贷款,是指将资金贷与他人使用而取得利息收入的业务活动。各种占用、拆借资金取得的收入,包括金融商品持有期间(含到期)利息(保本收益、报酬、资金占用费、补偿金等)收入、信用卡透支利息收入、买入返售金融商品利息收入、融资融券收取的利息收入,以及融资性售后回租、押汇、罚息、票据贴现、转贷等业务取得的利息及利息性质的收入,按照贷款服务缴纳增值税。

2. 直接收费金融服务。

直接收费金融服务，是指为货币资金融通及其他金融业务提供相关服务并且收取费用的业务活动。包括提供货币兑换、账户管理、电子银行、信用卡、信用证、财务担保、资产管理、信托管理、基金管理、金融交易场所（平台）管理、资金结算、资金清算、金融支付等服务。

（四）参考案例

北京世纪互联宽带数据中心有限公司与中建投租赁股份有限公司融资租赁合同纠纷［北京市西城区人民法院一审民事判决书（2019）京 0102 民初 36471 号］

【案情简介】数据公司（乙方）与中建投公司（甲方）签订了 6 份“融资租赁合同”，除租赁物、租赁期限及租金数额、利率、保证金、租赁手续费等具体金额外，其他主要条款均一致。合同第 4.7 条约定，本合同所约定的租金等乙方应付款项的支付义务是无条件的，乙方不得以国家政策调整/政府行为等客观情况发生变化而要求迟延支付或者进行减免；第 9.13 条约定，因租赁物本身及其设置、保管、维修、维护、保养、使用及租金的交付所发生的一切费用、税款均由乙方承担。合同附件一“特殊约定”第 2 条“租金”约定以下相关内容：“2.1 本合同项下的租赁本金即甲方按照‘委托购买合同’的约定支付给供应商的货款总额及甲方、乙方一致同意计入租赁本金的其他费用减去甲方收到的首付款；2.2 本合同项下租赁利率采取浮动利率方式计算：本合同项下的租金支付方式为等额本金、季度末付租金。每期租金=每期租赁本金+每期租赁利息，每期租赁利息=剩余租赁本金×租赁年利率/4。在中国人民银行同期贷款利率调整之次期，前述每期租金金额发生相应调整。”第 4 条“租赁物发票”约定：“4.1 原则上‘委托购买合同’中应约定供应商直接向甲方开具租赁物的增值税专用发票，税率应为 17%，甲方在收到供应商开具的上述发票并在收到应付的租金后向乙方开具相应额度的租金发票，乙方同意上述安排，并应协助要求供应商及时向甲方开具相应发票。如供应商开具的增值税专用发票税率低于 17%，导致甲方增加的增值税税款应由承租人以额外增加租金的方式予以弥补；4.3 若国家对融资租赁业务相关税务制度进行调整或修订，本合同及‘委托购买合同’项下租赁物发票及租金发票开具安排届时相应调整。”

合同履行过程中，财政部、税务总局出台了《关于调整增值税税率的通知》（财税〔2018〕32 号），其中规定，自 2018 年 5 月 1 日起，纳税人发生增值税应税销售行为或者进口货物，原适用17%和11%税率的，税率分别调整为16%、10%。《财政部、税务总局、海关总署关于深化增值税改革有关政策的公告》（财政部、税务总局、海关总署公告2019年第39号）规定，自2019年4月1日起，增值税一般纳税人发生增值税应税销售行为或者进口货物，原适用16%税率的，税率调整为13%；原适用10%税率的，税率调整为9%。

数据公司认为中建投公司开具的增值税专用发票税率降低，但并未相应调整租金，导致其实际支付的租金增加，遂提起诉讼，要求其赔偿损失。

【裁判观点】法院认为，数据公司能否主张税率下调产生的损失，关键在于双方合同中有无对税率调整产生的影响进行约定。本案中每期租金数额以及数据公司需要支付的租金总额，在签订合同之初就已能基本确定，增值税税率的调整并不影响数据公司所承担的每期租金数额。

【裁判要旨】第一，双方在合同第4.7条中明确约定，数据公司不能因国家政策调整等客观情况发生变化而要求迟延支付或者进行减免租金。本案中的增值税税率调整，属于国家政策调整的范畴，数据公司不能因增值税税率调整而要求少交租金。第二，"特殊约定"第2条已对租金的计算方式进行了明确约定，根据该条规定，每期租金的高低仅受租赁年利率的影响，而不受增值税税率变化的影响。第三，"特殊约定"第4.3条约定，"若国家对融资租赁业务相关税务制度进行调整或修订，本合同及'买卖合同'项下租赁物发票及租金发票开具安排届时相应调整"，该约定仅是对租金发票开具的约定，未约定租金是否应进行相应调整。事实上，国家对税务制度进行调整和修订后，原被告双方均在客观上无法继续按照原有规定开具发票。在合同无相关约定的情况下，增值税税率调整时，双方仍应按照原合同约定履行义务，即数据公司仍应按照每期租金标准及支付时间支付相应租期租金，中建投公司仍应按照既定的每期租金数额为数据公司开具增值税专用发票。现中建投公司按照调整后的增值税税率为数据公司开具发票，既是执行相关税法的规定，也是对合同的遵守。数据公司仍按原有约定履行支付租金义务，亦是对合同的遵守。第四，增值税税率调整对合同双方产生的作用都是双向的，且降税红利的释放有一个过程，部分企业会较早享受到政策红利，部分企业会较晚享受到政策红利。现数据公司主张中建投公司在收取租金时获得减税红利，而其暂时未获得减税利益，并要求中建投公司向其支付已享受的减税利益，并无合同依据，也不符合诚实信用原则，更不利于维护交易稳定。

十、“通用合同条款”和“专用合同条款”第10.1条的应用指南

(一)原文条款

> 10. 账款设立及核对
>
> 10.1 账款管理
>
> 10.1.1 商业保理人可以根据自己的需要,采用自己认为合适的方式,及时记录每笔业务的发生情况、回收情况、逾期账款情况、对账单等各种财务和统计报表,对已受让应收账款进行收付结算与催收,并定期或不定期与应收账款债权人核对有关账务。
>
> 10.1.2 应收账款债权人应建立相应账务,以便与商业保理人共同做好对账工作。应收账款债权人在收到商业保理人的对账单据后3个工作日内未提出异议的,即可认为该对账单据是准确无误的。

(二)应用指南

本条是关于商业保理人在依约受让应收账款过程中有权自主审查,在受让应收账款后有权就受让的账款进行相应管理,以及应收账款债权人具有配合义务的约定。

为了降低业务风险、保障业务的有序进行,相关法律法规、规定要求商业保理人在受让、管理应收账款时应尽到审慎义务。但保理人毕竟不是基础合同法律关系的一方,其在应收账款的核查、管理过程中能发挥的作用比较有限,在此种情况下,借助基础合同关系方——应收账款债权人的力量就显得格外重要。一来,作为基础合同关系的一方,应收账款债权人对基础合同的状态、是否回款、特殊约定(如禁止转让等)、是否设置抵押、担保等权利负担知晓、明晰;二来,在约定应收账款债权人具有账务管理的配合义务并按约操作后,即使后续应收账款存在瑕疵,商业保理人也能更容易证明自身在账款管理中已经尽到审慎义务、当属善意,从而援引《民法典》第763条的规定,主张不受账款瑕疵的影响,或者以保理合同中的本条约定追究债权人的违约责任或侵权损害责任,最大限度地减轻应收账款瑕疵带来的不利影响。

1. 受让应收账款风险管理的法定要求

关于商业保理人应收账款的管理及风险控制,《民法典》第763条规定,应收账款债权人与债务人虚构应收账款作为转让标的,与保理人订立保理合同的,应收账款债务人不得以应收账款不存在为由对抗保理人;第765条规定,应收账款债务人接到应收账款转让通知后,应收账款债权人与债务人无正当理由协商变更或者终止基础交易合同,对保理人产生不利影响的,对保理人不发生效力。对这两条条文应认为其仅作为救济条款,基于公平正义的法理角度出

发，减轻了在应收账款瑕疵时商业保理人的责任，但并不意味着对商业保理人怠于进行应收账款风险管控的鼓励和许可。相反的，中国银保监会的现行通知及管理办法，以及各地方性商业保理管理办法中对商业保理人在受让、管理应收账款时都提出了相应要求。

根据中国银保监会办公厅《关于加强商业保理企业监督管理的通知》第1条第4项的要求，商业保理企业不得基于不合法基础交易合同、寄售合同、权属不清的应收账款、因票据或其他有价证券而产生的付款请求权等开展保理融资业务，同时基于通知第2条第7项的要求，商业保理企业在受让应收账款时应遵守的监管要求包括：(1)受让同一债务人的应收账款，不得超过风险资产总额的50%；(2)受让以其关联企业为债务人的应收账款，不得超过风险资产总额的40%；(3)将逾期90天未收回或未实现的保理融资款纳入不良资产管理；(4)计提的风险准备金，不得低于融资保理业务期末余额的1%；(5)风险资产不得超过净资产的10倍。

根据北京市地方金融监管局印发的《北京市商业保理公司监督管理指引》(以下简称《管理指引》)第15条第6项的规定，商业保理公司不得基于不合法基础交易合同、寄售合同、权属不清的应收账款、因票据或其他有价证券而产生的付款请求权等开展保理融资业务。《管理指引》第18条规定，商业保理公司应当根据自身内部控制水平和风险管理能力，制定适合开展保理融资业务的应收账款标准，规范应收账款范围，严格审核基础交易合同等材料的真实性与合法性，审核债务人的资信、经营及财务状况，合理判断应收账款质量，包括出质、转让情况以及账龄结构等。

2. 应收账款管理的操作要点

为了有效保障业务安全，确保项目的有序开展，建议商业保理公司健全风险管理组织架构，除设立专门的风控部门外，建议设立风险管理委员会，将操作风险管理纳入企业战略规划的范畴，并结合公司的具体情况制定业务操作管理办法，合理规制公司业务操作，并基于此建立一套完整的应收账款受让、管理的风险预警制度及风险控制制度。

在应收账款发生、受让的过程中，建议保理人建立专门的业务团队，除了核查基础商务合同和应收账款的真实性、合法性之外，还需核查应收账款的可转让性。审查商务合同中是否约定应收账款不可转让或应收账款具有法律规定的不可转让情形，同时还应在中国人民银行应收账款质押登记公示系统查询应收账款的登记信息，确保应收账款未被转让、质押或保理。除此之外，保理人在商业保理合同的审查和签订时，应明确约定，应收账款债权人除将标的债权转让给保理人外，还应将基础贸易合同项下现时及以后所享有的全部权利和利益（如有）一并转让给保理人，包括但不限于收取并保留应收账款的权利、法律许可的范围内要求债务人依法对债权人行使债权而产生的各项费用和损失给予赔偿和补偿的权利、在债务人发生破产、清算、被关闭或其他类似的情况下，作为债权人参加清算或其他类似程序的权利、就全部或部分债权进行放弃、给予豁免或延期等权利、基础交易项下的担保性权益以及其他类似安排项下的权益、实现债权的其他实体性权利和程序性权利等，以确保其所受让的应收账款债权的完整性。

应收账款受让后，建议保理人除密切关注应收账款债权的回收情况、逾期账款情况、买卖双方信用变化情况、对账单等资料外，还应当根据应收账款债权人的不同，确定应收账款债权人或债务人的重大事项报告的第一责任人，对保后管理各类信息的真实性、及时性负责。保后管理重点关注事项应包括：(1)债权、债务人股东变动情况；(2)债权、债务人的董监高人员变动情况及资信情况；(3)债权、债务人减资、合并、分立、解散及申请破产等情况；(4)债权、债务人所涉待决诉讼、仲裁、行政处罚等；(5)债权、债务人股东、董事、高管合法合规履职情况；(6)债权、债务人银行贷款偿还情况；(7)其他对业务履行有重大影响的事项。除此之外，建议保埋公司业务部门针对每笔业务设置对应的台账信息，在应收账款到期日前及时提示买方付款，在债务人出现经营风险或财务问题时，也应及时固定证据，适时催收，将业务及诉讼风险降至最低。

（三）参考规范

1.《民法典》

第一百八十六条　因当事人一方的违约行为，损害对方人身权益、财产权益的，受损害方有权选择请求其承担违约责任或者侵权责任。

第五百七十七条　当事人一方不履行合同义务或者履行合同义务不符合约定的，应当承担继续履行、采取补救措施或者赔偿损失等违约责任。

第五百八十三条　当事人一方不履行合同义务或者履行合同义务不符合约定的，在履行义务或者采取补救措施后，对方还有其他损失的，应当赔偿损失。

第七百六十二条　保理合同的内容一般包括业务类型、服务范围、服务期限、基础交易合同情况、应收账款信息、保理融资款或者服务报酬及其支付方式等条款。

第七百六十三条　应收账款债权人与债务人虚构应收账款作为转让标的，与保理人订立保理合同的，应收账款债务人不得以应收账款不存在为由对抗保理人，但是保理人明知虚构的除外。

第七百六十五条　应收账款债务人接到应收账款转让通知后，应收账款债权人与债务人无正当理由协商变更或者终止基础交易合同，对保理人产生不利影响的，对保理人不发生效力。

2. 中国银保监会办公厅《关于加强商业保理企业监督管理的通知》

一、依法合规经营

（四）商业保理企业不得有以下行为或经营以下业务：

1. 吸收或变相吸收公众存款；

2. 通过网络借贷信息中介机构、地方各类交易场所、资产管理机构以及私募投资基金等机构融入资金；

3. 与其他商业保理企业拆借或变相拆借资金；

4. 发放贷款或受托发放贷款；

5. 专门从事或受托开展与商业保理无关的催收业务、讨债业务；

6. 基于不合法基础交易合同、寄售合同、权属不清的应收账款、因票据或其他有价证券而产生的付款请求权等开展保理融资业务；

7. 国家规定不得从事的其他活动。

二、加强监督管理

（七）商业保理企业应遵守以下监管要求：

1. 受让同一债务人的应收账款，不得超过风险资产总额的50%；

2. 受让以其关联企业为债务人的应收账款，不得超过风险资产总额的40%；

3. 将逾期90天未收回或未实现的保理融资款纳入不良资产管理；

4. 计提的风险准备金，不得低于融资保理业务期末余额的1%；

5. 风险资产不得超过净资产的10倍。

3.《北京市商业保理公司监督管理指引》

第十五条　商业保理公司不得有下列业务或活动：

（一）吸收或变相吸收公众存款；

（二）通过网络借贷信息中介机构、地方各类交易场所、资产管理机构以及私募投资基金等机构融入资金；

（三）发放或受托发放贷款；

（四）与其他商业保理公司拆借或变相拆借资金；

（五）专门从事或受托开展与商业保理无关的催收业务、讨债业务；

（六）基于不合法基础交易合同、寄售合同、权属不清的应收账款、因票据或其他有价证券而产生的付款请求权等开展保理融资业务；

（七）国家规定不得从事的其他业务或活动。

第十八条 商业保理公司应当根据自身内部控制水平和风险管理能力，制定适合开展保理融资业务的应收账款标准，规范应收账款范围，严格审核基础交易合同等材料的真实性与合法性，审核债务人的资信、经营及财务状况，合理判断应收账款质量，包括出质、转让情况以及账龄结构等。

第二十三条 商业保理公司应当严格遵守以下监管指标要求：

（一）商业保理公司应当将逾期九十天未收回或未实现的保理融资款纳入不良资产管理；

（二）商业保理公司风险资产不得超过净资产的10倍；

（三）商业保理公司应当计提不低于融资保理业务期末余额1%的风险准备金；

（四）商业保理公司应当建立健全集中度风险管理体系，商业保理公司受让同一债务人的应收账款，不得超过风险资产总额的50%；受让以其关联企业为债务人的应收账款，不得超过风险资产总额的40%。

（四）参考案例

1. 中国平煤神马集团物流有限公司、中国平煤神马能源化工集团有限责任公司金融借款合同纠纷［最高人民法院再审民事判决书（2018）最高法民再129号］

【案情简介】2013年6月14日，澳海公司与建行青岛市北支行签订“有追索权国内保理合同”，约定澳海公司将其对平煤物流公司的应收账款债权转让给建行青岛市北支行，保理预付额最高额度为2亿元，有效期自2013年6月14日至2014年6月14日。

2014年2月15日，澳海公司与平煤物流公司签订“煤炭采购合同”，约定将9万吨煤炭以521元/吨的价格卖给平煤物流公司；货到后平煤物流公司在6个月内付款。

2014年2月17日，平煤物流公司、澳海公司、信恒基公司于该日签订“三方协议”，约定：（1）平煤物流公司将9万吨煤炭以527元/吨的价格卖给信恒基公司，货到后信恒基公司在6个月内付款；（2）信恒基公司将货款全部支付给平煤物流公司后，平煤物流公司按照合同约定及时支付给澳海公司，澳海公司在信恒基公司未付款之前，不得向平煤物流公司追索货款；（3）办理银行保理或其他业务时，如需平煤物流公司承担对银行等其他主体付款义务时，应当以信恒基公司先付款为责任承担前提，平煤物流公司仅在信恒基公司付款的前提下承担对所有合同方的付款义务。

2014 年 2 月 25 日，澳海公司向平煤物流公司作出“应收账款转让债权通知书”，明确澳海公司将上述“煤炭采购合同”项下的应收账款转让给建行青岛市北支行，平煤物流公司只有向建行青岛市北支行履行付款义务方能构成对应收账款债务的有效清偿。

建行青岛市北支行以“煤炭采购合同”项下的付款条件已经成就为由诉至法院，要求平煤物流公司支付相应货款。

一审法院驳回建行青岛市北支行诉讼请求，二审法院改判支持建行青岛市北支行诉讼请求，再审法院改判维持一审判决。

【争议焦点】平煤物流公司能否以三方协议中约定的付款条件作为抗辩事由对抗建行青岛市北支行？

【裁判观点】有追索权保理业务模式下，应收账款受让人向债务人主张付款请求权应依据《合同法》债权转让规则和具体的保理合同内容予以确定。根据《合同法》第 82 条的规定，债务人基于基础交易合同项下对债权人原有的抗辩权，在受让通知后，仍可向债权受让人主张。债权转让的债务人不能拒绝，但不宜因债权转让的结果而使债务人陷于不利的地位。在发出债权转让通知之前，债权人与债务人修改基础交易合同的抗辩事由对债权受让人有效；在发出转让通知后，债权人与债务人修改基础交易合同的抗辩事由对债权受让人不具有效力，除非债权受让人表示同意。三方协议的签订时间为 2014 年 2 月 17 日，澳海公司出具应收账款债权转让通知书的时间为 2014 年 2 月 25 日，三方协议中约定的平煤物流公司享有的抗辩事由对建行青岛市北支行有效。平煤物流公司并无向建行青岛市北支行提示三方协议存在的合同义务和法定义务。建行青岛市北支行在开展保理业务的过程中，对基础交易合同内容的变化，应该进行充分的风险评估，并承担由此可能产生的商业风险。二审判决认定三方协议对平煤物流公司付款条件的约定系平煤物流公司、澳海公司、信恒基公司之间的内部约定，不能对抗建行青岛市北支行的付款请求权，适用法律错误，再审法院予以纠正。

2. 中厦建设集团有限公司、中国建设银行股份有限公司上海第二支行合同纠纷案[最高人民法院再审审查与审判监督民事裁定书(2019)最高法民申 1533 号]

【案情简介】2014 年 4 月 30 日，建行上海分行与麟旺公司签订有追索权国内保理合同，约定麟旺公司采用赊销方式销售货物，并向建行上海分行申请获得有追索权的保理业务服务。保理预付款最高额度为 1. 8 亿元，有效期自

2014年4月30日起至2015年4月24日止。

为了保障保理合同的有效履行，建行上海分行与李某利、东关公司分别签订了“本金最高额保证合同(保理业务专用)”，保证人均承诺为麟旺公司在主合同项下不超过1.8亿元本金余额及其他全部债务提供连带责任保证。

麟旺公司于2015年2～3月向建行上海分行申请支取保理预付款共计141299152.13元。嗣后，上述款项均未获清偿，产生6个月期内利息共计816502.66元。截至2015年9月21日，按照同期银行贷款利率上浮50%计算，产生逾期利息共计120162.77元。

麟旺公司在向建行上海分行申请支用每笔保理预付款时，均向建行上海分行提交了“付款承诺书”“应收账款转让通知书”“已转让应收账款确认通知书及回执”“钢材购销合同”“销售清单”。中厦公司及其法定代表人张某荣在上述“付款承诺书”、“钢材购销合同”及“已转让应收账款确认书回执”上盖章。

绍兴市公安局柯桥分局经侦大队侦查，“钢材购销合同”中所涉部分施工地点实际并不存在，部分并非中厦公司的工地，部分工地并未向麟旺公司采购钢材。中厦公司法定代表人张某荣、经办人商某华、杨某平，麟旺公司经办人庄某明、陈某等在公安机关的“询问笔录”中均表示，保理融资所涉贸易背景均为麟旺公司虚构，中厦公司对麟旺公司向银行申请融资予以长期配合，中厦公司向银行的还款均来源于麟旺公司及其关联企业。

2015年9月17日，建行上海分行与建行二支行签订“协议书”，约定：由于建行上海分行机构调整原因，与建行二支行达成债权转让协议，将以麟旺公司为申请人的保理合同业务及票据贴现业务的全部权利转让给建行二支行，由建行二支行行使全部权利。

【争议焦点】(1)涉案保理合同的效力如何认定；(2)中厦公司应向建行二支行承担何种责任；(3)建行二支行是否因其未尽审核义务而自担部分损失。

【裁判观点】关于中厦公司主张的基础债权瑕疵能否对抗债权受让人建行二支行的问题。首先，本案各方当事人对中厦公司与麟旺公司串通虚构基础交易对建行二支行构成合同欺诈这一事实均不持异议。根据《合同法》第54条“一方以欺诈、胁迫的手段或者乘人之危，使对方在违背真实意思的情况下订立的合同，受损害方有权请求人民法院或者仲裁机构变更或撤销”的规定，建行二支行可以据此行使撤销权并要求中厦公司承担赔偿责任。但经一审法院释明，建行二支行明确表示不行使撤销权，该行为属于建行二支行自由处分民事权利的行为，一审、二审法院认定案涉保理合同仍属合法有效，并无不当。在案涉保理合同合法有效的前提下，中厦公司依约应承担相应的付款义务。其次,中厦公司与麟旺公司通谋所为的虚伪意思表示,在其二者之间发生绝对无效的法律后果,但与第三人建行二支行之间,则应视建行二支行是否知道或应当知道该虚伪意思表示而确定不同的法律后果。本案中,建行二支行在开展保理业务的过程中,审核了麟旺公司提交的付款承诺书、应收账款转让通知书、已转让应收账款确认通知书及回执、钢材购销合同及销售清单等材料,其中付款承诺书、钢材购销合同及已转让应收账款确认书回执上有中厦公司及其法定代表人张某荣的盖章确认。对于并非基础合同当事人的第三人建行二支行而言,其根据上述材料已经尽到了审慎的注意义务,其有理由相信麟旺公司对中厦公司享有相应的债权。尽管从建行二支行经办人肖某的询问笔录以及沪银监访复〔2016〕51 号答复来看,建行二支行在开展本案保理业务的过程中,存在未严格依照监管要求履行审核义务,尤其是对基础合同项下发票真实性审核不当的问题,但该工作瑕疵的存在,并不影响本案的事实认定。本案中并无证据证明建行二支行知晓中厦公司与麟旺公司之间的虚伪意思表示,中厦公司主张的基础债权瑕疵不得对抗作为善意第三人的建行二支行,二审法院判决中厦公司应当以其承诺行为向建行二支行承担清偿责任并无不当。

3. 中央储备粮长春直属库有限公司与前郭县阳光村镇银行股份有限公司、松原市隆瑞祥贸易有限公司合同纠纷案[吉林省高级人民法院再审民事判决书(2018)吉民再 112 号]

【案情简介】2014 年 7 月 12 日,长春直属库与隆瑞祥公司签订"中储粮粮食采购合同",约定长春直属库向隆瑞祥公司采购 2013 年产水稻,合同价款为 20092800.00 元,同时约定长春直属库在收到隆瑞祥公司开具的增值税专用发票后,6 个月内支付货款给隆瑞祥公司。

2014 年 7 月 22 日,长春直属库向隆瑞祥公司出具"发票收妥确认函",确认函中注明长春直属库收到隆瑞祥公司价值 20092800.00 元的货物,货款未付,且确认收到编号为 001155536、00155538-00155558 号发票。

2014 年 8 月 4 日,阳光村镇银行与隆瑞祥公司签订"国内保理业务合同",约定由阳光村镇银行向隆瑞祥公司提供保理融资 900 万元,融资额以应收账款 20092800.00 元为基础,融资比例为 44.8%,该保理业务为有追索权的明保理业务。2014 年 8 月 5 日,阳光村镇银行依据该"国内保理业务合同"向隆瑞祥公司放款 900 万元。

2014 年 8 月 5 日,阳光村镇银行与长春直属库、隆瑞祥公司签订"应收账款转让通知书”，确认隆瑞祥公司已将其对长春直属库的 20092800.00 元应收账款转让给阳光村镇银行的事实通知长春直属库，长春直属库承诺按照“应收账款转让通知书”的内容向阳光村镇银行支付债权下的所有款项。后隆瑞祥公司未向长春直属库实际提供任何货物，阳光村镇银行尚有本金 790 万元未得到清偿，阳光村镇银行提起诉讼，要求隆瑞祥公司及长春直属库就未付欠款承担责任。诉讼中，长春直属库以保理人阳光银行没有审慎审查应收账款债权为由，拒绝向阳光银行承担责任。

【争议焦点】阳光村镇银行是否未尽审慎义务、是否需要承担相应责任。

【裁判观点】关于阳光村镇银行是否应当承担相应责任的问题。首先，阳光村镇银行提起本案的诉讼请求依据的是国内保理业务合同和应收账款转让通知书，要求长春直属库和隆瑞祥公司支付相关欠款，实际上是要求长春直属库和隆瑞祥公司继续履行合同义务，其主张的是合同之诉，并非侵权之诉。所以本案不能审理当事人在合同履行过程中的过错责任问题，只能在查明事实的基础上确认当事人的违约责任或者缔约过错责任。如前所述，本案诉涉国内保理业务合同合法有效，不存在缔约过错问题，所以对长春直属库关于阳光村镇银行因其在订立合同时未尽审慎义务存在过错应当承担相应责任的主张，法院无法支持。其次，在阳光村镇银行与隆瑞祥公司签订的国内保理业务合同中，对阳光村镇银行应当审查以及如何审查应收账款的真实性、合法性问题并没有进行约定，即阳光村镇银行没有审查隆瑞祥公司用以转让的应收账款真实性、合法性的约定义务，所以不存在阳光村镇银行在履行合同过程中有相关违约行为，并因此应当承担相应违约责任问题。最后，长春直属库提及阳光村镇银行违反了中国银监会下发的《商业银行保理业务管理暂行办法》和《村镇银行管理暂行规定》及相关监管文件在对外发放贷款和借款使用监管方面的诸多义务，但这些相关规定均旨在引导金融机构能够更好地控制经营风险，减少在提供贷款或其他金融服务过程中的商业利益损失。其作为银行业内部的管理性规定，并不产生对外效力，也不能因此而产生对外责任。本案阳光村镇银行如有违反上述规定，在行业内部可能会受到行业监管部门的相应处罚，但在行业之外，只能以其不能足额收回融资贷款的商业风险承担其相关违规责任，别无其他，更不能由此产生相关的合同责任。所以，长春直属库关于阳光村镇银行应当因未尽审慎审查义务、违法发放贷款而承担相应责任的主张，没有事实和法律依据，法院不予支持。

十一、"通用合同条款"和"专用合同条款"第 10.2 条的应用指南

(一)原文条款

> 10.2 新增凭证和数据
>
> 若在商业保理人受让应收账款后,应收账款债权人出具或收到与已受让应收账款相关的新增凭证或交易数据(如新开的发票、运单、磅单、仓单、对账单、ERP 等信息系统更新的交易数据等)的,应在 3 日内告知商业保理人,并按商业保理人要求将新增凭证或交易数据提交给商业保理人。

(二)应用指南

本条是关于商业保理对应的基础合同项下新增交易凭证和数据时,应收账款债权人具有移交相应凭证及数据至保理人的义务的约定。

在商业保理中,基础合同的交易凭证和数据是认定交易实际发生、应收账款实际存在的关键,从而也就与商业保理人的利益实现与权利维护直接关联,因此新增交易凭证和数据的管理对于商业保理人而言也十分重要。尤其是在《民法典》生效后,《民法典》首次以法律的形式明确了保理合同中转让的应收账款,既可以是基于已发生的合同交易产生的应收账款,也可以是基于将来交易产生的应收账款。在基于将来应收账款转让而进行的商业保理中,由于新增的交易数据和凭证还存在对应新的基础交易的可能,在此种情况下,对于新增的交易凭证、数据以及其背后交易内容的核查、管理及风险识别,将直接关系到应收账款的可回款数额,从而直接关系到保理人的利益及权利维护。同样的,由于商业保理人并非基础合同关系的一方,其并不直接参与基础合同的签订、履行及实现,因此也很难对合同履行的进展,包括新的合同交易凭证及数据的产生等进行实时管理和监控,因此,本条对应收账款债权人具有移交新增交易凭证及数据义务的约定也十分必要。

关于本条约定的实际运用及具体操作,首先建议商业保理人在设计、起草"保理合同"时即可为本条约定配备违约条款,明确应收账款债权人在不履行本条款约定之义务时需要承担的违约责任,以此督促债权人条款义务的履行。在签订相应"保理合同"时,保理人应向债权人就本条款约定内容进行释明,并由债权人进行确认。

为落实条款约定内容,除依赖债权人的自觉履行外,商业保理人也可通过日常账务管理、核对,甚至主动联系应收账款债务人等方式,从多个角度了解基础合同的履行情况(包括但不限于合同签订情况、货物收发情况、单据开具情

况、款项支付情况等)。

对应收账款债权人按照本条约定提供的新增交易凭证及数据,保理人也应审慎核查。由于司法实践中,不同法院对商业保理人就基础合同内容应尽到的核查义务的判断标准并不相同,部分地区法院认为保理人对基础合同的审查义务应只及于形式审查,有些法院则认为保理人只有就基础合同内容进行了实质审查的,才能证明其尽到了核查义务。因此为了规避维权风险,建议商业保理人以实质审查的标准对应收账款债权人新补充提供的交易凭证及数据进行核查。保理人可以通过对比凭证签章、审查凭证开具是否符合内部审批手续、审查各个交易凭证及数据能否相互匹配及印证、交易内容是否符合常识及行业习惯等方式,核查相应凭证、数据及其背后新产生交易的真实性及合法性。同时,在凭证及数据核查时,保理人应注意及时固定证据,在发现凭证及数据真实性、合法性存在疑问时,可要求应收账款债权人做出书面说明,经说明、核查后确认相关凭证及数据的真实性、合法性存在瑕疵的,应及时按照合同约定,追究债权人的合同责任,降低由此带来的损害及风险。

(三)参考规范

1.《民法典》

第七百六十一条 保理合同是应收账款债权人将现有的或者将有的应收账款转让给保理人,保理人提供资金融通、应收账款管理或者催收、应收账款债务人付款担保等服务的合同。

2. 中国银保监会办公厅《关于加强商业保理企业监督管理的通知》

一、依法合规经营

(四)商业保理企业不得有以下行为或经营以下业务:

1. 吸收或变相吸收公众存款;

2. 通过网络借贷信息中介机构、地方各类交易场所、资产管理机构以及私募投资基金等机构融入资金;

3. 与其他商业保理企业拆借或变相拆借资金;

4. 发放贷款或受托发放贷款;

5. 专门从事或受托开展与商业保理无关的催收业务、讨债业务;

6. 基于不合法基础交易合同、寄售合同、权属不清的应收账款、因票据或其他有价证券而产生的付款请求权等开展保理融资业务;

7. 国家规定不得从事的其他活动。

3.《北京市商业保理公司监督管理指引》

第十五条 商业保理公司不得有下列业务或活动:

（一）吸收或变相吸收公众存款；

（二）通过网络借贷信息中介机构、地方各类交易场所、资产管理机构以及私募投资基金等机构融入资金；

（三）发放或受托发放贷款；

（四）与其他商业保理公司拆借或变相拆借资金；

（五）专门从事或受托开展与商业保理无关的催收业务、讨债业务；

（六）基于不合法基础交易合同、寄售合同、权属不清的应收账款、因票据或其他有价证券而产生的付款请求权等开展保理融资业务；

（七）国家规定不得从事的其他业务或活动。

第十八条　商业保理公司应当根据自身内部控制水平和风险管理能力，制定适合开展保理融资业务的应收账款标准，规范应收账款范围，严格审核基础交易合同等材料的真实性与合法性，审核债务人的资信、经营及财务状况，合理判断应收账款质量，包括出质、转让情况以及账龄结构等。

（四）参考案例

1. 某某保理公司与中联煤炭销售有限责任公司、重庆达生科技发展有限公司保理合同纠纷案［重庆市高级人民法院民事裁定书（2019）渝民申 253 号］

【案情简介】2016 年 5 月 5 日，达生公司与中联公司签订“煤炭购销合同”，主要约定中联公司向达生公司采购电煤，以双方确认的结算单为结算依据，以货场交付即完成交付，货物的所有权及货物损毁灭失的风险同时转移。

2016 年 7 月 14 日，达生公司与中联公司签署“货权转移证明”，载明双方对 35006 吨煤进行共同核算，自签订货权转移证明时起，该煤炭货权即归中联公司，结算单价每吨 513.31 元，总货款 17968929.86 元。

同日，达生公司与中联公司签署“结算单”、达生公司向中联公司出具增值税专用发票 16 张。结算单、发票所载的货物名称及发票金额均与货权转移证明所载对应的内容一致。

2016 年 7 月 15 日，达生公司、某某保理公司和中联公司签订“应收账款转让合同”，中联公司承诺向某某保理公司还款，附应收账款转让清单、应收账款转让通知书及回执。

同日，达生公司与某某保理公司签订“保理融资合同”，某某保理公司向达生公司发放保理融资款。后因中联公司未偿还货款，某某保理公司起诉中联公司要求还款。

重庆渝中法院、重庆五中院均认定案涉煤炭交易真实，应收账款合法有效，判决中联公司向某某保理公司支付货款。中联公司认为某某保理公司对煤炭是否交付未尽到足够的审查义务,向重庆高院再审。

重庆高院再审认为,中联公司签署的系列合同及相关手续,使某某保理公司相信达生公司已向中联公司交付煤炭,达生公司拥有对中联公司的应收账款。某某保理公司据此与达生公司签订“保理融资合同”无须再对煤炭是否交付进行进一步的审查。

【争议焦点】某某保理公司在签订“应收账款转让合同”时是否尽到足够的审查义务、中联公司是否承担付款责任。

【裁判观点】以上系列合同行为证明在某某保理公司与达生公司签订“保理融资合同”前,中联公司清楚地知晓应收账款转让的事实,并且通过签署“货权转移证明”“结算单”表明已经收到达生公司按照“煤炭购销合同”的约定交付的煤炭。中联公司签署“回执”的行为再次表明对应收账款转让事实的确认及应付款金额的确认。正是基于中联公司对以上系列合同及相关手续的签署,使某某保理公司相信达生公司已向中联公司交付煤炭,达生公司拥有对中联公司的应收账款。在此情况下,某某保理公司与达生公司签订“保理融资合同”无须再对煤炭是否交付进行进一步的审查,其审查义务已经完成。中联公司申请再审称达生公司并未实际交付煤炭,该再审理由与“货权转移证明”中表明的货物及相关的一切权利移交给中联公司的内容相矛盾,该申请再审理由依法不能成立。

2. 中国建设银行股份有限公司上海杨浦支行与上海邦丰实业有限公司、中国江苏国际经济技术合作集团有限公司等合同纠纷案[上海市第二中级人民法院民事判决书(2015)沪二中民六(商)初字第91号]

【案情简介】2014年4月30日,建行杨浦支行与邦丰实业签订保理合同,约定邦丰实业采用赊销方式销售货物,并向乙方(建行杨浦支行)申请获得有追索权的保理业务服务。

2014年12月,邦丰实业分别向建行杨浦支行申请支取保理预付款共计4975万元,相应款项除建行杨浦支行于2015年4月11日从邦丰实业存款账户扣收1041.72元外,其余均未清偿,建行杨浦支行以此诉诸法院。

同时经查,邦丰实业在向建行杨浦支行申请支用每笔保理预付款时,均提交了“应收账款转让通知书(部分)”“应收账款转让申请书”、保理预付款支用单。中江集团亦每次出具付款承诺书及回执。付款承诺书载明,中江集团(付款人)与邦丰实业(收款人)签订了购销合同,中江集团知悉收款人已在建行杨浦支行申请上述合同项下的应收账款保理业务,建行杨浦支行成为上述合同项下应收账款债权(货款)的合法持有人。中江集团声明已收到上述合同项下的全部货物,并已检验合格。承诺不可撤销地承担上述合同项下货款的到期全额付款义务,不以任何包括上述商务合同执行中的争议等为理由拒付。

另经与上海市嘉定区国家税务局对本案所涉购销业务中的增值税专用发票进行核实,该税务局提供了被告邦丰实业2014年至今所有的增值税专用发票开票明细,除发票号码相同外,所记载内容与本案所涉增值税专用发票上的内容均不一致。

【争议焦点】建行杨浦支行在签订"保理合同"时是否尽到足够的审查义务,是否需要承担相应责任。

【裁判观点】首先,本案所涉基础交易关系均为当事人虚构,被告邦丰实业实际上并不享有对被告中江集团的债权,原告要求被告中江集团按照付款承诺书上载明的债务金额承担支付应收账款本金及滞纳金的责任,没有法律和合同依据。其次,中江集团在邦丰实业向银行申请保理业务的过程中,提供签章予以配合,导致原告债权失去了应收账款作为保障,其行为存在过错,应根据其过错程度对原告造成的损失承担主要责任。最后,原告虽然在签订保理合同时要求邦丰实业提供了反映交易情况的"购销合同"、托运单、发票等材料,但对基础交易关系是否成立只停留在对书面材料的形式审核,对涉案应收账款的确认依赖于第三方对债务的签章。尤其是对增值税发票虚假问题,原告没有进一步到税务部门进行核实,导致被骗。对购销合同与货运单、发票上的货物数量完全吻合(无溢短装情形)亦未引起一定的合理怀疑而进行深入核实,这些情况反映出原告在保理业务中对基础交易合同实际是否履行未进行严格审查,亦未尽到合理的注意义务,故应当对其损失承担次要责任。据此,法院酌定中江集团依其过错程度承担"保理合同"项下本息损失的80%。

十二、"通用合同条款"和"专用合同条款"第11条的应用指南

(一)原文条款

> 11. 应收账款的回收
>
> 11.1 账款催收
>
> 11.1.1 合同当事人约定采用"公开保理"方式的,商业保理人有权自行催收或要求应收账款债权人采取电话、函件、上门等方式对应收账款债务人进行催收,应收账款债权人应按照商业保理人的要求及时完成催收事项,由此发生的费用由应收账款债权人承担。
>
> 11.1.2 合同当事人约定采用"隐蔽保理"方式的,商业保理人有权要求应收账款债权人采取电话、函件、上门等方式对应收账款债务人进行催收,应收账款债权人应按照商业保理人的要求及时完成催收事项,否则商业保理人有权自行催收,由此发生的费用由应收账款债权人自担。

11.2 直接回款

如应收账款债权人与商业保理人在《应收账款转让申请暨确认书》中约定采用“直接回款保理”方式的，除合同当事人在专用合同条款中另有约定外，应采取以下方式进行该应收账款的回收和分配：

(1)应收账款债权人应明确告知应收账款债务人必须将已受让应收账款支付到以保理人名义开立的保理专户之中，保理专户以应收账款债权人和商业保理人共同签署的《应收账款转让申请暨确认书》等法律文件的记载为准；

(2)未经商业保理人事先书面同意，应收账款债权人无权撤销、更改保理专户，亦不得要求或允许应收账款债务人以任何其他方式清偿已受让应收账款；

(3)商业保理人收回已受让应收账款的，在扣除商业保理人届时到期未收回的款项(包括保理融资款、保理费用及其他应收款项)后有剩余的，剩余部分归商业保理人所有、无需返还给应收账款债权人；

(4)应收账款债权人在任何时候以任何方式收回已受让应收账款的，应立即通知商业保理人并于3日内将该款项全部转付给商业保理人。同时，商业保理人有权自行或要求应收账款债权人立即与应收账款债务人交涉，要求应收账款债务人纠正错误；若任一应收账款债务人的错误付款累计达到2次以上(含2次)的，商业保理人有权要求应收账款债权人回购对该应收账款债务人的已受让应收账款(无论到期或未到期)；若所有应收账款债务人错误付款累计达到3次以上(含3次)的，商业保理人有权要求应收账款债权人回购对所有应收账款债务人的已受让应收账款(无论到期或未到期)。

11.3 间接回款

如应收账款债权人与商业保理人在《应收账款转让申请暨确认书》中约定采用“间接回款保理”方式的，除合同当事人在专用合同条款中另有约定外，应采取以下方式进行该应收账款的回收和分配：

(1)应收账款债权人应明确告知应收账款债务人必须将已受让应收账款支付到以应收账款债权人名义开立的保理专户之中，保理专户以应收账款债权人和商业保理人共同签署的《应收账款转让申请暨确认书》等法律文件的记载为准；

(2)未经商业保理人事先书面同意，应收账款债权人无权撤销、更改保理专户，亦不得要求或允许应收账款债务人以任何其他方式清偿已受让应收账款；

(3)商业保理人有权要求对该保理专户进行监管，应收账款债权人有义务及时完成并承担监管费用，监管方式以应收账款债权人和商业保理人共同签署的《应收账款转让申请暨确认书》等法律文件的记载为准；

(4)应收账款债权人收回已受让应收账款的，应立即通知商业保理人并于3日内将该款项转付给商业保理人，该款项扣除商业保理人届时到期未收回的款项(包括保理融资款、保理费用及其他应收款项)后有剩余的，剩余部分归商业保理人所有，应收账款债权人亦需转付给商业保理人；

(5)若应收账款债务人采用向保理专户付款汇款以外的方式清偿已受让应收账款的,商业保理人有权自行或要求应收账款债权人立即与应收账款债务人交涉,要求应收账款债务人纠正错误;若任一应收账款债务人的错误付款累计达到2次以上(含2次)的,商业保理人有权要求应收账款债权人回购对该应收账款债务人的已受让应收账款(无论到期或未到期);若所有应收账款债务人错误付款累计达到3次以上(含3次)的,商业保理人有权要求应收账款债权回购还对所有应收账款债务人的已受让应收账款(无论到期或未到期)。

11.4 清偿顺序

对于应收账款债务人清偿的应收账款或者应收账款债权人支付的回购款(包括第三方如保证人代为清偿/支付的款项),无论采用何种回收方式、也无论付款人付款时是否指定其所清偿的账款,商业保理人均有权将按照下列顺序冲抵其届时到期未收回的款项:

(1)为实现债权而产生的费用;

(2)违约金、赔偿金、滞纳金等;

(3)保理融资额度承诺费;

(4)保理服务费和杂费;

(5)保理融资款利息;

(6)保理融资款;

(7)其他商业保理人到期未收回的款项。

合同当事人可以在专用合同条款中对商业保理人收回款项的冲抵顺序作出调整。

(二)应用指南

本条是关于商业保理人与应收账款债权人关于如何对应收账款进行回收的约定。

1. 向债务人发出"应收账款催款通知书"应当注意的事项

应收账款的催收作为保理业务服务范围中的一项,在有追索权公开型保理业务中,商业保理人和债权人可以以联合名义通知债务人,也可以在债权人不配合商业保理人催收应收账款的情况下,商业保理人自行通知债务人。在隐蔽型保理业务中,若应收账款债权人不按照商业保理人的要求及时完成催收事项,商业保理人有权自行催收,并且由此发生的费用由应收账款债权人自担。在反向保理业务中,债务人作为授信主体为其供应链下的供应商申请融资业务。出现应收账款逾期支付的问题时,债务人在违反基础交易合同付款义务的同时,也违反了与商业保理人签订"反向商业保理合同"的约定。保理人需向债务人发出"应收账款催款通知书",并关注债务人的履约能力,防止信用风险。

商业保理人在自行通知债务人并向债务人发出“应收账款催款通知书”时,应当注意列明到期应收账款的金额、基础合同编号、到期日期、逾期已通知债务人的意思表示、收取应收账款的银行账户、债务人收到通知书后支付应收账款的期限等关键信息。此外,向债务人发出的“应收账款催款通知书”中应当包含“应收账款转让清单”,将“转让清单”作为“应收账款催款通知书”的附录(如不采取“应收账款转让清单”的方式,可以通过其他方式证明应收账款的金额),“转让清单”中应当注意列明发票号、发票金额、开票日期、应收账款到期日等信息。

2. 商业保理人从事应收账款回收业务的界限

《上海市商业保理公司监督管理暂行办法》第 20 条规定:“商业保理公司不得有以下行为或经营以下业务:……(三)专门从事或受托开展与商业保理业务无关的催收业务、讨债业务……”该条明确规定了商业保理公司从事应收账款回收业务的界限,即不得专门从事或受托开展与商业保理业务无关的催收业务、讨债业务。

实践中,存在商业保理人接受其他不相关第三方主体的委托,开展与自身商业保理业务无关的催收业务、讨债业务,也即利用商业保理牌照,非法从事“专业讨债公司”业务的行为。这种行为受到相关法律法规的明确禁止,商业保理人若违反相关强制性规范,则需要承担相应的法律责任,如被市场监管部门依法列入经营异常名录或严重违法失信企业名单管理,或者被依法采取吊销营业执照等行政处罚措施;涉嫌犯罪的,会被移送司法机关依法查处。

3. 商业保理登记由中国人民银行统一承担

2020 年 12 月 22 日,国务院印发《关于实施动产和权利担保统一登记的决定》,自 2021 年 1 月 1 日起,在全国范围内实施动产和权利担保统一登记。原由市场监管总局承担的生产设备、原材料、半成品、产品抵押登记和中国人民银行承担的应收账款质押登记,以及存款单质押、融资租赁、保理等登记,改由中国人民银行统一承担,提供基于互联网的 7×24 小时全天候服务。此前已作动产和权利担保登记的,不需要重新登记,对新登记的,由当事人通过动产融资统一登记公示系统自主办理,并对登记内容的真实性、完整性和合法性负责;登记机构不对登记内容进行实质审查。

对于商业保理而言,实施动产和权利担保统一登记,有利于进一步提高应收账款等权利担保融资效率,便利商业保理人开展保理业务,以公示登记的方式保障商业保理人对商业保理业务项下应收账款债权的各项合法权益。特别是极大便利了商业保理人开展应收账款回收业务。商业保理人可将中国人民银行公示系统中显示的数据直接作为证据资料，与应收账款债权人或应收账款债务人进行交涉，促进应收账款的回收。

4. 商业保理业务保后基本管理

为了有效保障业务安全、确保项目有序开展、保障应收账款回收顺利，商业保理人应健全风险管理组织架构，除应设立专门的风控部门外，建议设立风险管理委员会，将操作风险管理纳入企业战略规划的范畴，并结合公司的具体情况制定业务操作管理办法，合理规制公司业务操作，并为风控人员的监督管理提供制度保障和支持。

建议业务部门、风控部门和财务部门协同配合，从以下几个方面对业务进行风险把控，确保保后管理工作的有序进行。

(1) 业务资料管理

业务部门除向风控部门提供商业保理合同及其附件外，并应把商务合同买卖双方届时有效的、已通过登记机关在保理合同生效日所在年度的上一年度检验的企业法人营业执照的复印件、公司章程的复印件、基础交易卖方股东会或相关有权决策机构同意卖方向保理人转让交易债权及授权签署保理合同的股东会或相关有权决策机构决议的原件、卖方留存的发票原件、应收账款明细表等资料一并交风控部门代管。

(2) 共管账户的开立及管理

在开展商业保理业务，尤其是隐蔽型保理业务时，双方应开立共管账户，方便保理公司对应收账款回款进行管理，此时就要求风控部门应与财务部门协同工作，对项目回款情况进行监控，并及时核对到账资金与合同约定的一致性，按照约定进行扣收。

(3) 关注事项

保理公司在开展商业保理业务后，除应密切关注应收账款债权的回收情况、逾期账款情况、买卖双方信用变化情况、对账单等资料外，还应当根据应收账款债权人的不同，确定应收账款债权人或应收账款债务人的重大事项报告的第一责任人，对保后管理各类信息的真实性、及时性负责。保后管理重点关注事项主要包括：股东变动情况；董监高人员变动情况及资信情况；买卖双方减资、合并、分立、解散及申请破产等情况；买卖双方所涉待决诉讼、仲裁、行政处罚等；买卖双方及股东、董事、高管合法合规履职情况；买卖双方银行贷款偿还情况；其他对业务履行有重大影响的事项。

(4) 应收账款回款管理

业务部门应针对每笔业务设置对应的台账信息，于应收账款到期日前及时提示买方付款,隐蔽型保理可及时督促卖方提示买方付款,确保项目回款安全。

(5)风险处理

业务进行过程中,对买方出现的重大经营风险或财务问题,保理公司应及时采取应对手段,有追保理业务中,可及时要求卖方按照合同约定对剩余应收账款进行回购;无追保理业务中,应及时固定证据,适时催收。

另外,在有追保理业务中,如卖方出现重大经营风险或财务问题,保理公司需结合买方情况制定相应的应对措施,常见的应对措施主要有要求卖方回购剩余应收账款,并同时向担保方主张担保责任,也可基于买方信用继续履行保理合同,甚至要求卖方补充提供担保措施等。

(6)项目结束

对于正常履行完毕的项目,保理人在足额收回全部款项后,应按照保理合同的约定将剩余款项退还给卖方,将代保管的商务合同、发票原件等退还卖方,做好项目收尾工作。

(7)建立风险预警机制

商业保理人应当建立应收账款管理风险预警机制,并建立应收账款管理预警目录,将存在较高风险的应收账款债权人、应收账款债务人及存在较高坏账风险的应收账款纳入该预警目录,以便于针对性管理,有效提升管理效率。

①商业保理公司可根据应收账款回款情况分别纳入不同的管理预警目录,债务人未按期偿还到期应收账款时,即将该笔应收账款的债务人及对应的全部应收账款纳入预警目录,经催收后,债务人及时付款的,可以解除相应预警或下调预警等级,但仍应对此次逾期付款情况做相应的记录;经催告后,债务人仍未付款的,商业保理人应逐渐提高预警等级,直至最高预警等级,并根据不同预警等级采取相应的应对措施。

②在无约定的情况下,债务人出现间接付款行为时,保理公司便可将该笔应收账款债务人及该笔应收账款纳入预警目录,根据查明的间接付款原因确定相应的预警等级,并根据发生次数调整相应的预警等级。

③应收账款债务人出现经营情况恶化、重大财务问题或存在破产风险时,商业保理人应立即将应收账款债务人及以其为应收账款债务人的全部应收账款纳入最高预警等级名单,并及时联合律师事务所、会计师事务所等制定相应的应对方案。在有追保理业务中,应收账款债权人发生前述风险时,也应采取相应的措施。

④商业保理人应根据公司的相关制度要求,根据预警目录调整相关融资方相应的融资额度,并根据保理合同的约定采取相应措施。

（三）参考规范

1.《民法典》

第七百六十一条　保理合同是应收账款债权人将现有的或者将有的应收账款转让给保理人，保理人提供资金融通、应收账款管理或者催收、应收账款债务人付款担保等服务的合同。

第七百六十二条　保理合同的内容一般包括业务类型、服务范围、服务期限、基础交易合同情况、应收账款信息、保理融资款或者服务报酬及其支付方式等条款。保理合同应当采用书面形式。

第七百六十六条　当事人约定有追索权保理的，保理人可以向应收账款债权人主张返还保理融资款本息或者回购应收账款债权，也可以向应收账款债务人主张应收账款债权。保理人向应收账款债务人主张应收账款债权，在扣除保理融资款本息和相关费用后有剩余的，剩余部分应当返还给应收账款债权人。

第七百六十七条　当事人约定无追索权保理的，保理人应当向应收账款债务人主张应收账款债权，保理人取得超过保理融资款本息和相关费用的部分，无需向应收账款债权人返还。

第七百六十八条　应收账款债权人就同一应收账款订立多个保理合同，致使多个保理人主张权利的，已经登记的先于未登记的取得应收账款；均已经登记的，按照登记时间的先后顺序取得应收账款；均未登记的，由最先到达应收账款债务人的转让通知中载明的保理人取得应收账款；既未登记也未通知的，按照保理融资款或者服务报酬的比例取得应收账款。

2.《商业银行保理业务管理暂行办法》（银监会令 2014 年第 5 号）

第六条　本办法所称保理业务是以债权人转让其应收账款为前提，集应收账款催收、管理、坏账担保及融资于一体的综合性金融服务。债权人将其应收账款转让给商业银行，由商业银行向其提供下列服务中至少一项的，即为保理业务：

（一）应收账款催收：商业银行根据应收账款账期，主动或应债权人要求，采取电话、函件、上门等方式或运用法律手段等对债务人进行催收。

（二）应收账款管理：商业银行根据债权人的要求，定期或不定期向其提供关于应收账款的回收情况、逾期账款情况、对账单等财务和统计报表，协助其进行应收账款管理。

（三）坏账担保：商业银行与债权人签订保理协议后，为债务人核定信用额度，并在核准额度内，对债权人无商业纠纷的应收账款，提供约定的付款担保。

（四）保理融资：以应收账款合法、有效转让为前提的银行融资服务。

以应收账款为质押的贷款，不属于保理业务范围。

第二十五条　商业银行应当直接开展保理业务，不得将应收账款的催收、管理等业务外包给第三方机构。

第二十八条　商业银行应当针对保理业务建立完整的前中后台管理流程，前中后台应当职责明晰并相对独立。

第二十九条　商业银行应当将保理业务的风险管理纳入全面风险管理体系，动态关注卖方或买方经营、管理、财务及资金流向等风险信息，定期与卖方或买方对账，有效管控保理业务风险。

3.《上海市商业保理公司监督管理暂行办法》

第十九条　商业保理公司可以从事与所受让的应收账款相关的下列全部或部分业务：

（一）保理融资；

（二）销售分户（分类）账管理；

（三）应收账款催收；

（四）非商业性坏账担保。

商业保理公司应主要经营商业保理业务，同时还可经营客户资信调查与评估、与商业保理相关的咨询业务。

第二十条　商业保理公司不得有以下行为或经营以下业务：

（一）吸收存款或变相吸收存款；

（二）受托投资、自营或者受托发放贷款；

（三）专门从事或受托开展与商业保理业务无关的催收业务、讨债业务；

（四）基于不合法或不真实的基础交易合同、寄售合同、权属不清的应收账款、因票据或其他有价证券而产生的付款请求权、因借贷或投资形成的债权及其他收益权等开展保理融资业务；

（五）国家规定不得从事的其他活动。

第二十四条　商业保理公司应当遵循以下要求审慎开展经营活动，切实加强业务风险管理：

（一）受让同一债务人的应收账款，不得超过风险资产总额的百分之五十；

（二）受让以其关联企业为债务人的应收账款，不得超过风险资产总额的百分之四十；

（三）将逾期九十天未收回或未实现的保理融资款纳入不良资产管理；

（四）遵循审慎经营原则，建立资产损失风险准备金提取制度；计提的风险准备金，不得低于融资保理业务期末余额的百分之一；

(五)风险资产不得超过净资产的十倍。

第四十三条 商业保理公司存在相关法律、法规、行业监管制度所列经营异常或严重违法失信行为的,市地方金融监督管理局及各区行业管理部门可以建议市场监管部门依法列入经营异常名录或严重违法失信企业名单管理,或者建议依法采取吊销营业执照等行政处罚措施;涉嫌犯罪的,移送司法机关依法查处。

4. 上海市浦东新区人民法院《2014—2019年涉自贸区商业保理案件审判情况通报》

保理公司收费名目及收取方式尚需规范:保理公司向保理融资方提供应收账款融资、管理、催收、付款担保等服务,保理融资方也应当依约支付相应的对价。实践中保理合同约定的保理收益名目不尽相同,常见的如保理费、服务费、管理费,有的则直接以融资利息的名义收取;收费方式也各有不同,有的直接约定在发放保理款项时予以一次性扣除,有的则每月收取固定的费用,还有的将两种方式混合使用。

因保理公司收取相关费用引发的争议通常有两种情况:一是保理公司并无发放贷款的主体资格,其能否以利息名义主张收益。法院认为,采用何种收费名目属于当事人意思自治的范畴,不能仅以实际收取固定收益或者收费名目为利息即认定保理公司从事贷款业务,仍需考虑基础关系与应收账款的真实性等因素,综合认定其业务的法律性质。

二是预扣保理费用是否构成预扣利息以及如何计算融资成本。该问题仍需以法律关系的认定为前提,若认定为借款关系的,则预扣保理费类推适用预扣利息的处理方式;若为保理合同关系,且保理公司确已提供了相应服务的,则保理收益不能等同于利息,预扣保理收益亦并不能视为预扣利息,但各种名义的保理费用仍应作为融资方的融资成本作整体考量。

建议:

首先,严格合法经营。在当前监管规定已为商业保理的业务范围划定了正面清单和负面清单的情况下,商业保理企业应当遵循监管要求,规范业务开展,注重合规审核,树立底线思维,不断提升风险管理水平。

其次,避免违规跨业经营。保理公司应充分关注自身业务模式与借贷业务的界限,对违规行为及时整改。保理业务应回归保付代理的本质,不能直接或变相地开展借贷业务,严防信用风险在金融领域的交叉传播。

最后,规范收费内容及名目。保理公司收取的费用内容及名目应与其提供的服务内容相一致,合理设定融资成本和收取方式,规范各类费用名称,避免采用本金、利息等借款类业务的文本表述方式,以避免保理融资人对业务性质造成误认。

(四)参考案例

1. 中国华融资产管理股份有限公司河南省分公司、马某某金融借款合同纠纷案[最高人民法院民事判决书(2018)最高法民再192号]

【案情简介】2013年4月12日,中行新区支行和金鹰公司签订“授信额度协议”,约定中行新区支行向金鹰公司提供8000万元授信额度。金鹰公司向中行新区支行申请发票贴现业务,分别将其对天惠公司、华乐公司的应收账款债权转让给中行新区支行,天惠公司、华乐公司对上述债权转让予以确认。各方约定中行新区支行有向金鹰公司追索的权利。中行新区支行向郑州中院起诉,请求金鹰公司偿还借款本金约4970万元,利息226万元,天惠公司、华乐公司分别在1865万元、3331万元范围内对融资本息承担连带责任,郑州中院支持了中行新区支行的诉请。华乐公司不服,上诉至河南高院,请求撤销一审判决,驳回中行新区支行对华乐公司的诉请。河南高院二审认为,中行新区支行与金鹰公司为借款合同纠纷,与天惠公司、华乐公司系债权转让纠纷,两者非基于同一法律事实、同一法律关系,不应合并审理,因而撤销天惠公司、华乐公司承担连带清偿责任的判决。中行新区支行不服,向最高人民法院申请再审,最高人民法院裁定提审。最高人民法院再审认为,二审法院以借款合同纠纷与债权转让纠纷非属同一法律事实、同一法律关系,不能合并审理为由,驳回中行新区支行对天惠公司、华乐公司的起诉,不符合保理法律关系的特征,予以纠正,并判决天惠公司、华乐公司首先就转让部分应收账款向中行新区支行承担偿付责任,金鹰公司对无法清偿的部分承担补充清偿责任。

【裁判观点】本案再审的争议焦点包括:保理合同项下的借款关系与债权转让关系是否应合并审理;如何认定各债务人的责任顺序和责任范围。

关于争议焦点一,最高人民法院认为应当将借款关系与债权转让关系合并审理。

首先,最高人民法院确定各方当事人为保理关系。金鹰公司与天惠公司、华乐公司分别签有买卖合同,金鹰公司对天惠公司、华乐公司享有应收账款债权;金鹰公司向中行新区支行融资,同时将其上述应收账款债权转让给中行新区支行。根据《商业银行保理业务管理暂行办法》第6条关于“保理业务是以债权人转让其应收账款为前提,集应收账款催收、管理、坏账担保及融资于一体的综合性金融服务”的规定,本案属于以应收账款合法、有效转让为前提的银行保理融资服务。

其次，最高人民法院认定本案的保理类型为有追索权的保理。在有追索权的保理中，保理人在债权未获清偿的情况下，不仅有权请求基础合同的债务人向其清偿债务，同时有权向基础合同应收账款债权的让与人追索。中行新区支行向金鹰公司主张追索权，同时向天惠公司、华乐公司主张应收账款债权，虽然基于不同的法律关系向多个债务人主张，但均在保理关系的范围之内，目的均为追回金鹰公司提供的保理融资款项。

同时，两个案件分别审理不符合保理法律关系的特征，割裂了多种法律关系之间的内在联系，增加当事人的诉累，不利于纠纷的一体化解决。因而，最高人民法院认为本案应当合并审理。

关于争议焦点二，各主体的责任顺序和责任范围问题。

最高人民法院认为，金鹰公司将其对天惠公司、华乐公司的应收账款债权转让给中行新区支行后，中行新区支行向金鹰公司发放商业发票项下的贴现融资款。因天惠公司、华乐公司系应收账款的付款人，其应首先就转让部分应收账款向中行新区支行承担偿付责任；如相关款项无法清偿，则金鹰公司应继续向中行新区支行承担补充清偿责任。

【裁判要旨】

(1)关于本案融资担保法律关系与债权转让法律关系应否合并审理。

本案涉及多方当事人、多份合同、多种法律关系，其中金鹰公司、天惠公司、华乐公司签订有煤炭买卖合同，各方形成买卖合同关系；中行新区支行、金鹰公司签订“授信额度协议”“国内商业发票贴现协议”，形成融资法律关系，中行新区支行、天惠公司、华乐公司之间有“应收账款债权转让通知书”“应收账款债权转让确认书”，各方又形成债权转让法律关系。从上述合同及文件内容看，本案的交易安排为，中行新区支行为金鹰公司提供贸易融资，但前提是金鹰公司将对天惠公司、华乐公司因履行双方买卖合同产生的应收账款债权转让给中行新区支行；天惠公司、华乐公司在应收账款债权转让后成为中行新区支行的债务人，向中行新区支行履行还款义务，以确保金鹰公司与中行新区支行“国内商业发票贴现协议”项下融资款的偿付。上述交易系一整体安排。根据原银监会颁布的《商业银行保理业务管理暂行办法》第 6 条关于“保理业务是以债权人转让其应收账款为前提，集应收账款催收、管理、坏账担保及融资于一体的综合性金融服务”的规定，本案业务即属于以应收账款合法、有效转让为前提的银行保理融资服务。

关于保理类型，金鹰公司与中行新区支行签订的“国内商业发票贴现协议”第 22 条约定：“如已贴现融资的应收账款至发票到期日后 30 天仍无法收回,保理人有权立即收回融资本息,并有权从卖方账户主动扣款或采取其他办法主动收款,直至收回融资本息。”金鹰公司向中行新区支行出具的“国内商业发票贴现融资申请书”第 6 条第 3 款约定:“……贵行保留一切必要措施向我司追索融资本息的权利……”据此应当认为,本案属于有追索权的保理。对于有追索权的保理,保理人在债权未获清偿的情况下,不仅有权请求基础合同的债务人向其清偿债务,同时有权向基础合同应收账款债权的让与人追索。本案中,中行新区支行即是同时向金鹰公司主张了追索权,又向天惠公司、华乐公司主张了应收账款债权。虽然中行新区支行基于不同的法律关系分别向多个债务人同时主张,但均在保理法律关系范围之内,目的只有一个,即追回向金鹰公司提供的保理融资款项。因此,本案应当合并审理,并根据各方法律关系认定各债务人的责任顺序和范围。二审法院在一审已经全案审理的情况下,以借款担保合同纠纷与债权转让纠纷并非基于同一法律事实、同一法律关系,不能合并审理为由,驳回中行新区支行对天惠公司、华乐公司的起诉、华乐公司对中行新区支行的反诉,该处理不符合保理法律关系特征,割裂了多种法律关系之间的内在联系,增加了当事人的诉累,不利于纠纷一体化解决,最高人民法院予以纠正。

(2)天惠公司、华乐公司以及马某伟的责任认定问题。

根据本案查明的事实,天惠公司签收“应收账款债权转让确认书”后,金鹰公司对其享有的 22121600 元应收账款债权即转让至中行新区支行。此后,中行新区支行向金鹰公司发放对应商业发票项下的贴现融资款 17697280 元。在天惠公司未按“应收账款债权转让确认书”中的指定日期将相应款项支付至指定账户、金鹰公司也未按期支付前述融资款及利息的情况下,天惠公司应当按照其在“应收账款债权转让确认书”中所作“无论何种原因,如我司未将该发票项下款项支付至上述账号,则贵行有权向我司追索卖方在本笔融资项下所欠融资本息(含罚息)、复利及律师费、催收费等一切费用”的承诺,向中行新区支行支付前述融资款及利息。同样,华乐公司在签收两份“应收账款债权转让确认书”后,中行新区支行先后向金鹰公司发放了两笔贴现融资款,金额分别为 18719616 元、13290560 元。在华乐公司未按“应收账款债权转让确认书”指定日期将相应款项支付至指定账户、金鹰公司也未按期支付前述融资款及利息的情形下,华乐公司亦应按照其在“应收账款债权转让确认书”中所作承诺向中行新区支行支付前述贴现融资款及利息。

关于各债务人的责任顺序和范围,因天惠公司、华乐公司系应收账款的付款人,其应首先就转让部分应收账款向中行新区支行承担偿付责任;如相关款项无法清偿,则金鹰公司应继续向中行新区支行承担补充清偿责任;晶诚公司、王某华、郑某、陈某蕾应对金鹰公司所负债务承担连带保证责任。一审判决虽对本案各方当事人纠纷一并处理的总体思路正确,但对各债务人的责任顺序和范围的认定不当,法院予以纠正。中行新区支行虽然在本案中提出除金鹰公司之外的其他债务人承担连带清偿责任的诉请不能成立,但考虑到清偿顺序和范围属于法律适用问题,法院根据本案情况予以相应调整。

2. 某某保理公司与杭州沃特机电科技开发有限公司合同纠纷[天津市滨海新区人民法院一审民事判决书(2015)滨民初字第 1882 号]

【案情简介】2013 年 9 月 26 日,某某保理公司(甲方)与沃特公司(乙方)签订"国内保理业务合同",约定甲方向乙方提供不超过 22 万元的保理额度,额度有效期自 2013 年 9 月 26 日起至 2014 年 3 月 26 日止,保理方式为暗保理。2013 年 9 月 24 日,沃特公司出具"应收账款转让申请书",将对付款人浙江吉利汽车零部件采购有限公司享有的 32.4 万元应收账款转让给某某保理公司。同日,某某保理公司同意受让,并预支价金 22 万元,融资期限为 2013 年 9 月 24 日至 2014 年 3 月 24 日。而后因某某保理公司无法从(买方)浙江吉利汽车零部件采购有限公司处收回保理融资款,遂诉至法院,要求沃特公司偿还保理融资款本息。天津滨海新区法院认为,本案虽名为保理关系,但因欠缺保理关系成立的必备要素,应认定为借贷关系,故判决沃特公司应按照约定的融资费率向某某保理公司偿付借款本息。

【裁判观点】本案中法院的裁判要点在于,案涉保理关系是否成立,以及如保理关系不成立构成何种法律关系。首先,本案虽签订了保理合同,但从应收账款转让的角度来看,双方仅简单约定将(卖方)沃特公司销售产生的应收账款转让给(保理人)某某保理公司,并没有明确应收账款的标的物、履行期限等基本要素,导致该应收账款债权具有不特定性,不符合债权转让的要件;其次,沃特公司实际上依照固定的融资期限而不是依照应收账款的履行期限偿还本息,融资期限与基础债权债务关系的履行期限不具有关联性。因此本案虽名为保理关系,实际上应以借贷关系认定双方的权利义务。

【裁判要旨】保理合同是指债权人与保理人之间签订的,约定将现在或将来的、基于债权人与债务人订立的销售商品、提供服务、出租资产等基础合同所产生的应收账款债权转让给保理人,由保理人向债权人提供融资、销售分户账管理、应收账款催收、资信调查与评估、信用风险控制及坏账担保等至少一项服务的合同,其中应收账款债权的转让是保理合同成立的基本条件之一。本案中,尽管原被告双方签订的合同名称为"国内保理业务合同",但从作为标的物的应收账款角度分析，双方仅约定“被告杭州沃特公司销售产生的合格应收账款转让，该应收账款为付款人浙江吉利汽车零部件采购有限公司的应收账款324000 元”，并没有明确该基础债权债务关系的标的物、履行期限等基本要素，导致该应收账款债权具有不特定性，不符合债权转让的要件；同时，分析该合同的权利义务内容可知，原告天津某某保理公司融资给被告杭州沃特公司，自2013 年 9 月 24 日至 2014 年 3 月 24 日，融资费率为 1%/月，保理费用共计3300 元，杭州沃特公司实际上依照固定的融资期限而不是依照应收账款的履行期限偿还本息，融资期限与基础债权债务关系的履行期限不具有关联性。因此，结合作为标的物的应收账款的特征及基本权利义务内容，双方的法律关系虽然名为保理，但实际不构成保理法律关系，应当按照借贷法律关系处理。天津某某保理公司已经向杭州沃特公司按时发放融资款 220000 元，杭州沃特公司未按时履行还款义务，已经构成违约，应当偿还本金 220000 元及相应的利息13200 元和逾期利息。因合同中约定，融资费率为 1%/月，因乙方未及时支付任何款项，乙方应按拖欠款项的实际天数及罚息利率向甲方支付罚息，罚息利率为合同约定的融资利率加收 50%，所以天津某某保理公司请求逾期利息以220000 元为基数按月 1%的标准计算，系处分自己的权利，具有事实和法律依据，法院予以支持。

3. 某某保理公司、深圳市英维克科技股份有限公司与深圳市中兴康讯电子有限公司物权保护纠纷[深圳市中级人民法院二审民事判决书(2016)粤 03 民终 19804 号]

【案情简介】2012 年 12 月 13 日，某某保理公司与宝利斯公司就网络平台投融资项目签署 4 份协议，分别为：第一，“项目投资合作合同”约定：某某保理公司对宝利斯公司融资款在到期未清偿范围内承担连带保证责任；第二，“担保服务合同”约定：宝利斯公司向保理公司支付保证金，保理公司在宝利斯公司未如约清偿债务时，有权直接扣划该部分保证金；第三，“反担保合同(单位应收账款)”中的质押应收账款包括：宝利斯公司对中兴康讯公司的 2012 年 9 月应收账款 244.4 万元，2012 年 10 月应收账款 201.8 万元及 11 月、12 月应收账款合计 739.6 万元，宝利斯公司对英维克公司的 2012 年 10 月应收账款234.5 万元，双方签订了“应收账款质押登记协议”，并办理了质押初始登记；第四，“反担保合同—保证”约定：钱某军就宝利斯对保理公司的债务承担连带保证责任。投资款到期后，宝利斯公司无法依约向各投资人偿还投资本金及收益，某某保理公司按约于 2013 年 3 月 15 日向各投资人偿还了投资本金及收益。2013 年 3 月 19 日，某某保理公司向法院提起诉讼，请求：确认某某保理公司与宝利斯公司设立的质权（关于中兴康讯公司、英维克公司的应收账款）合法有效，并享有优先受偿权。一审判决：驳回某某保理公司就宝利斯公司对中兴康讯公司2012年11月、12月应收账款739.6万元的应收账款享有质权的请求，支持了其他优先权请求。某某保理公司向深圳市中院提起上诉，请求：第一，撤销一审判决，改判确认某某保理公司与宝利斯公司设立的质权合法有效。第二，改判确认融易公司对以下应收账款享有优先受偿权：（1）宝利斯公司对中兴康讯公司2012年9月的应收账款244.4万元，2012年10月的应收账款201.8万元和2012年11月、12月的应收账款739.6万元；（2）宝利斯公司对英维克公司的2012年10月的应收账款234.5万元。深圳中院于2017年5月8日作出判决：确认保理公司仅对英维克公司应收账款709784元范围内享有质权，支持保理公司的其他诉讼请求。

【裁判要旨】关于争议焦点某某保理公司超过应收账款质押登记期限，提起诉讼要求行使质押权是否应予支持。虽然《应收账款质押登记办法》第12条（该法已于2019年失效，《动产和权利担保统一登记办法》第11条中有相关规定）规定："质权人自行确定登记期限，登记期限以年计算，最长不得超过5年。《商业保理合同准则》应用指南与业务解析记期限届满，质押登记失效"，但是根据《物权法》第5条（该法已于2021年失效，《民法典》第116条有相关规定）规定的物权法定原则，物权的种类和内容，只能由法律规定，因此，上述《应收账款质押登记办法》第12条的规定，不具有消灭应收账款质押权的效力。虽然我国物权法对权利质押质权人行使质权的期限没有明确规定，但是最高人民法院《关于适用〈中华人民共和国担保法〉若干问题的解释》第12条第2款（该法已于2021年失效）规定："担保物权所担保的债权的诉讼时效结束后，担保权人在诉讼时效结束后的二年内行使担保物权的，人民法院应当予以支持。"此后颁行的《中华人民共和国物权法》第202条（该法已于2021年失效，最高人民法院《关于适用〈中华人民共和国民法典〉有关担保制度的解释》第44条第1款有相关规定）规定："抵押权人应当在主债权诉讼时效期间行使抵押权；未行使的，人民法院不予保护。"因此，应收账款质押作为权利质押，其保护期限无论适用前述担保法司法解释的规定，还是参照适用物权法关于抵押权行使期限的规定，最迟也与主债务的诉讼时效期间一致，而不应以登记时间为准。

综上，一审判决仅以某某保理公司提起诉讼时超过应收账款质押登记的期限为由，认定某某保理公司与宝利斯公司设立的对中兴康讯公司 2012 年 11 月、12 月的应收账款质押权利消灭，适用法律错误，二审法院予以纠正；某某保理公司上诉请求确认宝利斯公司对中兴康讯公司 2012 年 11 月、12 月的应收账款享有质押权利，具有事实和法律依据，法院予以支持。

关于债务人在未收到质押通知前继续支付行为效力的问题。法院认为，应收账款质押即使进行了登记，但也因次债务人履行了债务而消灭，因此，质权人或出质人应当将出质的事实通知次债务人，否则次债务人不承担赔偿责任。本案无证据证明某某保理公司或宝利斯公司将项下应收账款质押事实通知了中兴康讯公司和英维克公司，对质押期间中兴康讯公司和英维克公司实际已经向宝利斯公司清偿的部分应收账款，某某保理公司不得再主张质押权利。经查，2013 年 1 月 30 日，英维克公司向宝利斯公司支付了货款 200 万元，2014 年 5 月 6 日，英维克公司将对宝利斯公司剩余未付货款 709784 元提存于原审法院。中兴康讯公司提交的证据证明其已向宝利斯公司全部付清 2012 年 9 月、10 月账款，并部分支付了 2012 年 11 月货款 2239395. 5 元，2012 年 12 月货款 1367177 元。剩余 2012 年 11 月、12 月货款 2734651. 74 元，2013 年 10 月 24 日至 2014 年 2 月 8 日，原审法院及深圳市南山区人民法院为相关案件进行保全和执行，先后共划扣合计 2263757. 82 元。中兴康讯公司仅对 2012 年 12 月的货款 470893. 92 元未支付。故一审判令某某保理公司享有宝利斯公司对英维克公司的 2012 年 10 月应收账款 2345320 元、宝利斯公司对中兴康讯公司 2012 年 9 月应收账款 2444494. 3 元和 2012 年 10 月应收账款 2018102. 6 元享有质权，属于认定事实存在错误和遗漏。故英维克公司上诉请求改判在宝利斯公司不履行债务时某某保理公司仅对英维克公司已提存于原审法院部分的应收账款 709784 元享有优先受偿权，具有事实和法律依据，二审法院予以支持；某某保理公司上诉请求对登记的中兴康讯公司欠付宝利斯公司的 2012 年 11 月、12 月应收账款 7396339 元行使质权，二审法院仅对 2012 年 11 月、12 月未支付的部分予以支持（包括提存于原审法院未分配和中兴康讯公司自认未支付部分，以不超过 2734651. 74 元为限），超出部分，不予支持。中兴康讯公司尽管没有上诉，但其一审抗辩主张对宝利斯公司 2012 年 9 月和 10 月货款均已清偿并提交了相关证据，一审仍然判令某某保理公司对中兴康讯公司欠付宝利斯公司的 2012 年 9 月和 10 月应收账款行使质权，有可能损害其他人的合法权益，故二审法院根据《最高人民法院关于适用〈中华人民共和国民事诉讼法〉的解释》第 323 条第 2 款的规定，予以纠正。

十三、"通用合同条款"和"专用合同条款"第 12 条的应用指南

(一)原文条款

12. 付款担保

12.1 信用风险

商业保理人对应收账款债务人的信用风险,按本合同约定承担付款担保责任。为免疑义,应收账款债务人信用风险不包括政治风险。合同当事人可以在专用合同条款中对信用风险的含义补充作出规定。

12.2 付款担保申请

应收账款债务人因发生信用风险未在应收账款到期日(如合同当事人约定有宽限期的,则为宽限期届满日)之前清偿已受让应收账款的,应收账款债权人应及时就发生信用风险的已受让应收账款申请商业保理人提供付款担保服务并附证明材料。

应收账款债权人应当在信用额度有效期内以签署格式如专用合同条款附件的《付款担保申请及确认书》的形式提出付款担保申请。

12.3 付款担保确认

商业保理人收到完整的付款担保申请及证明材料后,应核实损失原因。对确属因应收账款债务人信用风险无法到期从应收账款债务人处收回的已受让应收账款,商业保理人应在应收账款债权人签署并提交的《付款担保申请及暨确认书》上签章确认并按本合同约定承担付款责任。

12.4 付款责任

12.4.1 自《付款担保申请暨确认书》生效之日(不含当日)起,保理融资款停止计息,同时,商业保理人应按照《付款担保申请暨确认书》的约定向应收账款债权人支付未收回的已受让应收账款。

12.4.2 商业保理人仅在已受让应收账款的本金范围内承担付款责任。

12.4.3 商业保理人向应收账款债权人支付未收回的已受让应收账款时,有权先行扣除该已受让应收账款所对应的商业保理人已付给应收账款债权人的保理融资款,以及应收账款债权人到期未付给商业保理人的下列欠款:

(1)违约金、赔偿金、滞纳金等;

(2)保理融资额度承诺费;

(3)保理服务费和杂费;

(4)保理融资款利息;

(5)其他商业保理人到期未收回的款项。

12.5 责任免除

下列原因造成的损失,不属于商业保理人付款担保的责任范围:

(1)应收账款债权人及其雇员、代表的故意行为;

(2)战争、军事行动、罢工、暴动、骚乱、行政或司法行为等非信用风险;

(3)应收账款债权人已实际追回的款项,及逾期利息、罚息、违约金、赔偿金、滞纳金、惩罚性赔偿、间接损失以及为实现债权而产生的费用;

(4)应收账款债权人在信用额度有效期届满后提出付款担保申请的;

(5)超出商业保理人就该应收账款债务人核定的信用额度或超出商业保理人核定的累计信用额度的;

(6)发生本合同规定的商业保理人有权要求应收账款债权人回购应收账款情形;

(7)本合同约定的应收账款债权人及其他相关方的在先义务事项(如通用合同条款第2.3、2.4、3.2、5.1、7.2条约定的应收账款转让通知、应收账款转让登记、从属权利和权益转让、保理服务费及杂费、履约担保等)尚未按约完成的。

合同当事人可以在专用合同条款中对商业保理人付款担保的责任范围另行作出规定。

12.6 继续追索

商业保理人按本合同规定承担付款责任后,向应收账款债务人主张应收账款债权的,应收账款债权人有义务采取一切必要的措施协助商业保理人行使前述追索权(包括但不限于按商业保理人要求,以自己的名义采取电话、函件、上门等方式直至运用诉讼、仲裁等司法手段对应收账款债务人进行追索),由此产生的费用由商业保理人承担。应收账款债权人不得再受领该应收账款,应收账款债权人之后以任何形式收回该应收账款的,应毫不迟疑地在其收到该金额后3日内全额转付给商业保理人,否则商业保理人有权从其后续应付应收账款债权人的款项中直接抵扣。

(二)应用指南

“付款担保”是“无追索权保理”的核心条款。区别于与有追索权保理中保理人无法从应收账款债务人处足额收回应收账款即可要求应收账款债权人回购或返还融资本息的规定,由《商业保理合同准则》正文3“术语与定义”的规定可知,付款担保,(payment under approval,PUA),又称坏账担保(protection against bad debts),指“保理人为保障应收账款到期收回,与应收账款债权人约定,对受让的到期无法从应收账款债务人处收回的应收账款,由保理人履行债务或者承担责任”。保理人需要承担付款担保责任,即为“无追索权保理”与“有追索权保理”的核心区别。

无追索权保理的结构来源于国际保理。GRIF中进口保理人开展的便是无追索权保理业务。在保理业务进入中国后,由于以本土交易为主,国际保理中的无追索权保理业务模式演化出了较多版本。在中国服务贸易协会商业保理专委会于2016年12月14日推出的《国内商业保理合同(示范文本)》的无追索权版本中,曾大部分借鉴GRIF中的无追索权保理业务模式拟定了付款担保相关的条款,如商业纠纷产生后对解决期限的设定。但由于实务中多数业务较难使用，此次《商业保理合同准则》采用了一个更为开放性的设计，并相较于GRIF弱化了商业保理人的担保责任。

由于无追索权保理的核心内容集中于付款担保条款，下面将首先梳理GRIF中的付款担保规则；其次，从几个部分精析《商业保理合同准则》中的付款担保条款；再次，基于《民法典》与担保法司法解释的相关规定分析无追索保理的法理基础；最后，将在实务应用部分就无追索权保理的实务应用进行展开。

1. GRIF中的付款担保

在GRIF中，国际保理业务是典型的双保理模式，由出口保理人受让供应商的应收账款，进口保理人从出口保理人处受让应收账款，进口保理人提供的便是"Protection against bad debts（付款担保）"服务。

付款担保条款见GRIF第24条"Payment under guarantee（付款担保）"，具体规则主要集中在第（ⅰ）款和第（ⅱ）款，即"除非第二十五条及第二十七条另有规定：（ⅰ）进口保理人应承担因债务人未能于到期日按照有关销售或服务合同条款全部支付任何已核准账款所引起的损失的风险；和（ⅱ）任何此类账款于上述到期日后90天内仍未由债务人或其代理人偿付时，进口保理人应于第90天对出口保理人付款（付款担保）"。基于前述规定，进口保理人承担付款担保责任的前提条件之一为该应收账款为已核准账款。

进口保理人承担付款担保责任的另一个前提条件为"Credit Risk（信用风险）"。GRIF第16条"信用风险的定义"也与"已核准账款"相关。根据该条，"（ⅰ）信用风险意指债务人出于争议以外的原因在账款到期日后90天内未能全额付款的风险；（ⅱ）进口保理人对受让账款承担信用风险是以其书面核准该账款为前提条件的。"

综上，GRIF中付款担保的含义为：进口保理人对已核准账款承担信用风险，信用风险指出于"dispute（争议）"以外的原因在账款到期日后90天内未能全额付款的风险。

关于"dispute（争议）"，GRIF第27条规定如下：

"（ⅰ）一旦债务人拒绝接受货物或发票或提出抗辩（包括但不限于由于第三方对与账款有关的款项主张权利而引起的抗辩）、反索或抵销，则视为争议发生。然而，如本条规定与第二十五条规定有冲突之处，则以第二十五条规定为准。

（ⅱ）一旦得知争议的发生，进口保理人或出口保理人应立即向对方发送争议通知，该通知中应包含其所了解的有关账款及争议性质的一切细节与信息。出口保理人应在收到或发出争议通知后60天内向进口保理人提供有关争议的进一步信息。

(ⅲ)在收到争议通知后,已核准账款将被暂时视为未受核准。

如争议由债务人提出,且在争议涉及的发票到期日后90天内收到争议通知,则进口保理人不应被要求对债务人由于这种争议而拒付的款项进行付款。

如争议由债务人提出,且在付款担保后但在发票到期日后180天内收到争议通知,进口保理人应有权索回由于争议而被债务人拒付的金额。

(ⅳ)a)出口保理人将负责解决争议,并持续努力,确保争议尽快得到解决。在出口保理人请求下,进口保理人应配合并帮助出口保理人解决争议(包括采取法律行动)。

b)如进口保理人拒绝采取法律行动,或如出口保理人要求将争议涉及的账款反转让以便其以自身或供应商的名义采取法律行动,则在上述两种情况下,出口保理人均有权要求对争议涉及的账款进行反转让。

c)无论是否进行了反转让,一旦在本条(ⅴ)款规定的期限内,争议得到了有利于供应商的解决结果(包括负责对债务人破产财产进行代管的人的认可),进口保理人应视争议涉及的账款为受核准账款(不超过有利结果的范畴),只要:

(1)出口保理人已履行了本条(ⅳ)a)款项下的义务;

(2)进口保理人被定期告知协商或诉讼的进展情况;

(3)解决的结果要求债务人在协商解决或诉诸法律情况下判决生效之日起30天内(已被债务人破产财产代管人认可的债务不受该30天期限限制)付款。

d)就本条而言,‘诉诸法律解决争议’意味着通过有司法管辖权的法庭或其他裁判机构的裁决(为避免歧义,应包括仲裁)来解决争议,前提是在协商解决争议的期限届满之前已通过正当送达传票或提出仲裁申请正式开始了上述法律程序。‘协商解决争议’意指任何非诉诸法律解决争议的方式。

(ⅴ)上述(ⅳ)c)所述及的进口保理人将争议账款重新视为核准账款的期限为:

a)在协商解决的情况下,为180天;和

b)在诉诸法律的情况下,为3年;

以上期限从按照本条(ⅱ)款的规定收到争议通知书后开始起算。然而,如在上述期限内,债务人正式破产或作出破产的一般声明或承认破产,进口保理人将一直承担风险,直至争议得到解决。

(ⅵ)在进口保理人根据本条(ⅳ)款规定将争议账款重新视为受核准账款的情况下:

a)如账款已反转让给出口保理人,则进口保理人有权要求立即受让解决结果赋予出口保理人或供应商的所有权利;

b）在前述情形下，任何根据第二十四条所作的付款担保，应在解决结果所规定的付款日后的 14 天内作出，前提条件是：

（1）进口保理人根据本条 a）款要求的转让已由出口保理人在该期限内有效完成；

（2）14 天期限的最后一天要迟于原先付款担保的付款日。

（vii）如出口保理人未履行本条项下的义务且对进口保理人的风险敞口产生了实质性影响，则进口保理人有权将争议账款反转让给出口保理人，出口保理人应立即退还进口保理人已收到的付款担保款项，并支付根据第二十六条（iii）b）计算的从付款担保日到退款日期间的利息。

（viii）如争议的解决完全有利于供应商，所有相关费用均由进口保理人承担。在任何其他情况下，费用均由出口保理人承担。”

由于上述规定较为复杂，简单归纳来说，如发生争议，已核准账款将被暂时视为未受核准，待争议在限定时间内得到了有利于供应商（债权人）的解决结果，则重新视为核准账款，并由进口保理人在规定条件下承担付款担保。因此，可以认为，在 GRIF 中，已核准账款的判断标准之一为债务人无争议的付款义务。如图 3-1 所示。

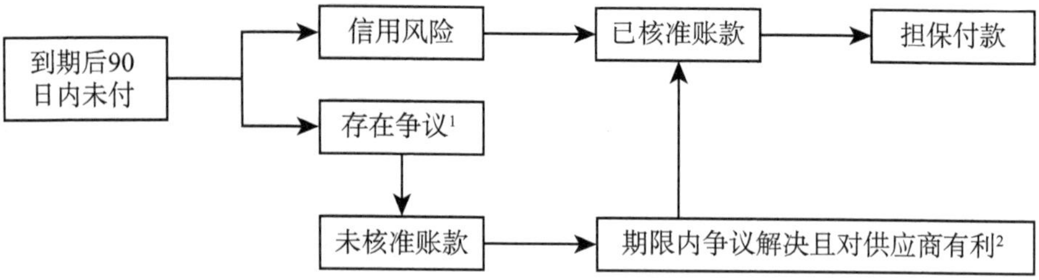

1. 争议通知应遵循如下规则：
（a）一旦得知争议的发生，进口保理商或出口保理商应立即向对方发送争议通知，该通知中应包含其所了解的有关账款及争议性质的一切细节与信息。出口保理商应在收到或发出争议通知后60天内向进口保理商提供有关争议的进一步信息。
（b）如争议由债务人提出，且在争议涉及的发票到期日后90天内收到争议通知，则进口保理商不应被要求对债务人由于这种争议而拒付的款项进行付款。
如争议由债务人提出，且在担保付款后但在发票到期日后180天内收到争议通知，进口保理商应有权索回由于争议而被债务人拒付的金额。

2. 此处期限内系指：
（a）在协商解决的情况下，为180天；和
（b）在诉诸法律的情况下，为3年；
以上期限从进口保理商收到争议通知书后开始起算。然而，如在上述期限内，债务人正式破产或作出破产的一般声明或承认破产，进口保理商将一直承担风险，直至争议得到解决。

图 3-1　已核准账款的判断流程

此外，虽然 GRIF 中亦规定了在争议发生后需要在期限内争议解决且解决结果对供应商有利的情况下，未核准账款才能重新视为已核准账款，由进口保理人承担付款担保，但对争议未在期限内解决的情形未作规定。由于因争议的发生已核准账款将被暂时视为未受核准，而付款担保仅能对核准账款履行，则一般认为，如争议未在期限内解决，进口保理人将不再承担付款担保责任。

2.《商业保理合同准则》中的付款担保

《商业保理合同准则》中关于付款担保的条款部分借鉴了 GRIF 的内容，但在商业保理人付款担保的责任范围上明显小于 GRIF。例如，信用风险不包括不可抗力、政治风险等；一旦发生商业纠纷（同 GRIF 中“争议”，下同）商业保理人即有权回购，不涉及商业纠纷发生后争议解决的部分。

《商业保理合同准则》附录 G《无追索权商业保理合同》第二部分“通用合同条款”第 12 条“付款担保”分为“12. 1 信用风险”“12. 2 付款担保申请”“12. 3 付款担保确认”“12. 4 付款责任”“12. 5 责任免除”“12. 6 继续追索”6 个部分。为了更好地理解《商业保理合同准则》中对商业保理人付款担保责任的设定，下面仅就几个重要概念，即信用风险、担保范围、商业纠纷、付款流程、继续追索这 5 个内容进行叙述。

（1）信用风险

信用风险是无追索权保理中的一个重要概念，是保理人承担付款担保责任的前提。在 GRIF 中，如已核准账款发生了“信用风险”，则进口保理人应进行付款担保。关于“信用风险”的定义，GRIF 第 16 条（i）规定，“The credit risk is the risk that the debtor will fail to pay a receivable in full within 90 days of its due date otherwise than by reason of a dispute（信用风险意指债务人出于争议以外的原因在账款到期日后 90 天内未能全额付款的风险）”。即在 GRIF 体系下，因商业纠纷以外产生的债务人未付款风险都属于信用风险。

中国国内最早开展的银行保理业务中，已经分为有追索权保理和无追索权保理两种类型。《商业银行保理业务管理暂行办法》中虽然未对“信用风险”进行定义，但第 6 条（3）以及第 10 条（2）对无追索权保理和坏账担保的定义中，均以无商业纠纷作为无追索权保理和坏账担保的前提条件，与 GRIF 中对“信用风险”的定义相同。

相较于银行保理，商业保理对信用风险的理解会稍有不同。现行与商业保理相关的法规、规章或规范性文件中，亦未见对“信用风险”的具体定义。唯一可见的是在中国服务贸易协会商业保理专委会 2017 年 3 月发布的推荐性行业规范《商业保理业务风险管理操作指引》中，对无追索权保理的定义为：“若是发生信用风险以外的情形(包括但不限于商业纠纷),商业保理公司仍有权向债权人进行追索。"即信用风险以外的情形除商业纠纷外,还包括其他情形,相较于 GRIF 的"争议以外均为信用风险",缩小了信用风险的定义范围。

此次《商业保理合同准则》延续了上述理念。首先,在附录 G《无追索权保理合同》第 1.1.4.7 条中,将"信用风险"定义为"应收账款债务人不能偿付或拒绝偿付债务"的情况,更强调应收账款债务人的无力支付和拒绝履行。其次,明确"信用风险"不包括政治风险、战争、军事行动、罢工、暴动、骚乱、行政或司法行为等风险情形,即前述情形不属于信用风险,从而保理人无须承担付款担保责任。最后,允许当事人对"信用风险"定义进行补充约定,除前述提及的情形以外,当事人还可以协商约定其他情形。由此可见,《商业保理合同准则》对"信用风险"的设定不仅进一步缩小了信用风险的范围,亦赋予商业保理人在"信用风险"定义上充足的自主权和灵活性。

"信用额度"是保理人承担已核准应收账款信用风险的限额,这在无追索权保理业务中是一个较为重要,也往往较难理解的概念。我们可以先从 GRIF 中先进行理解。根据 GRIF 第 17 条(vi),"信用额度意味着对某一供应商对某一债务人的账款的循环核准(以不超过额度最高金额为限)。循环意味着,在信用额度保持有效期间,超出限额的应收账款(或其部分)将补足限额内已被债务人或进口保理人偿还的或贷记债务人账的金额。这些账款(或其部分)的替补将按它们付款到期日的顺序进行,并始终仅限于当时已偿还或已贷记的金额。当两单或多单发票在同一日期到期时,替补的顺序将按它们各自的发票号的先后顺序进行"。此处的信用额度是指进口保理人对应收账款核准的最高额度,且为一个循环额度,一旦核准的应收账款被偿还则相应额度又可以恢复,这里的被偿还包括进口保理人的偿还,即可理解为进口保理人承担付款担保责任向供应商支付最终核准的应收账款款项后,相应的信用额度能够得到恢复。

在国内无追索权保理业务中,多数是针对特定债务人特定应收账款核定信用额度,即非循环额度,循环额度的运用非常少。即使采用循环额度,一般保理人承担付款担保责任后也不会导致相应额度的恢复。因而在信用额度这一概念上,《商业保理合同准则》并没有设置非循环额度,如果商业保理人希望使用循环额度,可通过自行约定。

(2)担保范围

在 GRIF 中,保理人的付款担保范围对应的信用风险即为商业纠纷以外的应收账款债务人未付款风险。在国内商业保理业务中,由于商业保理人在金融市场中的抗风险能力较弱,承担这样的担保范围对于商业保理人来说负荷过重。因而无追索保理在实务中的运用领域和范围也非常有限。

《商业保理合同准则》中对保理人担保范围的设定,不仅从正向缩小了“信用风险”的定义范围,也从责任免除和回购情形这两个方面反向缩小了担保范围。

责任免除范围可见《商业保理合同准则》正文第 6.1.4 条,明确了以下几种情形:

①应收账款债权人及其雇员、代表的故意行为;

②战争、军事行动、罢工、暴动、骚乱、行政或司法行为等非信用风险;

③应收账款债权人已实际追回的款项,以及逾期利息、罚息、违约金、赔偿金、滞纳金、惩罚性赔偿、间接损失以及为实现债权而产生的费用;

④应收账款债权人在信用额度有效期届满后提出付款担保申请的;

⑤超出保理人就该应收账款债务人核定的信用额度或超出保理人核定的累计信用额度的;

⑥发生本合同规定的保理人有权要求应收账款债权人回购应收账款情形;

⑦合同约定的应收账款债权人及其他相关方的在先义务事项(如合同约定的应收账款转让通知、应收账款转让登记、从属权利和权益转让、保理服务费及杂费、履约担保等)尚未按约完成的。

除此之外,在“专用合同条款”中,也可以对责任免除情形进行补充约定。

上述提及,符合回购条件是责任免除的情形之一,《商业保理合同准则》正文第 6.1.5 条,具体有如下情形:

①应收账款发生商业纠纷的;

②应收账款债权人将存在合同规定的不合格应收账款转让给保理人的;

③应收账款债权人出现本合同约定的违约情形,保理人按照约定可要求回购的;

④触发合同约定的应收账款债权人应回收应收账款情形;

⑤出现法律规定的其他保理人有权要求回购的情形的。

其中,非合格应收账款对应合格应收账款,合格应收账款主要由当事人自主约定;回购条件在下一章节会有进一步详述。

(3)商业纠纷

上述提到,GRIF 中规定“争议以外均为信用风险”,如已核准账款发生商业纠纷,将被暂时视为未受核准应收账款,进口保理人不承担付款担保责任;待该应收账款在约定期限内争议得到解决且解决结果对供应商有利的情况下,可重新被视为已核准账款,由进口保理人承担付款担保责任;但如争议无法在限期内解决,进口保理人仍然需要承担付款担保责任。因此,在 GRIF 规则下,

“商业纠纷”是付款担保的重要内容，一方面，其可以被理解为“信用风险”的反义词，两个概念严丝合缝，构成所有风险情形；另一方面，发生商业纠纷的争议解决结果亦是进口保理人是否承担付款担保责任的关键因素。

关于商业纠纷的定义，GRIF 第 27 条(i)规定，“一旦债务人拒绝接受货物或发票或提出抗辩(包括但不限于由于第三方对与账款有关的款项主张权利而引起的抗辩)、反索或抵销，则视为争议发生”。

在国内保理业务中，《商业银行保理业务管理暂行办法》和现行商业保理相关的法规、规章或规范性文件也均未对商业纠纷进行明确定义。此次《商业保理合同准则》附录 G《无追索权保理合同》第 1.1.4.6 条将“商业纠纷”定义为“商业纠纷：是指应收账款债务人或其他当事人对于其付款义务的任何异议，包括但不限于应收账款债务人提出的抗辩、抵销、索赔或类似行为，或者出现第三方对应收账款主张权利等情形”。该定义与 GRIF 中的定义基本一致，且增加了第三方对应收账款主张权利亦构成商业纠纷的情形。

前述“信用风险”部分已经提及，《商业保理合同准则》中拉开了“信用风险”和“商业纠纷”之间的距离，在两者之间加入了政治风险、不可抗力等情形。因而，在《商业保理合同准则》中，“商业纠纷”不再与保理人的付款担保责任直接相关，而是出现在回购条款中，成为保理人可以行使回购权利的多个情形之一。

尽管《商业保理合同准则》中弱化了“商业纠纷”与付款担保条款的关联性，但是如保理人拟开展国际保理业务，仍需了解 GRIF 中“商业纠纷”与“信用风险”之间的直接关联以及相应争议解决结果对付款担保的重要影响。

(4)付款流程

付款担保的申请和确认体现在附录 G“无追索权商业保理合同”第二部分“通用合同条款”第 12.2 条和第 12.3 条中。

从上述规定可知，如要求保理人承担付款担保责任，需要先由应收账款债权人提出申请并附证明材料，保理人核保后确认承担付款担保责任。该流程与信用保险的核保流程较为相似，是否承担付款担保责任的主动权在保理人，而非只要应收账款债权人提出符合要求的形式材料即见索即付。

付款责任体现《商业保理合同准则》正文部分的第 6.1.3 条和“通用合同条款”第 12.4 条中。该部分内容主要涉及三个方面：

第一，保理人确认付款担保，即“付款担保申请及暨确认书”生效之日(不含当日)，如保理人此前发放了保理融资款，则保理融资款停止计息；

第二，保理人的付款担保责任仅限于应收账款本金，对应收账款本金以外的款项不承担付款责任；

第三，保理人付款前可以先行扣除保理融资款以及应收账款债权人到期未付给商业保理人的其他欠款（包括但不限于违约金、赔偿金、滞纳金、保理融资额度承诺费、保理服务费和杂费、保理融资款利息等）。

以上是《商业保理合同准则》中的推荐标准和参考条款。当然，保理人也可与应收账款债权人另行约定，而不受此限。

（5）继续追索

继续追索是《商业保理合同准则》附录G“无追索权商业保理合同”第二部分“通用合同条款”第12.6条的参考条款。

保理人在承担付款担保责任后，面临需要向应收账款债务人和/或其他担保方、增信措施提供方追索的情况。如基于应收账款的基础交易追索，对于非交易当事人的保理人来说难度是非常大的。因此该条款是为了保障保理人能够顺利追索，要求应收账款债权人在接受保理人的付款后，仍有义务协助保理人进行追索，包括但不限于以应收账款债权人的名义主动催收乃至采取司法手段。另外，如应收账款债权人收到任何形式的回款，应当将该款项全额转付给保理人，否则保理人有权从后续付款中予以扣除。

3. 无追索权保理和付款担保的法律属性

众所周知，保理是一个复杂的三角乃至多角法律关系。自保理进入中国以来，法律界对其的法律性质和法理基础的研究一直存在争议。2019年11月14日最高人民法院发布《九民纪要》起，保理在中国法律下的法律属性逐渐清晰起来。《九民纪要》在“非典型担保”部分首次提出了“具有担保功能的合同”这一表述，且“不存在法定无效情形的，应当认定有效”。2021年1月1日《民法典》实施后，保理合同在法律上成为有名合同，且《民法典》中也再次明确担保合同包括具有担保功能合同。同日实施的最高人民法院《关于适用〈中华人民共和国民法典〉有关担保制度的解释》（法释〔2020〕28号）中，将保理与所有权保留买卖、融资租赁共同列为涉及担保功能。根据前述规定，保理合同属于一类有担保功能的合同已成为业界共识。

然而，不可忽视的是，《民法典》中对有追索权保理与无追索权保理的规定是不同的。进一步来说，有追索权保理是具有担保属性的，而无追索权保理则更倾向于被简单地理解为应收账款的转让。

在《民法典》关于有追索权保理的规定中，保理人取得超出保理融资款本息和相关费用的部分应当返还给应收账款债权人。从这个规定来说，有追索权保理项下，保理人对其受让的应收账款取得的是优先受益权，类似应收账款质押，保理人受让应收账款体现的是担保功能。

《民法典》中关于无追索权保理仅有一条规定，即第 767 条："当事人约定无追索权保理的，保理人应当向应收账款债务人主张应收账款债权，保理人取得超过保理融资款本息和相关费用的部分，无需向应收账款债权人返还。"根据该规定，保理人取得超过保理融资款本息和相关费用的部分归保理人所有，保理人取得受让的应收账款对应的全部收益，可以理解为是一个简单的应收账款受让的概念。根据前述分析，无追索权保理应不具有担保功能。这也是一个比较有趣的结论，无追索权保理的核心条款虽然是"付款担保"，但其在法律上并不具有担保性质，保理人对应收账款债权人的付款担保责任在法律性质上为应收账款转让对价的支付。

然而，无追索权保理也不能仅单纯地理解为应收账款转让。保理人仅在应收账款发生信用风险且符合一定条件的情况下确定付款担保义务，其余情况下保理人仍有权要求应收账款债权人进行有追索权保理相同的回购（反转让）。在这层复杂的设计下，相较于有追索权保理，无追索权保理的法律性质就又不完全清晰了。

4. 无追索权保理的实务应用

《商业保理合同准则》对付款担保责任的设定正是实务界无追索权保理业务的缩影体现。目前市场上可见的无追索保理业务主要有以下应用。

（1）反向保理直贷模式

反向保理模式旨在使买方（应收账款债务人，下同）因保理人介入获得期限利益或优惠价格，具体操作为：卖方（应收账款债权人，下同）在买卖双方约定的应收账款账期内向保理人转让应收账款并提前获得转让对价，保理人承担买方信用风险，除非发生可回购事宜，否则账期届满日后只可向买方追索。

（2）供应链场景助贷模式

助贷模式往往会被嵌入某个有终端用户的供应链场景。如果说下述案例中的筷子信用搭建的餐饮云平台是侧重于供应链中各方资源的整合和优化，那么助贷模式下更侧重于某一个实际应用的场景。在该模式下，模式发起人往往是核心卖方（应收账款债权人），不愿意承担回购风险，终端用户（应收账款债务人）有确定付款义务，且场景结构的搭建逻辑以及电子签约等技术也使举证更为轻松，因而保理人介入以采取无追索保理为主。

当然，不可忽视的是，无论是反向保理直贷模式还是供应链场景助贷模式中的无追索权保理，债务人都不是强资信背景的企业，从风控角度来看，保理人仅可追索债务人是有极大风险的。因而，引入增信措施是较为常见的做法。如前述餐饮云平台中引入了第三方担保，增加了还款来源；下述案例中提到的

ETC 保付通业务,实务中会引入保险公司提供信用保险,以覆盖无追索权保理模式中保理人承担的应收账款债务人信用风险。如图 3-2 所示。

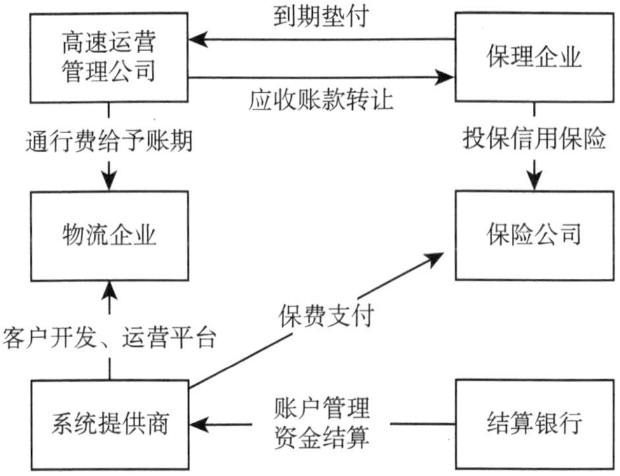

图 3-2 某物流 ETC 项目结构

(3)核心买方供应链平台模式

核心买方供应链平台模式,其业务逻辑是基于上游核心买方的信用层层流转、拆分应收账款,持有应收账款的下游供应商可持有到期、作为对价支付或向资金方(包括保理人)申请融资。由于核心买方资信强,容易通过资金方授信,且通过电子签名技术能够获得核心买方的有效确权,下游供应商的资信往往就显得不那么重要,保理融资以无追索权保理为主。如图 3-3 所示。

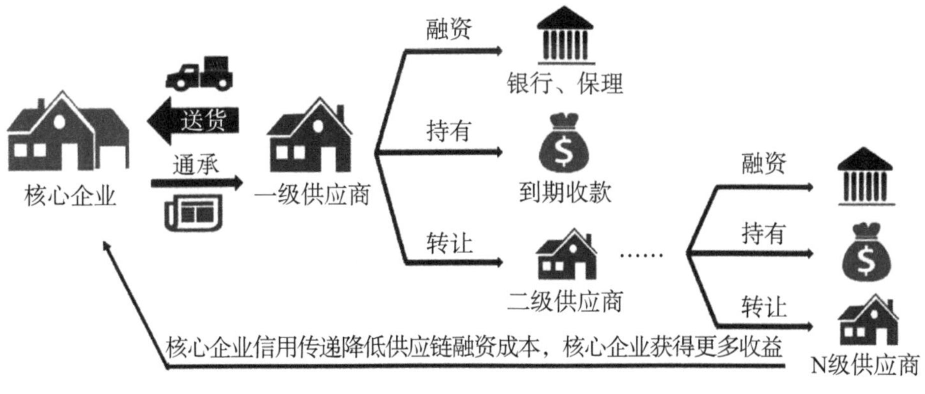

图 3-3 常见核心买方供应链平台模式

(4)聚小博大模式

受商业保理企业的规模限制,单家企业承接大规模项目较难,且也存在集中度过高的合规和风控风险。实务中会出现多家保理人共同承接某一项目的情况。在该类项目中,实务界也曾探讨模仿银团贷款开展多家保理人共同合作承接的共赢模式,也称"联合保理"模式,即由参与项目的多家保理人分别承担融资、付款担保、催收等不同服务角色。但是,由于商业保理的法律关系较为复杂,在《民法典》实施前顶层法律设计不清晰,也缺乏可以借鉴的司法案例,参与的各方保理人需考虑如何保障自己的权益,在交易的设计上很难实现平衡。例如,在应收账款转让方面,如由多家保理人共同受让,则应收账款资产进入每家保理人的报表,如仅由一家保理人受让,一则其他保理人不受让应收账款是否可开展保理业务存在疑问,二则如发生纠纷,仅可由受让的保理人进行追索,因而回收后需在参与项目的保理人内部进行分配,其他保理人如何保障追索的保理人能够执行分配,也是沟通协商上的难点。如图 3-4 所示。

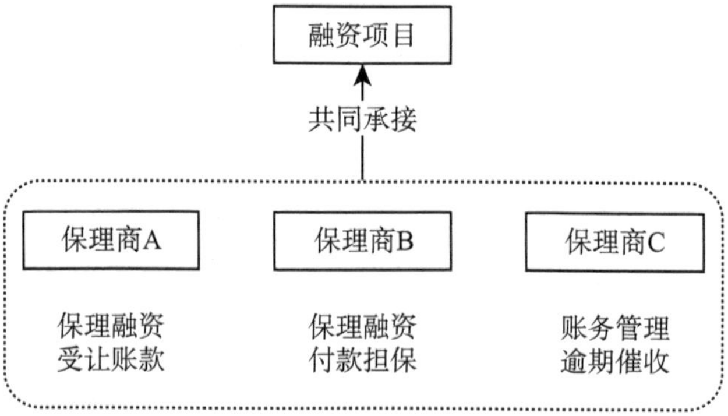

图 3-4 非典型联合保理模式

由于联合保理模式存在限制,实务案例较少,作为替代方案,两家保理人通过再保理接力贷的方式承接项目的模式较为常见。由一家保理人受让全部应收账款,但仅提供部分保理融资,剩余未融资部分对应的应收账款通过无追索权再保理方式转让给另一家保理人,由另一家保理人提供剩余部分融资。在该模式下,两家保理人各自受让部分应收账款提供保理融资,且通过合同安排,各自均可以直接向融资项目中的应收账款债权人、债务人、担保方和增信措施提供方等进行追索。在此模式下,两家保理人需要事先充分沟通讨论,出现风险事件时,如何进行追索以及后续回收后的收益、风险的分配,以避免产生双方间的争议,可参考图 3-5。

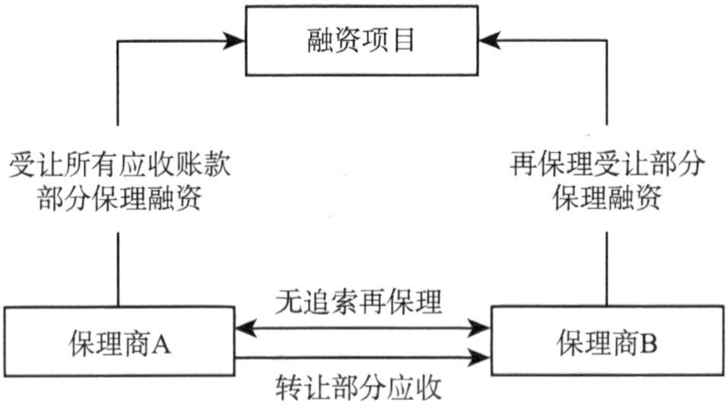

图 3-5 非典型无追索再保理模式

(5)非融资付款担保模式

上述模式中,均涉及保理融资,由于近年来商业保理企业的融资受限,有些保理人开始探讨非融资的保理业务模式。由于商业保理企业的经营范围有保理融资、销售分户(分类)管理、应收账款催收、非商业性坏账担保 4 个主要类型,因此可以理解为,保理融资是保理人可开展的主要保理业务之一,而非必须提供的保理服务类型。非融资付款担保(坏账担保)模式,即指保理企业受让应收账款后,仅提供付款担保的保理服务,而不提供保理融资服务的保理服务模式。

以某央企保理人非融资付款担保保理业务模式①为例进行分析。

火电业主的技术改造采用能源管理项目模式。由火电业主与大型电气设备供应商签订“能源管理服务协议”,设备供应商提供发电设备的综合节能、提效、增容改造。项目分为建设期(通常为 1 年)与收益期,时间总跨度为 5～10 年。建设期由供应商垫资采供原材料并进行建设,收益期根据节能提效的实现效果,由火电业主按年度逐笔向供应商支付基础费用与超额收益。

在传统模式下,供应商基于建设期一次性投入大额资金而收益期时间跨度较长,一般要求火电业主每年度通过银行开具履约保函或银行承兑汇票,保障收益回收。如图 3-6 所示。

---

① 该模式被上海市商业保理同业公会评定为 2020 年度上海市商业保理行业创新案例。

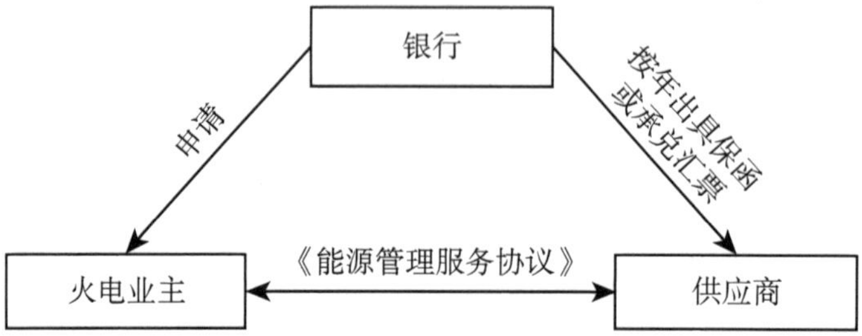

图 3-6　传统银行保函或承兑汇票模式

付款担保模式项下，保理人通过对基础交易的核实、买方资信的确认，基于供应商向火电业主提供设备技术改造服务的交易基础，为火电业主核定付款担保额度。通过签署保理合同，保理人以无追索权保理形式受让设备供应商对火电业主的应收账款债权。

在改造通过技术验收进入收益期后，各笔费用将陆续达到支付标准与期限，即视为合格应收账款到期。无论火电业主向保理人支付与否，在未发生商业纠纷的情况下，均由保理人在核定的付款担保额度内向设备供应商无条件支付已核准受让的应收账款。发生商业纠纷时，付款担保暂停，待商业纠纷有效解决后再恢复，以此实现非商业性坏账担保的增信服务。如图 3-7 所示。

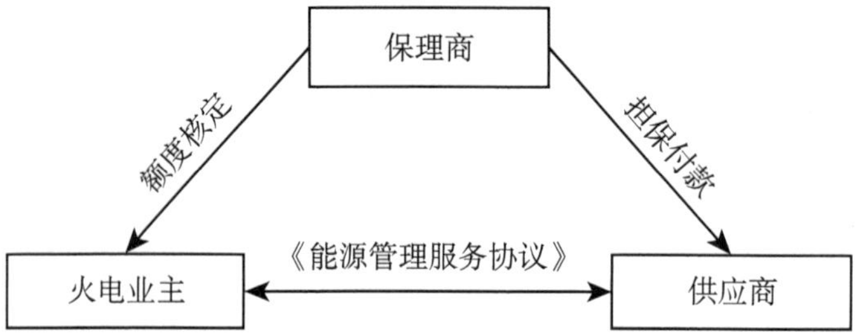

图 3-7　非融资付款担保保理业务模式

在该模式下，由于保理人承担了类似信用担保的角色，如何避免和化解信用风险，如何设计合理的收费模式等是保理人需要重点关注的问题。

此外，尤其值得注意的是，如前述法理分析，根据我国《民法典》的规定，无追索权保理的法律性质可理解为应收账款的买断式转让，保理人的付款担保并非法律上的担保，而是信用风险下对应收账款债权人的转让对价的确定支付义务。因此，在业务设计过程中，也应注意法律上的区别，避免因法律关系认识错误而产生的风险。

(6)基于保理人自身需求产生的无追索再保理模式

2018 年 5 月,商业保理的监管职责由商务部转至银保监会后,监管态势逐渐趋严。随着 2019 年保理行业风险事件的不断爆发和升级,中国银保监会办公厅《关于加强商业保理企业监督管理的通知》首次对商业保理企业提出关联度和集中度的监管要求。由于风险事件的发生和监管态势的趋严,商业保理企业面临市场风险大、融资渠道少、合规要求高等困境。在这样的环境下,有些商业保理企业因规模受限、融资困难,需要通过再保理的方式换取现金流开展其他更优质的业务,也有些商业保理企业因关联度和集中度超过监管要求,需要通过再保理的方式将关联度和集中度超标的资产剥离以达到合规要求。这类再保理业务均是基于商业保理企业自身需求产生的,采用的也是无追索权模式。

(三)参考规范

1. FCI General Rules for International Factoring(Version:June 2018)

Article 16 Definition of credit risk

(i)The credit risk is the risk that the debtor will fail to pay a receivable in full within 90 days of its due date otherwise than by reason of a dispute.

(ii) The assumption by the Import Factor of the credit risk on receivables assigned to him is conditional upon his written approval covering such receivables.

Article 24 Payment under guarantee

Except as provided in Articles 25,27 and 32:

the Import Factor shall bear the risk of loss arising from the failure of the debtor to pay in full any approved receivable on the due date in accordance with the terms of the relevant contract of sale or service;and

to the extent that any such receivable shall not be paid by or on behalf of the debtor by the 90th day after the due date as described above,the Import Factor shall on such 90th day make payment to the Export Factor (“payment under guarantee”).

For the purpose of paragraphs (i) and (ii) of this Article, payment by the debtor shall mean payment to any one of the Import Factor,the Export Factor,the supplier or the supplier's insolvent estate.

In the event of payment to the supplier or the supplier's insolvent estate the Import Factor shall co-operate with and assist in the debtor's country the Export Factor to mitigate any potential or actual loss to the Export Factor.

If an approved receivable is expressed in a currency other than that of the corresponding credit line, in order to determine the approved amount that receivable shall be converted to the currency of the credit line at the rate of exchange(mid rate)quoted by XE. com(and used in edifactoring. com)at the date on which the payment under guarantee is due. In all cases the risk of the Import Factor shall not exceed at any time the amount of the original approval.

Article 27 Disputes

(i) A dispute occurs whenever a debtor fails to accept the goods or the invoice or raises a defence, counterclaim or set-off including(but not limited to) any defence arising from a claim to the proceeds of the receivable by any third party. However, where there is a conflict between the provisions of this Article and those of Article 25 the latter shall prevail.

(ii) Upon being notified of a dispute the Import Factor or the Export Factor shall immediately send to the other a dispute notice containing all details and information known to him regarding the receivable and the nature of such dispute. In either case the Export Factor shall provide the Import Factor with further information regarding the dispute within 60 days of the receipt by the Export Factor or his sending it as the case may be.

(iii) Upon receipt of such dispute notice the approval of that receivable shall be deemed to be suspended.

If a dispute is raised by the debtor and the dispute notice is received within 90 days after the due date of the receivable to which the dispute relates, the Import Factor shall not be required to make payment under guarantee of the amount withheld by the debtor by reason of such dispute.

If a dispute is raised by the debtor and the dispute notice is received after payment under guarantee, but within 180 days of the due date of the receivable, the Import Factor shall be entitled to reimbursement of the amount withheld by the debtor by reason of such dispute.

(iv) (a) The Export Factor shall be responsible for the settlement of the dispute and shall act continuously to ensure that it is settled as quickly as possible. The Import Factor shall co-operate with and assist the Export Factor, if so required, in the settlement of the dispute including the taking of legal proceedings.

(b) If the Import Factor declines to take such proceedings or if the Export

Factor requires a reassignment of the disputed receivables so that proceedings may be taken in his or the supplier's name, then, in either case, the Export Factor is entitled to such reassignment.

(c) Whether or not any such reassignment has been made the Import Factor shall again accept as approved, within the time limits specified in paragraph (v) of this Article, such disputed receivable to the extent that the dispute is settled in favour of the supplier (including an admission by the person responsible for the administration of the debtor's insolvent estate) provided that:

(1) the Export Factor has complied with his obligations under paragraph (iv) a) of this Article;

(2) the Import Factor has been kept fully informed about the status of negotiations or proceedings at regular intervals; and

(3) the settlement provides for payment by the debtor to be made within 30 days of the date of the settlement, if amicable, or the date of the coming into effect of the judgement in the case of a legal settlement, provided, however, that such 30 day period shall not apply in the case of the admission of the debt by the person responsible for the administration of the debtor's insolvent estate.

(d) For the purpose of this Article, "legal settlement" means a dispute settled by way of a decision of a court or other tribunal of competent jurisdiction (which, for the avoidance of doubt, shall include arbitration) provided such legal proceedings have been formally commenced by proper service of legal process or demand for arbitration prior to the term set for an amicable settlement; and "amicable settlement" means any settlement which is not a legal settlement.

(v) The time limits referred to in paragraph (iv) c) above, for the Import Factor to accept again as approved a disputed receivable, are as follows:

(a) in the case of an amicable settlement, 180 days; and

(b) in the case of a legal settlement, 3 years;

in each case after the receipt of the dispute notice in accordance with paragraph (ii) of this Article. If, however, during such periods, the debtor becomes officially insolvent or makes a general declaration or admission of his insolvency, the Import Factor shall remain at risk until the dispute has been settled.

(vi) In the case of a disputed receivable which the Import Factor has accepted again as approved in accordance with paragraph (iv) of this Article:

(a) if the receivable has been reassigned to the Export Factor the Import Factor shall have the right to an immediate assignment to him of all the Export Factor's or (as the case may be) the supplier's rights under the settlement;

(b) in every such case any payment under guarantee, which is to be made in accordance with Article 24, shall be made within 14 days of the date on which payment is to be made by the debtor according to the settlement provided that:

(1) any assignment required by the Import Factor under paragraph (vi) a) of this Article has been made effectively by the Export Factor within that period; and

(2) the end of that period of 14 days is later than the original due date for the payment under guarantee.

(vii) If the Export Factor does not comply with all his obligations under this Article and such non-compliance substantially affects the risk position of the Import Factor, then the Import Factor shall have the right to reassign to the Export Factor the disputed receivable and the Export Factor shall promptly reimburse the Import Factor with the amount of the payment under guarantee; such payment shall include interest from date of payment under guarantee to date of reimbursement as calculated in accordance with paragraph (iii) (b) of Article 26.

(viii) If the dispute is solved in full in favour of the supplier, all related costs shall be the responsibility of the Import Factor. In all other cases the costs will be the responsibility of the Export Factor.

2.《民法典》

第三百八十八条　设立担保物权,应当依照本法和其他法律的规定订立担保合同。担保合同包括抵押合同、质押合同和其他具有担保功能的合同。担保合同是主债权债务合同的从合同。主债权债务合同无效的,担保合同无效,但是法律另有规定的除外。

担保合同被确认无效后,债务人、担保人、债权人有过错的,应当根据其过错各自承担相应的民事责任。

第七百六十六条　当事人约定有追索权保理的,保理人可以向应收账款债权人主张返还保理融资款本息或者回购应收账款债权,也可以向应收账款债务人主张应收账款债权。保理人向应收账款债务人主张应收账款债权,在扣除保理融资款本息和相关费用后有剩余的,剩余部分应当返还给应收账款债权人。

第七百六十七条　当事人约定无追索权保理的,保理人应当向应收账款债务人主张应收账款债权,保理人取得超过保理融资款本息和相关费用的部分,无需向应收账款债权人返还。

3. 最高人民法院《关于适用〈中华人民共和国民法典〉有关担保制度的解释》(法释〔2020〕28 号)

第一条 因抵押、质押、留置、保证等担保发生的纠纷,适用本解释。所有权保留买卖、融资租赁、保理等涉及担保功能发生的纠纷,适用本解释的有关规定。

4.《商业银行保理业务管理暂行办法》

第六条 (三)坏账担保:商业银行与债权人签订保理协议后,为债务人核定信用额度,并在核准额度内,对债权人无商业纠纷的应收账款,提供约定的付款担保。

第十条 (二)无追索权保理是指应收账款在无商业纠纷等情况下无法得到清偿的,由商业银行承担应收账款的坏账风险。无追索权保理又称买断型保理。

(四)参考案例

1. 某某保理公司与北京市西单麻辣诱惑餐饮有限公司等合同纠纷[重庆市渝北区人民法院一审民事判决书(2019)渝 0112 民初 26543 号]

【案情简介】2018 年 7 月 9 日,原告某某保理公司作为甲方(保理公司),被告麻辣诱惑公司作为乙方(采购方),被告朔天通淼公司作为丙方(保障方),案外人筷子信用作为丁方(服务方暨数据信息及操作系统提供方),四方签订了“餐饮优化项目保理融资服务合同”(编号 PLSI-1807047)。该合同中明确“餐饮优化项目保理融资”是指:服务方从账期切入,组织甲方向上游供应商受让应收账款,下游采购方相应获得价格优惠(降低采购成本、增强流动性),并按照约定期限向甲方支付应收账款及保理服务费的资金解决方案。根据合同中第一章定义条款,“应收账款”指在餐饮优化项目中,供应商向乙方完成食材供应后享有的应收账款,即本合同项下甲方拥有的合法有效且不存在任何瑕疵的债权;“保理融资”指本合同项下甲方向乙方提供保理融资服务并受让供应商应收账款,获得乙方给付相应应收账款及保理服务费的行为;“债权”指债权债务关系存续期间,甲方基于提供餐饮优化项目保理融资服务而获得的,向乙方收取应收账款及保理服务费的权利;“第三方支付公司”指中金支付有限公司的智融在线平台,或各方日后另行书面确认的其他公司。第二章餐饮优化项目基本信息条款中第 2 条约定:甲方为本合同项下餐饮优化项目提供的商业保理类型为无追索权、可循环、公开型保理。

【裁判观点】法院认为,本案是服务方筷子信用通过互联网,以其提供的餐饮云网络平台服务为中介，整合资金提供方、餐饮经营方、食材供应商，通过互联网进行资金的融资配对，组织资金方向上游供应商受让应收账款，下游采购方相应获得价格优惠（降低采购成本、增强流动性），并按照约定期限向资金方支付应收账款及保理服务费的资金解决方案，该民事行为是基于互联网进行的金融交易，并未违反国家法律法规禁止性规定，应予保护。本案中，餐饮企业被告麻辣诱惑公司根据其向供应商案外人潜江市常无常有龙虾养殖专业合作社的采购需要，向网络平台服务方筷子信用申请融资 100 万元服务，由筷子信用撮合某某保理公司通过其提供的餐饮云系统为麻辣诱惑公司提供相应金额的应收账款融资，并按照约定由麻辣诱惑公司向某某保理公司支付年化 10% 的保理服务费，向朔天通淼公司支付保障费用，以及向筷子信用支付咨询服务费。为此，通过筷子信用的餐饮云系统，订立的电子化“餐饮优化项目保理融资服务合同”及相关证明文件，均符合电子签名法的规定，是各方当事人的真实意思表示，当事人均应遵照约定履行各自的义务。

2. 某某保理公司与景德镇远东汽车运输有限公司、景德镇晟华物流有限公司等其他合同纠纷[上海市浦东新区人民法院一审民事判决书（2019）沪 0115 民初 84269 号]

【案情简介】2015 年 5 月 7 日，信联公司、原告某某保理公司、被告远东公司共同签订“鲁通卡 A 卡保付通服务合同”，合同约定，信联公司通过与原告某某保理公司合作，由某某保理公司为 A 卡后付费业务提供保理服务，用户向信联公司申办 A 卡时，由某某保理公司对用户进行信用审查及评估，对符合 A 卡保付通业务准入条件的用户给予授权办卡，信联公司根据某某保理公司对用户的授权办卡为用户办理 A 卡业务，用户获得 A 卡后即可上路通行；用户在收到月通行费和服务费账单后于最后付款日前向某某保理公司指定账户支付应付的通行费和服务费。某某保理公司在保付通业务中提供的保理服务是无追索权的保理服务，包括但不限于对用户的信用风险管理，通行费和服务费催收及坏账担保等服务，用户只有按照合同约定并遵照某某保理公司的付款指示付款，方可解除其付款责任；自某某保理公司授权办卡之日起，视为信联公司对用户之所有未来应收通行费及服务费已完全无瑕疵地转让予某某保理公司，每月信联公司向某某保理公司出具或确认用户的上月通行费和服务费账单视为信联公司向某某保理公司转让具体金额的应收账款，用户签署合同视为用户同意在合同期限内由信联公司向某某保理公司转让的所有应收账款；用户对发卡单位出具的账单有异议的，应在收到账单后三日内向发卡单位提出异议，并协商解决，如用户在收到账单后三日内未提出异议，则视为用户对对账单无异议；用户应于最后付款日之前将相应通行费和服务费以银行转账方式支付至某某保理公司指定的银行账户,用户逾期付款的,每逾期一日,按应付款项总金额的千分之一向某某保理公司支付逾期滞纳金。

【裁判观点】法院认为,涉案“鲁通卡 A 卡保付通服务合同”系当事人的真实意思表示,各方当事人理应恪守。被告远东公司未按约定向某某保理公司支付通行费及服务费,构成违约,远东公司应承担相应的违约责任,向某某保理公司支付所欠通行费、服务费,并承担由此产生的滞纳金,根据合同约定,用户逾期付款应按应付款项总金额的千分之一支付滞纳金,现某某保理公司主张以所欠通行费为基数按年利率 24%计算滞纳金,法院予以准许。

十四、“通用合同条款”和“专用合同条款”第 13 条的应用指南

(一)原文条款

13. 回购应收账款

13.1 回购情形

发生下列情形之一时,商业保理人有权要求应收账款债权人回购应收账款:

(1)该应收账款发生商业纠纷的(无论是否发生在保理融资期限届满日之前);

(2)应收账款债权人转让应收账款时,该应收账款不符合本合同规定的合格应收账款标准的;

(3)应收账款债权人出现本合同规定的违约情形,商业保理人按照本合同约定要求应收账款债权人回购应收账款的;

(4)出现本合同约定的应收账款债权人应回购应收账款的其他情形。

此外,合同当事人可以在专用合同条款中补充约定商业保理人有权要求应收账款债权人回购应收账款的其他情形。

13.2 回购通知

13.2.1 自发生上述应予回购应收账款情形时,商业保理人有权向应收账款债务人发送《应收账款回购通知书》,应收账款债权人应按照《应收账款回购通知书》规定的金额和时间支付回购款。

13.2.2 应收账款债权人承诺,自发生上述应予回购情形时,应收账款债权人即产生了回购义务,应收账款债权人的回购义务不因商业保理人未发送《应收账款回购通知书》或发送的《应收账款回购通知书》未送达应收账款债权人而免除或迟延。

13.3 回购金额

13.3.1 应收账款债权人应支付的回购款=(1)商业保理人已发放的保理融资款-(2)商业保理人已收回的应收账款。

13.3.2 应收账款债权人应在支付回购款的同时一并清偿该已受让应收账款所对应的、商业保理人尚未收回的为实现债权而产生的费用、违约金、赔偿金、滞纳金、保理融资额度承诺费、保理服务费和杂费、保理融资款利息等其他商业保理人到期未收回的款项。

13.3.3 商业保理人有权(但无义务)将其收取的保证金直接抵扣应收账款债权人应支付的回购款及其他应付款项。

13.4 应收账款转回

13.4.1 应收账款债权人足额支付回购款及其他全部应付款项之日,该已受让应收账款的及其从属权利和权益由商业保理人转回应收账款债权人,商业保理人应配合办理相关转回手续。已受让应收账款转回应收账款债权人后,为应收账款债权人向应收账款债务人索赔所需,商业保理人应配合应收账款债权人将应收账款已转回给应收账款债权人的情况通知应收账款债务人,由此产生的费用及风险(包括但不限于转回通知无法送达应收账款债务人)由应收账款债权人承担。

13.4.2 已受让应收账款转回应收账款债权人前,商业保理人仍享有该已受让应收账款及其从属的一切权利和权益,商业保理人有权以自己名义向应收账款债务人主张已受让应收账款,商业保理人有权同时向应收账款债权人主张支付回购款及其他应付款项,应收账款债权人或应收账款债务人中任一方向商业保理人履行了付款义务的,另一方对商业保理人相应的付款义务予以免除。

(二)应用指南

本条是关于回购应收账款的设计。根据《商业保理术语》(T/CATIS001—2020)的定义,"回购"(buy-back)是指应收账款债权人基于保理合同的约定,在向保理人转让应收账款后,在一定条件下购回应收账款的行为。

1. 回购应收账款请求权与保理中的追索权

《商业保理术语》将回购视为非典型人保的范畴。因为回购的担保功能,导致在实务中与保理中的追索权存在一定程度的混淆。有观点将"要求应收账款债权人回购应收账款"视作行使"追索权"的一种方式,如《民法典》第766条规定,"当事人约定有追索权保理的,保理人可以向应收账款债权人主张返还保理融资款本息或者回购应收账款债权,也可以向应收账款债务人主张应收账款债权";也有观点将两者理解为并列的权利,如湖北省高院民二庭《当前商事审判疑难问题裁判指引》第30条规定:"债务人不履行义务,保理商按照保理合同的约定向债权人行使追索权,或者请求债权人按照约定回购应收账款债权的,应予支持。"

虽然回购应收账款请求权和保理中的追索权均为基于保理合同约定的意定之债,保理业务发展历史形成的有追索权保理与无追索权保理之区分对保理中的追索权概念的限制,使得回购应收账款条款有机会成为适用范围更广、适用条件更灵活的条款。

《民法典》第766条和第767条将保理合同区分为有追索权保理和无追索权保理的意义在于确定对扣除保理融资款本息和相关费用后的剩余部分的归属,而非削弱对保理人的保护。因此,在有追索权保理合同和无追索权保理合同中,均可设置回购应收账款条款。

对有追索权保理,虽然《民法典》第766条系任意性规范,但是并不排除法院将行使追索权理解为保理人向应收账款债权人主张权利的方式限定为“返还保理融资款本息”或者“回购应收账款债权”的可能性。因“返还融资款本息”或者“本息”相关的表述一般适用于借款合同法律关系中,而商业保理人并无经营放贷业务的资质,从业务合规角度以及在审判实践中对保理合同性质正确认定的考虑,商业保理人应当设计回购应收账款条款,以达到与银行保理人向应收账款债权人主张返还融资款本息大致相当的效果。

在无追索权保理中,保理人在应收账款到期,应收账款债务人发生信用风险以及未按基础合同约定按时足额支付应收账款时,不得向应收账款债权人主张返还保理融资款本息或者回购应收账款债权。然而,无追索权保理的定义并未限制保理合同就应收账款债务人的信用风险之外的风险触发应收账款债权人回购应收账款的可能性。对比《商业保理合同准则》中为有追索权保理和无追索权保理通用条款设计的回购情形可以看到,后者仅比前者少了“无论何等原因,在保理融资期限届满日,商业保理人未足额收回保理融资款”之情形;而通用条款提供的其他触发回购的情形,与应收账款债务人的关联性不大,而更接近于应收账款债权人出现违约或者违背关于应收账款的陈述与保证时赋予商业保理人的救济权利,体现了商业保理合同的合同相对性。

“通用合同条款”提供的触发回购应收账款情形中,包含“该应收账款发生商业纠纷的(无论是否发生在保理融资期限届满日之前)”。按照《商业保理术语》的定义,“商业纠纷”是指“应收账款债务人或者其他当事人对于其付款义务的任何异议,包括但不限于应收账款债务人提出的抗辩、抵销、索赔或者类似行为,或者出现第三方对应收账款主张权利等情形”。仅商业纠纷情形一项已使回购应收账款条款的适用范围较追索权有所扩大:从时间上而言,商业保理人得以在保理融资期限届满日之前主张回购;从对象上而言,商业纠纷可由应收账款债务人以外的第三方引发;从应收账款债务人的行为而言,无论其提出的抗辩、抵销、索赔等行为是否具有请求权基础,也无论其行为是否直接产生法律效果或者获得法院支持,均不影响商业保理人对应收账款债权人提出回购主张。由此可见,回购应收账款条款对应的是约定风险的出现,而并非向应收账款债务人主张权利未果之后向应收账款债权人的“追索”,商业保理人的回购主张并不以应收账款债务人未及时足额清偿应收账款为前提。

在商业保理合同中设置回购账款条款的合理性在司法大数据中已经能够得到体现。据《保理行业风险分析报告(第3期)》对2014年1月至2020年6月全国600余例银行保理和商业保理纠纷案件的统计,保理人单独起诉应收账款债权人(卖方)的比例高达55.9%,同时起诉应收账款债权人和应收账款债务人(买方)占比27.5%,而仅起诉应收账款债务人的比例只占11.3%;而上述三种起诉方式中,仅起诉应收账款债权人的胜诉率显著高于其他两种起诉方式(全部胜诉96.5%,部分胜诉3.5%)。从诉讼风险角度而言,商业保理人向应收账款债务人主张权利,所承担的对基础交易关系的证明义务较重,且可能遇到的抗辩理由较难预见。因此,通过在商业保理合同中约定触发回购应收账款情形的方式,在商业保理人与应收账款债权人之间建立直接的合同权利义务关系,对商业保理人实现业务利益具有很强的现实意义。

2. 回购通知的送达

《商业保理合同准则》提供的回购通知条款中,应收账款债权人承诺不因"应收账款回购通知书"送达的缺失或者瑕疵免除或延迟其回购义务。这样的设计旨在避免商业保理人由于自身原因未寄送"应收账款回购通知书",或者因"应收账款回购通知书"客观上无法送达应收账款债权人等因素引发应收账款债权人不正确的解读。

虽然回购条件成就之时应收账款债权人负有了回购义务,但是向应收账款债权人送达"应收账款回购通知书"仍具有实际意义:告知商业保理人已行使回购应收账款请求权,明确商业保理人主张的回购金额和回购金额支付时间的意义,形成诉讼时效中断的事由。

制作并送达"应收账款回购通知书"也能够从内部流程管理的角度督促业务人员核算回购款和其他款项以便及时推进回购事宜。因"应收账款回购通知书"系商业保理人向应收账款债权人出具的书面文件,实践中需对涉及回购的内容进行审慎计算和确认后再行发送,以免造成商业保理人后期争议解决阶段的被动或损失。

如商业保理人选择快递方式向应收账款债权人送达"应收账款回购通知书"的,应注意面单的填写,收件人应写明应收账款债权人的法定代表人或者指定联系人,快递内容栏应明确写明"应收账款回购通知书",快递寄出后应留存快递寄出联、签收联、打印快递投递流程单等妥善保管。如商业保理人希望通过电子方式进行送达的,出于方便流转和保存沟通内容的考虑,建议以电子邮件方式进行,并且应当在商业保理合同中提前进行约定,尤其需明确收发邮箱的地址以及对应的指定联系人;通过电子邮件方式送达的,以电子邮件到达收件人邮箱服务器视为送达完成。如商业保理人希望以其他方式向应收账款债权人送达“应收账款回购通知书”的,建议选择能够证明应收账款债权人已收悉“应收账款回购通知书”的方式。

3. 应收账款的转回

与保理追索权一样,回购应收账款主张权也是以向应收账款债权人转回(或者称“反转让”)应收账款为对价。基于回购应收账款对商业保理人的担保功能,商业保理人希望在应收账款债权人完成回购义务之后,转回应收账款的义务才需要履行;也就是说,商业保理人行使回购应收账款请求权并立即产生应收账款转回应收账款债权人的效果。在(2017)最高法民申132号一案中,最高人民法院民事裁定书中的论述应该可以得到这样的结论,即判令应收账款债权人回购应收账款的判决生效之日可视作应收账款转回应收账款债权人之日。

在(2017)最高法民再164号珠海华润银行股份有限公司与江西省电力燃料有限公司、广州大优煤炭销售有限公司保理合同纠纷一案的民事判决书中,最高人民法院将保理合同下反转让应收账款的效果理解为债权转让合同的解除,曾引起一定程度的争议。然而,结合该案的具体案情,最高人民法院通过认定保理人未明确表达向应收账款债权人反转让应收账款的意思,保理人在另案诉讼中所主张的权利在性质上属于要求应收账款债权人归还借款的追索权,平衡了保理人的利益。因此,对于“保理人向债权出让方反转让债权的法律效果依法应当认定为解除债权转让合同”的论述结论不宜做过于绝对的解读。

(三)参考规范

1.《民法典》

第七百六十六条 当事人约定有追索权保理的,保理人可以向应收账款债权人主张返还保理融资款本息或者回购应收账款债权,也可以向应收账款债务人主张应收账款债权。保理人向应收账款债务人主张应收账款债权,在扣除保理融资款本息和相关费用后有剩余的,剩余部分应当返还给应收账款债权人。

第七百六十七条 当事人约定无追索权保理的,保理人应当向应收账款债务人主张应收账款债权,保理人取得超过保理融资款本息和相关费用的部分,无需向应收账款债权人返还。

2. 天津市高级人民法院《关于审理保理合同纠纷案件若干问题的审判委员会纪要(一)》

十一、相关概念的解释

10. 有追索权保理:是指保理商不承担为债务人核定信用额度和提供坏账

担保的义务,仅提供包括融资在内的其他金融服务。无论应收账款因何种原因不能收回,保理商都有权向债权人追索已付融资款项并拒付尚未收回的差额款项,或者要求债权人回购应收账款。

3. 天津市高级人民法院《关于审理保理合同纠纷案件若干问题的审判委员会纪要(二)》

八、保理人的权利救济

债务人未依约支付全部应收账款时,保理商提出下列主张的,应予支持:……3. 债权人负有回购义务的,保理商要求债权人返还保理融资本息并支付相关费用。4. 债权人的回购义务履行完毕前,保理商依据保理合同及债权转让通知要求债务人付款或者收取债务人支付的应收账款。

债权人履行回购义务后,保理商应将应收账款及其项下的权利返还债权人,债权人取得基础合同项下对债务人的相应债权,保理商不得再向债务人主张还款。前述所称回购义务是指债权人向保理商转让应收账款后,当发生保理合同约定的情形时,债权人应依约从保理商处购回所转让的应收账款债权。

债务人依约支付全部应收账款的,保理商在扣除保理融资本息及相关费用后,应将保理回款的余款返还债权人。

4. 深圳前海合作区人民法院《关于审理前海蛇口自贸区内保理合同纠纷案件的裁判指引(试行)》

第二十五条 基础合同对逾期履行应收账款给付义务的违约责任没有约定,保理商在起诉债务人时依据《最高人民法院关于审理买卖合同纠纷案件适用法律问题的解释》第二十四条的规定主张逾期付款损失的,人民法院予以支持。

第二十七条 在有追索权保理纠纷中,保理商要求债权人以支付保理融资本息和相关费用的方式履行应收账款回购义务的,人民法院予以支持。

保理合同约定为无追索权保理,但同时又约定如债务人提出抗辩或抵销权等使债务无法得到清偿时保理商依旧可向债权人行使追索权的,视为有追索权保理。

当事人可以通过债权人单方承诺或补充约定等方式将无追索权保理合同变更为有追索权保理合同。

第二十八条 在有追索权保理纠纷中,债务人依约向保理商支付全部应收账款的,保理商应按照保理合同的约定扣除保理融资本息及相关费用后,将保理回款的余款返还债权人。

5. 北京市高级法院民二庭《关于当前商事审判中需要注意的几个法律问题》

三、关于涉保理的合同纠纷

3. 有追索权保理合同的诉讼主体

(1)隐蔽型、有追索权的保理。保理商(商业银行或商业保理企业)在应收账款到期后不能收回保理融资款的,有权依照保理合同的约定起诉应收账款债权人要求其回购应收账款,保理商(商业银行或商业保理企业)为原告,应收账款债权人为被告。因应收账款债权转让通知未向债务人送达,故保理商(商业银行或商业保理企业)要求应收账款债务人偿还应收账款的请求不予以支持。

(2)公开型、有追索权的保理。保理商(商业银行或商业保理企业)在应收账款到期后不能收回保理融资款的,有权依照保理合同约定选择向应收账款债权人或债务人主张权利。如果保理商(商业银行或商业保理企业)先行选择起诉应收账款债务人要求其偿还应收账款而债务人未予偿还的,保理商可以再行起诉应收账款债权人,要求其回购应收账款。

6. 上海市浦东新区人民法院《2014—2019 年涉自贸区商业保理案件审判情况通报》

实践中保理合同约定的保理收益名目不尽相同,常见的如保理费、服务费、管理费,有的则直接以融资利息的名义收取;收费方式也各有不同,有的直接约定在发放保理款项时予以一次性扣除,有的则每月收取固定的费用,还有的将两种方式混合使用。

因保理公司收取相关费用引发的争议通常有两种情况:……二是预扣保理费用是否构成预扣利息以及如何计算融资成本。该问题仍需以法律关系的认定为前提,若认定为借款关系的,则预扣保理费类推适用预扣利息的处理方式;若为保理合同关系,且保理公司确已提供了相应服务的,则保理收益不能等同于利息,预扣保理收益亦并不能视为预扣利息,但各种名义的保理费用仍应作为融资方的融资成本作整体考量。

7.《上海市融资租赁公司、商业保理公司涉个人客户相关业务规范指引》

第二十条 本市融资租赁公司、商业保理公司向个人客户提供相关产品、服务时使用格式条款文本的,对本指引第十八条所列与个人客户切身利益密切相关的重要交易信息,应当以易于引起客户注意的字体、字号或颜色、符号等显著方式进行提示,对其中的关键专业术语应当根据客户要求进行必要解释说明;格式合同文本采用电子形式提供的,应当可识别且易于获取。

第二十一条 本市融资租赁公司、商业保理公司提供的通知、声明、合同等文本的格式条款中不得包含以下内容:

（一）减轻或免除造成客户损失的赔偿责任及其他法律责任；

（二）规定客户承担超过法定限额的违约金或损害赔偿金，或者排除客户的法定权利；

（三）排除或者限制客户选择同业机构提供产品、服务的权利；

（四）其他对客户不公平、不合理的规定。

本市融资租赁公司、商业保理公司应当对存在侵害个人客户合法权益问题或隐患的格式条款及时进行修订或者清理。

第二十二条　本市融资租赁公司、商业保理公司向个人客户收取的租金、费用、违约金等，应当事先充分告知并明确约定具体金额或收取标准；有关法律法规、行业监管制度或司法解释有明确标准的，不得超出规定的标准。

8. FCI General Rules for International Factoring(Version:FCI June 2018)

Article 15 Reassignment of receivables

(i) Any reassignment of a receivable under Article 13(v) or Article 14(iv) must be made by the Import Factor no later than the 60th day after his first request for the relevant documents, or, if later, the 30th day after the end of any extended time granted by the Import Factor under Article 14(iv).

(ii) In the event of any reassignment of a receivable permitted to the Import Factor under this article or under paragraph(vii) of Article 27, except as provided in paragraph (iv) of this Article, the Import Factor shall be relieved of all obligations in respect of the reassigned receivable and may recover from the Export Factor any amount paid by the Import Factor in respect of it.

(iii) Every such reassignment must be in writing.

(iv) If any payment shall be received by the Import Factor from the debtor in respect of any receivable so reassigned before notice ofthat reassignment shall have been received by the debtor then the Import Factor shall hold that payment for the benefit of, and remit it to, the Export Factor promptly.

[N. B. :Paragraph(i) amended June 2004 and again September 2008. In June 2010 Paragraph(ii) amended and Paragraph(iv) added]

（四）参考案例

1. 上海浦东发展银行股份有限公司长沙分行与中联重科股份有限公司合同纠纷[湖南省高级人民法院二审民事判决书(2016)湘民终 516 号][最高人民法院再审审查与审判监督民事裁定书(2017)最高法民申 132 号]

【案情简介】2011 年 11 月 22 日，浦发银行长沙分行与湾天公司签订买断型保理合同,约定在保理期间届满时,如果债务人中联重科公司在无商业纠纷等情况下无法清偿应收账款的,应由浦发银行长沙分行承担应收账款的信用风险,浦发银行长沙分行原则上不能向湾天公司追索已发放的融资款。在合同履行过程中,湾天公司又向浦发银行长沙分行出具《承诺书》,明确表明如果中联重科公司在融资到期日内没有足额履行应收账款的支付义务,则由其对该应收账款承担回购责任。浦发银行长沙分行接受该《承诺书》时未提出异议,且在保理期限届满后,浦发银行长沙分行并没有按照合同中有关买断型保理的条款向中联重科公司主张应收账款,而是以湾天公司承诺回购应收账款为由对湾天公司提起诉讼,要求湾天公司偿还应收账款本金及利息,并已得到(2014)长中民二初字第01318号生效民事判决书的支持。后浦发银行长沙分行又诉至法院,要求中联重科公司偿还应收账款债权本金及逾期付款违约金。一审法院驳回浦发银行长沙分行的全部诉讼请求,二审法院维持原判,最高人民法院驳回浦发银行长沙分行的再审申请。

【裁判观点】湖南高院认为:因浦发银行长沙分行已经通过诉讼程序要求湾天公司承担了回购责任,与之对应的中联重科公司的应收账款即回转到湾天公司,湾天公司取得该部分债权,中联重科公司与浦发银行长沙分行对应的偿还义务则应予免除,浦发银行长沙分行无权再向中联重科公司主张应收账款;浦发银行长沙分行提出本案已由买断型保理变更为回购型保理,故其有权向中联重科公司主张应收账款债权本金以及逾期付款违约金的上诉请求无相应的事实与法律依据。最高人民法院认为:浦发银行无论是向中联公司请求债务清偿,还是向湾天公司请求回购,均是基于同一笔应收账款债权,在当事人没有另行约定的情形下,浦发银行只能择一主张;浦发银行已经在另案中请求湾天公司就该应收账款债权承担回购责任,另案生效判决已经支持了其诉讼请求,在此情形下,浦发银行对中联公司不再享有该笔应收账款债权。

【裁判要旨】湖南高院认为保理人在选择行使回购应收账款请求权之后,不再有权向应收账款债务人主张基于应收账款的权利,最高人民法院“基于同一笔应收账款债权……只能择一主张”的表述似乎支持了湖南高院的理解。照此理解,本团体标准通用条款中“已受让应收账款转回应收账款债权人前,商业保理人仍享有该已受让应收账款及其从属的一切权利和权益,商业保理人有权以自己名义向应收账款债务人主张已受让应收账款,商业保理人有权同时向应收账款债权人主张支付回购款及其他应付款项,应收账款债权人或应收账款债务人中任一方向商业保理人履行了付款义务的,另一方对商业保理人相应的付款义务予以免除”的设计与本案例的法院观点存在根本冲突。实质上,最高人民法院对湖南高院的论述进行了并不显著的修改：认定"应收账款转回应收账款债权人前"的诉讼时间节点标准，由湖南高院认为的保理人向应收账款债权人起诉之时，修正为保理人与应收账款债权人请求回购之诉的判决生效之日。其中的逻辑在于，保理人起诉应收账款债权人能否得到支持、何时得到支持尚不可知，直至该诉判决生效之日，应收账款债权人的义务已明确产生，且该义务的执行由国家强制力保证，故最高人民法院认为申请应收账款债权人回购之诉的判决生效之日可视作应收账款转回应收账款债权人之日。

2. 某某保理公司与上海峻登企业管理中心、王某某其他合同纠纷一案［上海市徐汇区人民法院一审民事判决书(2018)沪0104民初29192号］

【案情简介】2018年5月17日，某某保理公司与峻登公司订立公开型有追索权的"保理合同"。同日，王某芸(保证人)为确保上述"保理合同"的正常履行，与某某保理公司签订"保证合同"。2018年5月，某某保理公司向峻登公司转账支付保理融资款，并就受让峻登公司对阿斯利康公司的应收账款在中国人民银行征信中心办理了动产权属统一登记。2018年6月，王某芸两次代峻登公司向某某保理公司部分还款，之后峻登公司及王某芸未再支付任何款项。2018年8月8日，某某保理公司向峻登公司发出"回购通知"，主张依据"保理合同"宣布保理融资业务还款期限提前届满，并要求峻登公司立即全部偿还截至2018年8月8日未清偿的保理款本金及所有的相关费用总计1839994.27元。2018年8月13日，回购通知由王某芸签收。2018年8月21日，某某保理公司向阿斯利康公司发出"应收账款债权转让通知书(公开型)"(以下简称"债权转让通知书")，通知保理合同对应的基础应收账款转让。案件审理过程中，某某保理公司向法院提交了案涉保理业务对应的阿斯利康公司(需方)向峻登公司(供方)采购史泰博碎纸机500件采购合同。峻登公司、王某芸质证表示，因该份证据是某某保理公司制作后由峻登公司加盖公章，峻登公司并不知晓阿斯利康公司的存在，故对采购合同的真实性不认可。就该节事实，法院向阿斯利康公司进行调查，阿斯利康公司回函表示：其未与峻登公司签订过采购合同或有过业务来往，亦未收到过某某保理公司发出的债权转让通知书，未向某某保理公司或峻登公司支付过任何款项。此外，法院还注意到，阿斯利康公司回函上加盖的公章与某某保理公司提交的采购合同上阿斯利康公司的公章存在肉眼可辨的明显差异。对此双方表示，对该份回函的真实性没有异议，但双方均未伪造过阿斯利康公司的公章，并坚称采购合同系由对方提供。

【裁判观点】涉案保理合同约定的交易流程符合商业保理的形式要件，且不存在违反法律或者行政法规的禁止性规定的情形，应为有效。从合同实际的履行情况看，虽然某某保理公司向买方阿斯利康公司发送债权转让通知书的时间靠后，但根据《合同法》的规定，未经通知的债权转让行为仅对债务人不发生效力，在债权转让双方之间仍为有效，故上述迟延通知行为即便在形式上不符合公开型商业保理的常规操作，但对保理合同的效力没有任何影响，更不能构成保理合同无效的事由。根据已经查明的事实，峻登公司并未与真实的阿斯利康公司签署过采购合同或有过任何业务来往，双方之间不存在任何真实的购销关系以及应收账款，某某保理公司基于诚实信用原则对采购合同签订主体进行审查，并无义务对峻登公司是否存在欺诈及印章的真伪进行预见性的审查，如果在事发后将该预见性义务强加给某某保理公司，不仅单方面加重了合同无过错方的责任，也有悖于某某保理公司作为金融主体追求商事效率以及遵循通常商人判断的商业习惯。根据峻登公司在庭审中的陈述可知，峻登公司在签署采购合同时即已知晓该采购合同项下的应收账款是虚构的，但仍继续与某某保理公司订立保理合同，存在欺诈行为，在峻登公司无法举证证明某某保理公司对其欺诈行为系明知或共谋的情况下，上述单方之欺诈行为无法构成《合同法》规定的无效事由，反之，因峻登公司欺诈，某某保理公司享有对系争保理合同的撤销权，现某某保理公司选择继续按照保理合同主张保理融资本金及相关费用，故保理合同的效力仍不受该等事实的影响。峻登公司连续多期未能支付保理费，已经构成保理合同约定的提前终止事件，某某保理公司有权要求峻登公司履行回购义务，但在系争应收账款不存在的情况下，应收账款回转已然不具备事实基础，鉴于峻登公司系合同违约一方，应就保理合同事实无法履行向某某保理公司承担款项返还及违约责任，法院在此对某某保理公司的诉请予以适当调整。某某保理公司于 2018 年 8 月 8 日发出回购通知，峻登公司于 8 月 13 日收到，故保理合同已于 2018 年 8 月 13 日提前终止，之后的保理费不再产生，峻登公司应自 2018 年 8 月 13 日起向某某保理公司承担融资款返还以及逾期不能返还的违约责任。法院认为，商业保理成立的前提在于应收账款的存在，而保理公司对基础合同关系（应收账款）的审查，应当至少达到使一般市场主体足以认定该应收账款系真实存在且具有确定性或合理可期待性的程度，本案中采购合同明确约定峻登公司应于 2018 年 4 月 28 日前交付货物，该交货日期在某某保理公司放款之前，甚至早于双方签订保理合同之日，而某某保理公司在签订合同前对峻登公司是否如期交货这节事实却丝毫未作审查，仅是凭借采购合同就与峻登公司签署保理合同并放款，应当认定某某保理公司在审查应收账款真实性的过程中存在一定程度的过错，该等过错虽不足致保理合同无效，但在认定峻登公司违约责任程度时应予以适当考虑。故对某某保理公司诉请中关于违约金部分由法院酌定调低。王某芸作为抵押担保合同项下的抵押人以及保证合同项下的连带责任保证人，在峻登公司无法履行付款义务时，应当向某某保理公司在担保范围之内承担连带责任。

3. 某某保理公司与上海际华物流有限公司、上海璃澳实业有限公司合同纠纷[上海市第一中级人民法院一审民事裁定书(2018)沪01民初114号]、[上海市高级人民法院二审民事判决书(2019)沪民终540号]

【案情简介】2016年7月17日，某某保理公司与璃澳公司订立"保理合同"，并约定在特定情形下触发反转让。同日，为担保保理合同，作为质押权人的某某保理公司与作为质押人的璃澳公司订立"质押合同"，璃澳公司以电子商业承兑汇票作为质押物。2017年1月3日，璃澳公司作为供方与需方际华公司签订"购销合同"。后某某保理公司与璃澳公司办理了应收账款转让和动产权属登记，并向璃澳公司汇出保理款。后某某保理公司提示付款质押物商票，但因商业承兑汇票承兑人的账户余额不足均被拒付。某某保理公司诉至法院，要求际华公司支付应收账款和逾期利息，并要求璃澳公司给付保理回购款本金、保理额度使用费、滞纳金，以及质押合同项下的违约金。

【裁判观点】际华公司负有的应收账款、逾期付款利息等债务，以及璃澳公司负有的保理预付款、额度使用费和滞纳金等债务，系基于不同发生原因而产生的同一内容的给付，构成不真正连带责任。尽管际华公司、璃澳公司对其各自承担的债务均负有全部履行的义务，但是，任一被告的清偿均导致全体债务人相应范围内的债务归于消灭，某某保理公司不得重复受偿。根据质押合同项下的违约金，质押合同的签订是为担保保理合同项下主债权的实现，因璃澳公司未按约支付回购款，法院已判决璃澳公司向某某保理公司继续支付额度使用费及滞纳金，故根据公平原则对某某保理公司关于璃澳公司支付违约金375万元的诉讼请求，不予支持。

4. 甲保理公司与连云港灌南仁慈医院、温某某、张某某、温某保理合同纠纷一审民事判决书[上海市浦东新区人民法院一审民事判决书(2018)沪0115民初80537号]

【案情简介】2017年7月3日，乙保理公司与仁慈医院签署"保理业务合同"；同日，被告温某某、张某某、温某分别出具"保证函"，为"保理业务合同"项下仁慈医院的全部债务履行承担连带保证责任，保证期间两年。合同签署后，乙保理公司依约于2017年7月10日向仁慈医院发放了保理融资款2000万元。2018年6月20日，原告甲保理公司与乙保理公司、被告仁慈医院、温某某、张某某、温某共同签署了"保理债权转让三方协议"，约定：截至2018年6月

1日,乙保理公司依据“保理业务合同”享有对仁慈医院的保理债权合计12830303.08元,并将上述债权转让给甲保理公司;仁慈医院对上述债权转让已经知悉,承诺将按照“保理业务合同”继续向甲保理公司履行合同义务,并同意按照附件“保理支付明细表”继续向甲保理公司履行支付义务;温某某、张某某、温某对上述债权转让已经知悉,并同意继续按照“保证函”的约定,为仁慈医院的全部债务履行向甲保理公司承担连带保证责任,保证期间为主合同履行届满后两年。2018年6月27日,甲保理公司依约向乙保理公司支付了债权转让价款12830303.08元。后仁慈医院未能按照“保理业务合同”的约定支付回购价款。2018年7月6日,原告向仁慈医院发出“回购应收账款通知书”,要求仁慈医院回购已转让的应收账款,回购金额为12830303.08元,逾期违约金自2018年4月30日起至实际清偿之日止,按未付回购款项总额的日万分之五计算。截至起诉之日,仁慈医院仍未依约向甲保理公司支付价款,温某某、张某某、温某亦未履行保证责任,故甲保理公司诉至法院。法院审理还查明:保理业务合同约定“逾期支付违约金以收购款为本金,按融资逾期实际天数以每日万分之五的利率向仁慈医院收取”;保理债权转让三方协议所附的保理支付明细表载明,仁慈医院应自2018年5月30日起每月向原告支付保理款,共14期,每期916450.22元,共计12830303.08元;仁慈医院另根据保理业务合同支付了9%的手续费180万元;后仁慈医院未依约支付回购价款,甲保理公司于2018年7月6日向仁慈医院发送“回购应收账款通知书”,要求其在收到该通知书两个工作日内支付回购款项,仁慈医院于2018年7月7日签收;截至2018年7月9日,仁慈医院尚欠原告第11~12期已到期回购价款1832900.44元和第13~24期加速到期回购价款10997402.64元;以第11期916450.22元为基数,按欠款40天、每日万分之五的标准计算,产生逾期违约金18329元;以第12期916450.22元为基数,按欠款9天、每日万分之五的标准计算,产生逾期违约金4124.03元;前述两项逾期违约金合计22453.03元。

【裁判观点】“保理业务合同”、“保证函”以及“保理债权转让三方协议”,依法成立有效。仁慈医院未能依约如期向甲保理公司支付回购价款,已构成违约,故原告有权根据“保理业务合同”的约定要求被告仁慈医院立即支付全部回购价款12830303.08元。关于原告主张全部回购价款提前到期的具体日期,因被告仁慈医院于2018年7月7日签收“回购应收账款通知书”,且根据该通知书的要求,被告仁慈医院应在收到该通知书两个工作日内支付回购款项,但被告仁慈医院未能按期支付,故法院认定2018年7月9日为仁慈医院支付全部回购价款的提前到期日。关于原告主张的逾期违约金,对截至提前到期日的回购价款部分，法院予以支持，但因提前到期日的调整，该部分违约金金额相应调整为22453.03元，原告并可以1832900.44元为基数，按每日万分之五的标准计算至仁慈医院实际清偿之日止。对原告就提前到期日后的回购价款部分主张的违约金，因缺乏事实与法律依据，法院不予支持。温某某、张某某、温某作为保证人，依法应当对仁慈医院的上述债务承担连带清偿责任。

十五、“通用合同条款”和“专用合同条款”第14.1条的应用指南

（一）原文条款

> 14. 陈述与保证
>
> 14.1 互为陈述与保证
>
> 本合同当事人各自声明和保证如下：
>
> （1）其是根据其注册地法律合法设立并有效存续的民事主体，具备民事权利能力和民事行为能力，能够独立承担法律责任；
>
> （2）就本合同的签署和履行，其已根据其章程或其他相关制度文件获得必要的内部决策机构的有效批准，同意接受本合同全部条款与条件的约束；
>
> （3）本合同的签署和履行，不违反其章程、内部规定、与第三方之间的合同及其注册地相关法律的规定、司法机构和相关主管部门的裁定、判决、命令、规定。

（二）应用指南

本条对应第一部分“合同协议书”第5条“承诺”中提及的“陈述与保证”，对应收账款债权人和商业保理人的义务进一步展开和细化。

1. 商业保理人主体资质问题

《民法典》“保理合同”章未作规定，原商业银行从事保理业务，受中国人民银行、银保监会的监督指导，有严格的准入条件限制，商业保理公司自商务部于2012年发布《关于商业保理试点工作的通知》开始试点，至2019年10月31日中国银保监会办公厅《关于加强商业保理企业监督管理的通知》，逐渐完善从事商业保理业务的企业主体资格和经营行为的合规性，明确“严把市场准入关”，其间，包括天津、上海等省市陆续跟进出台本地区的商业保理企业试点管理办法，明确设立商业保理公司的要求，天津、上海、江苏等地的高院结合审判实践出台的司法性文件中也均认为保理公司必须是经过有关主管部门批准可以开展保理业务的主体。由此可以认为我国在保理行业存在市场准入的限制性规定，未获保理从业资格而经营保理业务，所签订的保理合同可以认定为无效。

也有学者认为以经营资质来判定合同效力欠妥，《民法典》第505条规定：“当事人超越经营范围订立的合同的效力，应当依照本法第一编第六章第三节

和本编的有关规定确定，不得仅以超越经营范围确认合同无效。”但笔者认为这一观点不符合实际情况。目前包括天津、上海、北京、浙江、湖南等地均已出台地方性规章，明确商业保理公司受地方金融监管局的监督管理，设立商业保理企业需要地方金融监管局的审批，可以认为商业保理属于特许经营的范围，未经审批从事商业保理业务，违反了金融监管的安全，可以依据金融监管部门的规章判令该保理合同无效。

2. 商业保理人合规问题

2019 年 10 月 31 日中国银保监会办公厅《关于加强商业保理企业监督管理的通知》发布之后，北京、上海、浙江、湖南等省市陆续出台地方性的商业保理公司监督管理指引/办法，将商业保理公司的经营纳入地方金融监督管理之下，因此商业保理公司在签订保理合同时也必须遵守地方主管部门的规范要求。如各地均要求“商业保理公司受让同一债务人的应收账款，不得超过风险资产总额的 50%；受让以其关联企业为债务人的应收账款，不得超过风险资产总额的 40%”，“单笔金额超过净资产 5%的重大关联交易、单笔金额超过净资产 10%的重大债务、单笔金额超过净资产 20%的或有负债”等重大交易必须向省市金融监管局报告。因此，商业保理公司在开展保理业务中，必须对债务人的应收账款金额进行跟踪汇总，发生重大交易必须报告，这是主管部门的监管要求。当然，商业保理公司违反上述地方规章，并不必然影响保理合同的效力，但可能面临主管部门的行政处罚，影响其经营资质的存续，进而影响保理合同的履行。因此，商业保理公司不能忽视这一点。

3. 应收账款债权人内部决议问题

应收账款债权人在转让应收账款时，应根据章程或其他内部规定，获得内部决策机构的有效批准。保理业务关系中的应收账款债权人申请保理业务转让应收账款，以期获得资金融通、应收账款管理、应收账款催收、应收账款债务人付款担保等服务，属于公司的正常经营活动，《公司法》等相关法律未作限制性规定。但公司遵循意思自治原则，不排除公司章程对融资、转让应收账款的经营活动，或者对转让应收账款的数额有特别规定，因此，要求应收账款债权人保证合同的签署和履行“符合公司章程及其他内部规定，获得内部决策机构的有效批准，不违反其章程、内部规定、与第三方之间的合同”，实属必要。

（三）参考规范

1. 中国银保监会办公厅《关于加强商业保理企业监督管理的通知》

（十七）在商业保理企业市场准入管理办法出台前，各金融监管局要协调市场监管部门严控商业保理企业登记注册。确有必要新设的，要与市场监管部门建立会商机制。严格控制商业保理企业变更注册地址,禁止跨省、自治区、直辖市、计划单列市变更注册地址。

(十八)各金融监管局要严格审核监管名单内商业保理企业股权变更申请,对新股东的背景实力、入股动机、入股资金来源等加强审查,严禁新股东以债务资金或委托资金等非自有资金入股商业保理企业。

2.《天津市商业保理试点管理办法(试行)》

第五条 滨海新区金融工作局(以下简称滨海新区金融局)负责商业保理公司的审批和监管工作,履行风险防范和处置第一责任,确有困难的,可以提请市地方金融监督管理局(以下简称市金融局)予以协调。市金融局要对滨海新区金融局进行指导和监督。

3.《上海市商业保理公司监督管理暂行办法》

第十条 在本市设立商业保理公司、试点开展商业保理业务,应当向拟注册区行业管理部门提出申请;区行业管理部门初审通过后,将初审意见及企业申请材料报市地方金融监督管理局;市地方金融监督管理局审核后认为符合条件的,出具同意设立商业保理公司、试点开展商业保理业务的书面意见。

第二十四条 商业保理公司应当遵循以下要求审慎开展经营活动,切实加强业务风险管理:(一)受让同一债务人的应收账款,不得超过风险资产总额的百分之五十;(二)受让以其关联企业为债务人的应收账款,不得超过风险资产总额的百分之四十;(三)将逾期九十天未收回或未实现的保理融资款纳入不良资产管理;(四)遵循审慎经营原则,建立资产损失风险准备金提取制度;计提的风险准备金,不得低于融资保理业务期末余额的百分之一;(五)风险资产不得超过净资产的十倍。

4.《北京市商业保理公司监督管理指引(试行)》

第二条 本指引所称商业保理公司是指依法设立的专门从事商业保理业务的非银行法人机构。

第五条 申请设立商业保理公司,应当经市金融监管局批准。商业保理公司的名称中应当标明“商业保理”字样。未经市金融监管局批准,任何单位和个人不得经营商业保理业务,任何单位不得在名称中使用“商业保理”等可能被公众误解为其经营商业保理业务的字样。中国银行保险监督管理委员会(以下简称银保监会)另有规定的除外。

第三十六条 商业保理公司应当建立健全信息报送制度,须按月向市金融监管局及区金融主管部门报送上月经营业务统计报表,按季向市金融监管局及区金融主管部门报送财务报表和经营情况报告,每年 3 月 31 日前向市金融监管局及区金融主管部门报送上年度财务会计报告和审计报告，突发风险事项实时报送。

商业保理公司须定期登录“商业保理信息管理系统”，每月填报企业经营情况，每年填报经审计的财务报告，并及时填报变更事项。新设企业须于成立后10个工作日内完成基本信息填报。商业保理公司如发生下列事项，须于发生后10个工作日内向市金融监管局报告，并登录“商业保理信息管理系统”完成重大事项报告：

（一）单笔金额超过净资产5%的重大关联交易；

（二）单笔金额超过净资产10%的重大债务；

（三）单笔金额超过净资产20%的或有负债；

（四）超过净资产10%的重大损失或赔偿责任；

（五）重大待决诉讼、仲裁。

商业保理公司总经理为信息报送第一责任人，对报送信息的真实性、完整性、准确性、及时性负责。

5.《浙江省商业保理公司监督管理工作指引（试行）》

第二条 本指引所称商业保理公司是指依法设立并从事商业保理业务的有限责任公司或股份有限公司。

第五条 申请设立商业保理公司，应当经省地方金融监管局审查。商业保理公司的名称中应当标明“商业保理”字样。

第三十一条 商业保理公司应当建立健全集中度风险管理体系，并遵守以下监管要求：

（一）受让同一债务人的应收账款，不得超过风险资产总额的50%；

（二）受让以其关联企业为债务人的应收账款，不得超过风险资产总额的40%。

6.《湖南省商业保理公司监督管理指引（试行）》

第二条 本指引所称商业保理公司是指依法设立的专门从事商业保理业务的有限责任公司或股份有限公司。

第二十九条 商业保理公司应当根据其组织架构、业务规模和复杂程度建立全面的风险管理体系，完善风险资产分类管理之制度和反洗钱制度，及时识别、防范和化解业务风险。

第三十五条 商业保理公司应当建立健全集中度风险管理体系，受让同一债务人的应收账款，不得超过风险资产总额的50%；受让以其关联企业为债务人的应收账款，不得超过风险资产总额的40%。

7. 上海市浦东新区人民法院《2014—2019 年涉自贸区商业保理案件审判情况通报》

（三）关于依法经营的建议：

首先，严格合法经营。在当前监管规定已为商业保理的业务范围划定了正面清单和负面清单的情况下，商业保理企业应当遵循监管要求，规范业务开展，注重合规审核，树立底线思维，不断提升风险管理水平。

其次，避免违规跨业经营。保理公司应充分关注自身业务模式与借贷业务的界限，对违规行为及时整改。保理业务应回归保付代理的本质，不能直接或变相地开展借贷业务，严防信用风险在金融领域的交叉传播。

（四）参考案例

某某保理公司与中建六局第三建筑工程有限公司等民间借贷纠纷案［上海市第一中级人民法院（2018）沪 01 民初 1074 号判决书］

【案情简介】2016 年 12 月 1 日，中建六局三公司与某某保理公司签署“有追索权保理合同”及相关“服务合同”，将其享有的某施工工程的应收账款 2.14 亿余元转让给某某保理公司，由某某保理公司支付 1.66 亿余元的应收账款转让款，双方在合同中约定中建六局三公司需支付项目保证金 1600 万余元及服务费 950 万元，某某保理公司实际支付应收账款受让款 1.4 亿余元。中建六局三公司与债权人共同出具了“应收账款确认函”，某某保理公司就该应收账款转让办理了登记。双方还约定某某保理公司委托中建六局三公司向债务人收取保理合同项下的回收款及其他应收账款，中建六局三公司应每三个月向某某保理公司支付回款保证金和手续费。双方在实际履行过程中，中建六局三公司分别在 2017 年 3 月、6 月、9 月支付了三期回款保证金和手续费后，未再按约履行付款义务。某某保理公司于 2018 年 5 月向中建六局三公司发送“关于要求立即履行回购义务并终止项下代收管理服务的通知”，要求中建六局三公司立即履行未清偿应收账款的一次性回购义务，未获中建六局三公司清偿，遂诉至法院。

【裁判观点】就本案所涉“有追索权保理合同”的性质和效力问题，法院观点如下。

（1）原告某某保理公司的主营范围为融资租赁业务，根据其营业执照载明的经营范围，其可兼营与主营业务相关的商业保理业务。根据《商务部办公厅关于融资租赁行业推广中国（上海）自由贸易试验区可复制改革试点经验的通知》等相关规定，“兼营与主营业务相关的商业保理业务”是指该等业务必须与租赁物及租赁客户有关。本案中，某某保理公司与被告中建六局三公司没有融资租赁业务往来，也即某某保理公司与中建六局三公司开展了与某某保理公司主营业务无关的保理业务，该交易行为已超出某某保理公司的特许经营范围。经营商业保理业务必须获得相应的行政许可，某某保理公司不具有本案系争的保理融资交易的经营资质，故对其关于双方系保理融资关系的主张，法院不予支持。鉴于某某保理公司实际向中建六局三公司提供了融资服务，但其并非经金融监管部门批准设立的从事贷款业务的金融机构，系争“有追索权保理合同”也约定中建六局三公司分10期向某某保理公司支付保证金和手续费，保证金和手续费的金额即为某某保理公司向中建六局三公司支付的应收账款转让款（借款本金）和利息，且某某保理公司起诉要求中建六局三公司还款，并未向涉案应收账款的债务人主张权利，故法院认定，某某保理公司和中建六局三公司之间的融资关系性质属于民间借贷。

（2）某某保理公司与中建六局三公司签订“有追索权保理合同”后，中建六局三公司收取了某某保理公司支付的款项，并按约定支付了三期款项，故中建六局三公司已经确认“有追索权保理合同”并开始履行。现中建六局三公司以其当时负责签订合同的法定代表人李某等人涉嫌犯罪为由否认本案系争合同及相关材料上的公章、签字并申请鉴定，法院不予准许。

（3）本案系争“有追索权保理合同”实际为借款合同，某某保理公司虽无贷款的经营范围，但其并非以发放贷款收入为主要营业收入，故两名被告认为借款应为无效的主张，法院难以采信。

【裁判要旨】本案中法院认为经营商业保理业务必须获得相应的行政许可，某某保理公司不具有本案系争的保理融资交易的经营资质，故不予认定双方之间的保理融资关系；某某保理公司实际向中建六局三公司提供了融资服务，但其并非经金融监管部门批准设立的从事贷款业务的金融机构，因此认定双方之间实际为民间借贷关系。

十六、“通用合同条款”和“专用合同条款”第14.2条的应用指南

（一）原文条款

> 14.2 应收账款债权人的陈述与保证
>
> 应收账款债权人向商业保理人特别声明和保证如下：
>
> （1）其向商业保理人提交的所有材料和信息均是真实、准确和完整的；
>
> （2）未向商业保理人隐瞒可能影响其财务状况和偿债能力的任何事件；
>
> （3）向商业保理人转让的每笔应收账款的产生均符合法律法规并获得所有必要的同意、批准和授权，不存在任何法律上的瑕疵；
>
> （4）对于向商业保理人转让的每笔应收账款，应收账款债权人承诺其所享有权利应是

独立的、完整的和无瑕疵的，处于正常、未逾期状态，不存在任何第三人的权益或抵押、代位、查封、冻结等权利限制，在其可知范围内亦不存在发生该等情形；

(5)其无权另行对已受让应收账款作任何形式的处分(包括但不限于转让给第三人，或进行权利放弃、赠予、设定质押、设定信托)；

(6)承诺对已受让应收账款，除为履行本合同或转回应收账款债权人后不再自行向应收账款债务人主张；

(7)未经商业保理人的书面同意，应收账款债权人承诺不得转让本合同项下的任何权利和义务；

(8)未经商业保理人书面同意，应收账款债权人不得修改、解除已受让应收账款所对应的基础交易合同，也不得与应收账款债务人达成任何有损于商业保理人的和解协议，不得转让基础交易合同项下的其他权利或任何义务；

(9)就已经投保的应收账款，保证保险赔付所得款项优先用于归还商业保理人的保理融资款、保理费用及其他商业保理人到期未收回款项。发生保险事故时，应收账款债权人应勤勉尽职向保险公司索赔；

(10)一旦发生商业纠纷，应收账款债权人应立即书面通知商业保理人，该通知中应如实、完整包含其所了解的有关商业纠纷的全部信息；

(11)当应收账款债权人、应收账款债务人、担保人(如有)及其控股股东、实际控制人、法定代表人出现经营状况严重恶化、恶意转移财产、丧失信誉、丧失履行债务能力或无法正常履行职责的情形(包括但不限于实施承包、被接管、企业出售、分立、减资、停业整顿、解散、撤销、吊销、破产、重大资产被查封/冻结/扣押、涉及重大行政处罚或诉讼或仲裁、开具的支票或承兑汇票未兑付且持续时间超过15日)或担保物(如有)被擅自转让/转移或被查封/冻结/扣押时，应收账款债权人应立即书面通知商业保理人，并在商业保理人限定时间内提供令保理人满意的新增担保或其他增信措施；

(12)知晓并确认商业保理人不介入应收账款债权人与应收账款债务人因基础交易合同而发生的任何争议之中。如因商业纠纷导致应收账款债务人清偿应收账款后要求退款、减价、索赔等情况，应收账款债权人应自行向应收账款债务人支付；

(13)承诺将合法合规使用保理融资款，不得违反法律、部门规章及各项国家政策的相关规定；

(14)同意商业保理人有权自主决定将本合同下其已受让应收账款、从属的权利和权益或相应收益权全部或部分转让给第三方，应收账款债权人应按商业保理人的要求予以配合。

(二)应用指南

本条款侧重于应收账款债权人一方的义务，因为保理合同的核心是应收账款的转让，应收账款债权人用以转让的应收账款必须真实合法有效，实践中虚构应收账款、保理欺诈的情况时有发生，商业保理人的合法权益受到侵害。

1. 第(1)(2)项声明和保证的内容，侧重于应收账款的真实性和有效性，对应第2.1.1条中应收账款债权人需要提交的资料：基础交易合同、对应的发票(如有)、基础交易合同项下的其他商业单据(包括但不限于运输、收货、对账、保险单据等)、应收账款债权人与应收账款债务人的历史交易记录等、应收账款债权人与应收账款债务人的证照、许可、征信记录、决议等。保理人在开展一项保理业务时，通常会根据行业惯例和风控要求，对应收账款和应收账款债权人进行尽职调查，在司法实践中，法院通常要求保理人承担应收账款合法、真实、有效的举证责任。因此，保理人要求应收账款债权人确保这些资料是真实、准确、完整的，没有隐瞒财务状况和影响偿债能力的事件，这是最基本的要求。

2. 第(3)(4)项声明和保证的内容对应第2.1.3条规定的“合格标准”的应收账款，应收账款债权人有义务保证转让给商业保理人的应收账款是“合格的应收账款”，不存在任何法律上的瑕疵。即使商业保理人实施最为严格的审查核实程序，但其毕竟不是应收账款所涉行业的专业经营者，应收账款债权人才是基础交易合同的一方主体，他对该基础交易合同的履行情况以及应收账款是否面临逾期、是否产生商业纠纷、是否设定了担保或其他权利瑕疵，是最为清楚的，因此要求应收账款债权人本着诚信原则，承担上述保证责任，实不为过。

第(3)(4)项声明和保证实质上是要求应收账款债权人承担应收账款的瑕疵担保责任。

虽然《民法典》第十六章“保理合同”中没有规定应收账款债权人的瑕疵担保责任，第六章“合同的变更和转让”中也没有规定债权出让人对受让人负有瑕疵担保责任，但结合《民法典》第646条的规定，债权转让作为一种有偿合同，显然可以参照适用买卖合同关于出卖人瑕疵担保责任的规定，债权出让人显然应当对转让的债权承担瑕疵担保责任，以维护交易的安全和秩序。

应收账款债权人的瑕疵担保责任一般包括：(1)应收账款产生于真实合法的基础交易；(2)应收账款处于正常、未逾期状态；(3)应收账款上不存在其他在先权利，如质押或其他权利担保；(4)应收账款上不存在查封、冻结等权利限制；(5)应收账款上不存在保留所有权；等。

当然，应收账款债权人的瑕疵担保责任也不是绝对的，而是相对的。通常认为应收账款债权人不担保债务的信用风险，即债务人的支付能力不属于担保内容。而且，应收账款债权人在承担瑕疵担保责任的同时，也要求保理人尽到必要的谨慎注意义务，对明显存在问题的应收账款，保理人不应受让。

实践中，保理行业鱼龙混杂，民间融资需求又异常活跃，虚构应收账款的保理纠纷屡见不鲜。《民法典》第763条规定:“应收账款债权人与债务人虚构应收账款作为转让标的,与保理人订立保理合同的,应收账款债务人不得以应收账款不存在为由对抗保理人,但是保理人明知虚构的除外。”在应收账款债权人与债务人共同虚构应收账款的情况下,除非保理人明知,否则保理合同仍然有效,保理人可以依据保理合同向债务人主张清偿基础交易合同的债务。

那么,保理人明知的判断标准又有哪些呢?《商业银行保理业务管理暂行办法》第14、15条规定,商业银行受理保理融资业务时,应当“严格审核卖方和/或买方的资信、经营及财务状况”,“审查买卖合同等资料的真实性与合法性”,“从严审查交易背景真实性和定价的合理性”,“重点对交易对手、交易商品及贸易习惯等内容进行审核,并通过审核单据原件或银行认可的电子贸易信息等方式,确认相关交易行为真实合理存在,避免客户通过虚开发票或伪造贸易合同、物流、回款等手段恶意骗取融资”。但是如果保理人没有按照上述标准严格审查应收账款的真实性,是否应承担不利的后果呢?

有学者认为:《商业银行保理业务管理暂行办法》的规定是从保理人内部管理、风险控制的角度作出的规范,并不能以此苛求保理人在实际开展保理业务中的审查义务。在司法审判中,对“明知”的认定标准的把握,应当以一个普通人的常识作为判断标准,对基础交易合同或债务确认书的审查,应当以形式审查为标准,而不应苛求保理人对整个基础交易及所有可能的交易凭证进行实质审查,更不应苛求保理人进行实地勘查,否则不仅将显著增加保理人的经营成本,而且等于激励债务人与债权人虚构应收账款后逃债,最终将提升整个社会的交易成本。

也有学者认为:如果保理人完全可以通过成本较低的审核措施就能够发现应收账款不存在的情形,就有理由认为保理人对应收账款不存在是“明知”的。最高人民法院民法典贯彻实施工作领导小组认为:“本条规定将债务人的抗辩事由限定在保理人明知的场合,并非立法机关的疏漏,而是一种刻意选择的规范立场,意在使与应收账款债权人通谋造假的债务人承担不利益的后果。但是如果在案件审理中,保理人没有就应收账款的真实性进行任何尽职调查,或者案件事实表明,应收账款的虚假性是如此明显,保理人只要稍加核实就不可能不知道,在这些情形中,是否需要给予保理人以如此程度的信赖保护,并非没有讨论的空间。”

我们认为:保理人对基础交易合同或债务确认书的审查,应以形式审查为主、辅以力所能及的实质审查。如果不是显而易见的疏忽,相较于应收账款债权人和债务人的恶意串通,保理人主观上的过失不足以改变保理合同的效力,否则将使恶意串通者获利，保理人受损。因此《民法典》规定的是“明知”，而不是“应当知道”，说明法律对保理人的审查义务标准是比较低的，而且强调的是事实上的“明知”，而非法律义务上的“应当知道”。

3. 第(5)(6)项声明和保证的内容，是为了保障保理人在受让应收账款后，获得相应的债权利益，因此要求应收账款债权人在转让应收账款债权后，负有保持该债权价值的义务，不得作出导致债权价值落空或者减损的行为，也不得再向债务人自行主张该应收账款。

保理合同项下应收账款的转让，与一般债权转让的不同之处在于，应收账款债权人作为保理合同的一方主体，同时也是基础交易合同的一方主体，虽然应收账款债权已经转让给保理人，但此时应收账款债权人并不退出基础交易合同关系，还要继续履行该合同，甚至还可能发生退货退款、质量索赔等商业纠纷。因此，存在应收账款债权人在向保理人转让应收账款之后，再另行处分该应收账款债权的情况，需要应收账款债权人作出上述第(5)项声明和保证，以避免应收账款价值减损。

首先，应收账款债权人如果将债权再次转让给第三人，将出现《民法典》第768条规定的情形，即应收账款债权人就同一应收账款订立多个保理合同，各个保理人的受偿顺序如何确定的问题。根据《民法典》第768条的规定，应收账款债权人就同一应收账款订立多个保理合同，致使多个保理人主张权利的，已经登记的先于未登记的取得应收账款；均已经登记的，按照登记时间的先后顺序取得应收账款；均未登记的，由最先到达应收账款债务人的转让通知中载明的保理人取得应收账款；既未登记也未通知的，按照保理融资款或者服务报酬的比例取得应收账款。因此，要求保理人及时办理应收账款转让的登记手续、及时履行通知义务，以防范应收账款债权人重复转让债权的违约行为。

其次，《民法典》第546条虽然仅规定，“债权人转让债权，未通知债务人的，该转让对债务人不发生法律效力”，但也可以理解为债权转让通知债务人后，即对债务人发生法律效力，债务人不得再向原债权人履行，原债权人也无权再向债务人主张债权，原债权人更无权就该债权作出“放弃、赠予、设定质押、设定信托”等法律处分行为。

4. 第(7)和(14)项声明和保证的内容，可以放在一起对比。第(7)项要求应收账款债权人未经商业保理人书面同意，不得转让保理合同项下的任何权利和义务，第(14)项则赋予商业保理人自主决定转让已受让的应收账款、从属的权利或权益或相应收益权的全部或部分。

之所以不允许应收账款债权人自由转让保理合同项下的权利义务，一方面是因为应收账款的债权人在申请保理业务时，商业保理人对其主体资质包括偿债能力等方面均作了严格审查，商业保理人显然不允许应收账款债权人轻易将合同义务转移至其他不符合商业保理人审核要求的第三方名下，尤其是有追索权的保理合同关系中，商业保理人对应收账款债权人享有追索权，如果允许其擅自转让保理合同，将直接影响保理人的权益实现；另一方面是因为保理合同和基础交易合同是紧密关联的，应收账款债权人虽然将债权转让给了保理人，但其仍然是基础交易合同的一方主体，如果允许其退出保理合同关系，那么保理合同的主体和基础交易合同的主体不再一致，保理人将失去对基础交易合同的跟踪，不利于最终应收账款的清偿。

赋予商业保理人再次转让应收账款的权利，是商业保理人出于融资的需要，可以通过再保理等渠道融资。据不完全统计，我国商业保理公司平均注册资本为 8895 万元人民币，自有资金严重不足，多数依靠外部资金支持。再保理本质上是债权的再转让，即商业保理公司将其受让的应收账款再转让给银行或其他保理人，以获得融资。再保理是目前我国商业保理公司与银行进行合作而普遍开展的模式，银行作为我国主要的低成本资金融资渠道，却因为严格的授信主体评级机制、风险评估体系而很难对商业保理公司展开大规模的授信与融资。再保理兼顾了银行要求的授信主体与具体债权项目的审查，且在受理条件、业务操作流程等方面仍然遵守保理业务的管理与办法，因而可以获得银行的融资。

商业保理人再次转让应收账款，无论是对应收账款债权人，还是债务人，抑或基础交易合同的履行，均没有不利影响。在上海市浦东新区人民法院《2014—2019 年涉自贸区商业保理案件审判情况通报》中，法院认为：关于保理债权再转让，目前并没有明确的禁止性规定，尚属于交易各方意思自治的范畴，但基于保理债权本身就是基于基础交易下的应收债权转让而形成，保理债权再转让可能会涉及基础资产的多层嵌套；同时保理债权作为一种金融债权，若转让给不具备开展保理业务资质的主体行使，可能存在较大法律风险。可见，商业保理人再次转让应收账款，也要注意受让主体的资质问题，注意合规风险。

5. 第(8)项声明和保证，是针对基础交易合同而言，也是应收账款有效存在的前提和基础。前已述及，保理合同关系的特别之处在于保理人虽然受让了应收账款债权，但是应收账款债权人仍处于基础交易合同关系中。原本在基础交易合同的履行过程中，债权人和债务人完全可以根据实际情况，经双方协商一致变更或者终止基础交易合同，但应收账款债权人以该基础交易合同对应的应收账款申请保理业务之后，基础交易合同的变更或解除将直接影响保理人实现应收账款债权。

在《民法典》颁布前，对保理合同生效后变更基础交易合同的法律后果，司法实践中已经有一些观点，如天津市高级人民法院《关于审理保理合同纠纷案件若干问题的审判委员会纪要（一）》第5条的规定，还有深圳前海合作区人民法院《关于审理前海蛇口自贸区内保理合同纠纷案件的裁判指引（试行）》第19、20条的规定，最终体现为《民法典》第765条的规定：应收账款债务人接到应收账款转让通知后，应收账款债权人与债务人无正当理由协商变更或者终止基础交易合同，对保理人产生不利影响的，对保理人不发生效力。

根据上述法律规定，在考察应收账款债权人与债务人变更或终止基础交易合同对保理人产生何种法律效力时，需要考虑以下问题。

（1）变更或终止基础交易合同的时间，如果发生在通知债务人之前，则基础合同的变更对保理人有效，因为此时债务人对应收账款转让的事实还不知情，他作为基础合同的一方当事人，完全有权变更交易合同。但是对于应收账款债权人而言，已经与保理人签署保理合同，约定转让应收账款，却仍然同意变更基础交易合同，如果对应收账款产生不利影响，则保理人可以向应收账款债权人主张违约责任。如果变更或终止基础交易合同发生在通知债务人之后，则需要继续考量以下的因素。

（2）一是变更或终止是有正当理由的，而不是恶意串通损害保理人利益；二是变更或终止没有对保理人产生不利的影响。那么，所谓的“正当理由”和“不利影响”如何定义？既有正当理由又不影响保理人利益的变更或解除的情况客观上是否存在？这有待立法者根据法律适用的实际情况作进一步的规范，但从保理人利益保障的角度，要求应收账款债权人在未经保理人书面同意前，不得修改、解除基础交易合同，不得达成不利的和解协议，不得转让基础交易合同项下的其他权利或义务，显然是比较安全的选择。

还有一种可能的情况，应收账款债权人和债务人在变更基础交易合同时获得了保理人的同意/许可，那么是否有正当理由、是否对保理人产生不利影响，都不再需要考察，该变更对保理人具有法律约束力。《联合国国际贸易应收账款转让公约》第20条第2款规定：“在发出转让通知后，转让人与债务人之间订立的涉及受让人权利的协议对受让人不具有效力，除非：（a）受让人同意；或（b）履约不足未挣得全部应收款以及原始合同中写明可作修改，或根据原始合同，通情达理的受让人会同意此种修改。”这可以理解为保理人对自己权利的处分行为，不过保理人必然是在考量了该等变更会对应收账款债权更加有利后，才会同意。

6.第(9)项所涉的应收账款的保险理赔款问题,对应合同3.1条的内容,即"应收账款转让生效后,该应收账款所从属的一切权利和权益均一并转让给商业保理人,该等从属的权利和权益包括但不限于:……(3)该应收账款对应的保险权益"。这也与《民法典》第547条的规定一致,"债权人转让债权的,受让人取得与债权有关的从权利,但是该从权利专属于债权人自身的除外",是法律规定在合同条款中的体现。

7.第(10)项声明和保证的内容,要求应收账款债权人履行商业纠纷的通知义务。对于商业保理人而言,其最关心的是应收账款能否得到及时足额的清偿,因此必须实时关注基础交易合同的履行情况,一旦出现商业纠纷,势必会影响应收账款的足额清偿,商业保理人将视情况采取相应的减损措施,要求应收账款债权人回购就是减损措施之一。

所谓商业纠纷,根据合同第1.1.4.6条的定义,是指应收账款债务人或其他当事人对其付款义务的任何异议,包括但不限于应收账款债务人提出的抗辩、抵销、索赔或类似行为,或者出现第三方对应收账款主张权利等情形。

所谓信用风险,根据合同第1.1.4.7条的定义,是指应收账款债务人不能偿付或拒绝偿付债务而导致应收账款债权人或商业保理人潜在损失的可能性,一般指债务人清偿能力不足或破产的情况。

基础交易发生商业纠纷时,要求应收账款债权人及时通知商业保理人,与本合同第13.1条"回购情形"相对应,一是商业保理人自身风险预警和风险防范的需要,二是触发应收账款债权人回购应收账款的约定情形,三是在无追索权保理合同中还是商业保理人是否承担付款担保责任的衡量因素。

无追索权保理合同中的回购条款,其实质就是应收账款的反转让。无追索权保理,又称买断型保理,是指保理人在债务人无力或拒绝付款时不能要求债权人回购应收账款,但在一定条件下,也可以转化为有追索权保理。也就是说,保理人放弃向应收账款债权人追索是有前提条件的,仅限于债务人因信用风险无法偿还应收账款的情况。如果由于债务人信用风险以外的原因(如商业纠纷)导致应收账款不能清偿的,保理人仍有权向债权人追索,此时无追索权保理就变成了有追索权保理。

目前立法没有规定无追索权保理是否可以转让为有追索权保理,如果当事人明确约定了保理人可以行使追索权的条件,只要该约定不违反法律、行政法规的强制性规定或违背公序良俗,则是有效的。立法机关无追索权保理的释义中也提道:"无追索权保理并非意味着在任何情形下保理人对债权人均无追索权。保理人不行使追索权是具有一定前提的,即债务人未及时全额付款系源于自身信用风险,而非其他原因。如果债务人因不可抗力而无法支付,或者债务人依法主张基础交易合同所产生的抗辩权、抵销权或依法解除基础交易合同而拒绝付款,则保理人仍有权对债权人追索。……针对非债务人的信用风险情形,保理人和债权人可以约定特定情况下的反转让权。这种约定与无追索权保理作为债权买卖并不冲突,其性质可以认定为卖回权,指债权买卖中特别约定的条款,此种特别约定正是无追索权保理有别于一般债权买卖之处,也是保理交易的特色。”

8. 第(11)项声明和保证的内容,是要求应收账款债权人对自身及应收账款债务人、担保人(如有)等相关主体的资信情况及时履行通知义务。同第(10)项的内容一样,商业保理人最关心应收账款能否得到及时足额的清偿,因此除关注基础交易合同的履行情况之外,交易双方和相关方(如控股股东、法定代表人、实际控制人、担保人)的资信情况也是商业保理人关注的重点。如果相关交易方出现财务状况或偿债能力的重大变化,商业保理人有权要求应收账款债权人提供令保理人满意的新增担保或其他增信措施。在第7.2条“履约担保”中,约定了应收账款债权人向商业保理人支付保证金、提供保证、抵押、质押等其他履约担保金的方式。

实践中,商业保理人向应收账款债权人收取保证金是比较常见的情况,但是商业保理人收取保证金并不规范,很多时候并非由应收账款债权人另行向商业保理人支付,而是商业保理人在向应收账款债权人支付融资款时直接扣除,难以符合保证金质押的条件,在发生争议时会被认定为“砍头息”,扣减实际融资额。如果商业保理人要求应收账款债权人提供保证金担保,则必须符合特定化和移交占有两个条件。金钱是一种特殊的动产,以金钱设立质押,必须特定化,以保证交付的金钱和质权人的自有财产相区别,但又被质权人占有。最高人民法院《关于适用〈中华人民共和国民法典〉有关担保制度的解释》第70条规定也体现了特定化和转移占有两个金钱质押的特殊要求,要求“设立专门的保证金账户并由债权人实际控制,或者将其资金存入债权人设立的保证金账户”,否则,债权人主张就保证金优先受偿的,人民法院不予支持。

因此,商业保理人在要求应收账款债权人提供保证金等担保或增信措施时,要格外注意符合法律规定的生效要件。

9. 第(12)项声明和保证内容,表明商业保理人不想介入应收账款债权人和债务人因基础交易合同而发生的任何争议之中,但实际上商业保理人不可能独善其身,应收账款债务人完全可以向商业保理人主张抗辩权。虽然本条款设置的前提是“应收账款债务人在清偿应收账款后”,但一方面如果基础合同有争议，债务人清偿应收账款是不太可能的；另一方面，不管是什么时候产生的争议，只要是基于基础合同所产生的抗辩权，债务人都可以向保理人主张。

基础合同是应收账款的来源，也是保理合同存在的基础，保理合同与基础合同既相互独立，又密切联系。《民法典》第548条规定："债务人接到债权转让通知后，债务人对让与人的抗辩，可以向受让人主张。"在保理法律关系中，无论是国际公约还是国内司法实践，均认可债务人的抗辩权。《国际保理公约》第9条第1款规定："在保理人要求债务人支付根据货物销售合同产生的应收账款时，债务人在该合同项下可用来对抗供应商付款要求的所有抗辩都可用来对抗保理人。"《联合国国际贸易应收账款转让公约》第18条第1款规定："受让人向债务人提出关于所转让的应收款的付款要求时，债务人可向受让人提出由原始合同产生的或由构成相同交易一部分的任何其他合同产生的、在如同未发生转让时若转让人提出此种要求则债务人可予利用的所有抗辩或抵销权。"在2015年12月召开的第八次全国法院民事商事审判工作会议上，最高人民法院民事审判第二庭庭长杨临萍在最高人民法院《关于当前民事审判工作中的若干具体问题》报告中指出："债务人收到债权转让通知后，应当按照通知支付应收账款。当然，债务人依据基础合同享有的抵销权及抗辩权，可以对抗保理人，但保理人与债务人另有约定的除外。"

可见，商业保理人企图通过应收账款债权人的保证脱离基础交易合同的争议或债务人的抗辩，显然是不可能的。但商业保理人在向债务人确认应收账款的同时，可以要求债务人书面放弃抗辩权。如果债务人明确表示放弃抗辩权的，不得再向保理人主张。天津市高级人民法院《关于审理保理合同纠纷案件若干问题的审判委员会纪要（二）》第6条规定："债务人收到债权转让通知后，其因基础合同而享有的抗辩权、抵销权可以向保理人主张，债务人明确表示放弃抗辩权、抵销权的除外。"深圳前海合作区人民法院《关于审理前海蛇口自贸区内保理合同纠纷案件的裁判指引（试行）》第33条规定："有下列情形之一的，债务人不得再主张抗辩权、抵销权：（一）债务人单方明确表示或以自己的行为表明放弃抗辩权、抵销权的；（二）债权转让通知书中明确注明债务人放弃抗辩权、抵销权，债务人在债权转让通知书上盖章确认，且未在合理期限内明确提出异议的；（三）其他可以视为放弃抗辩权、抵销权的情形。"

但是最高人民法院民二庭第九次法官会议纪要认为：抗辩权是法定权利，债务人只有明示才能认定放弃。因此应收账款债务人对应收账款数额、付款期限、基础交易合同文本、支付凭证、发票等内容的确认，不能认定其放弃了抗辩权。只有当债务人明示不保留异议或明确表示放弃债权不成立、债权有瑕疵等抗辩事由时,才能认定其放弃了抗辩权。

10. 第(13)项声明和保证,要求应收账款债权人合法合规使用保理融资款,是保理人防控各类风险、符合金融监管的要求。

这一点参照了银行发放贷款的相关规定内容,虽然要求商业保理人对保理融资款的用途和去向作实质审查的可能性不大,但要求应收账款债权人作出书面保证,也是不放任应收账款债权人违法违规使用保理融资款的举措。近年来,我国保理业蓬勃发展,保理业务总量在2018年已经跃居世界首位,保理已经成为中小企业融资的有效手段之一。因此,有必要对保理融资款的使用和去向予以规范,否则不仅将引发操作性风险,还将引发信用风险、市场风险合规风险等一系列风险,影响整个国家的金融监管秩序。

(三)参考规范

1.《民法典》

第五百四十六条 债权人转让债权,未通知债务人的,该转让对债务人不发生效力。债权转让的通知不得撤销,但是经受让人同意的除外。

第五百四十七条 债权人转让债权的,受让人取得与债权有关的从权利,但是该从权利专属于债权人自身的除外。受让人取得从权利不因该从权利未办理转移登记手续或者未转移占有而受到影响。

第七百六十三条 应收账款债权人与债务人虚构应收账款作为转让标的,与保理人订立保理合同的,应收账款债务人不得以应收账款不存在为由对抗保理人,但是保理人明知虚构的除外。

第七百六十五条 应收账款债务人接到应收账款转让通知后,应收账款债权人与债务人无正当理由协商变更或者终止基础交易合同,对保理人产生不利影响的,对保理人不发生效力。

第七百六十八条 应收账款债权人就同一应收账款订立多个保理合同,致使多个保理人主张权利的,已经登记的先于未登记的取得应收账款;均已经登记的,按照登记时间的先后顺序取得应收账款;均未登记的,由最先到达应收账款债务人的转让通知中载明的保理人取得应收账款;既未登记也未通知的,按照保理融资款或者服务报酬的比例取得应收账款。

2.《商业银行保理业务管理暂行办法》

第九条 本办法所指应收账款的转让,是指与应收账款相关的全部权利及权益的让渡。

第十四条 商业银行受理保理融资业务时,应当严格审核卖方和/或买方的资信、经营及财务状况,分析拟做保理融资的应收账款情况,包括是否出质、转让以及账龄结构等，合理判断买方的付款意愿、付款能力以及卖方的回购能力，审查买卖合同等资料的真实性与合法性。对因提供服务、承接工程或其他非销售商品原因所产生的应收账款，或买卖双方为关联企业的应收账款，应当从严审查交易背景真实性和定价的合理性。

第十五条　商业银行应当对客户和交易等相关情况进行有效的尽职调查，重点对交易对手、交易商品及贸易习惯等内容进行审核，并通过审核单据原件或银行认可的电子贸易信息等方式，确认相关交易行为真实合理存在，避免客户通过虚开发票或伪造贸易合同、物流、回款等手段恶意骗取融资。

3. 中国银保监会办公厅《关于加强商业保理企业监督管理的通知》

（五）商业保理企业可以向银保监会监管的银行和非银行金融机构融资，也可以通过股东借款、发行债券、再保理等渠道融资。融资来源必须符合国家相关法律法规规定。

（二十三）鼓励和支持银行保险机构与监管名单内商业保理企业进行合作，按照平等、自愿、公平和诚实信用原则提供融资。

4. 天津市高级人民法院《关于审理保理合同纠纷案件若干问题的审判委员会纪要（二）》

第四条　基础合同变更对保理人的影响

保理合同对于基础合同的变更有约定的从约定，无约定的，可以按照以下情形处理：1. 保理商可以对保理合同内容做出相应的变更。2. 债权人变更基础合同的行为导致应收账款的有效性、履行期限、付款方式等发生重大变化，致使保理商不能实现合同目的，保理商可以向债权人主张解除保理合同并要求赔偿损失，或者要求债权人依照保理合同约定承担违约责任。

债权转让通知送达债务人，债务人未向保理商作出不变更基础合同承诺的，不承担因基础合同变更给保理人造成损失的赔偿责任。债务人已向保理商作出不变更基础合同承诺的，对于因基础合同变更给保理商造成的损失，如果没有明确责任承担方式，保理商可以主张债务人在债权人承担责任的范围内承担补充赔偿责任。

债权人与债务人恶意串通变更基础合同，损害保理商利益的，保理商依法主张债权人与债务人对造成的损失承担连带责任的，应予支持。

第八条　保理商的权利救济

债务人未依约支付全部应收账款时，保理商提出下列主张的，应予支持：1. 应收账款债权转让通知已经送达债务人的，保理商要求债务人支付全部应收账款。2. 债权转让通知没有送达债务人的，保理商要求债权人积极向债务人主张支付全部应收账款,并按保理合同约定将相应款项给付保理商。3. 债权人负有回购义务的,保理商要求债权人返还保理融资本息并支付相关费用。4. 债权人的回购义务履行完毕前,保理商依据保理合同及债权转让通知要求债务人付款或者收取债务人支付的应收账款。

债权人履行回购义务后,保理商应将应收账款及其项下的权利返还债权人,债权人取得基础合同项下对债务人的相应债权,保理商不得再向债务人主张还款。前述所称回购义务是指债权人向保理商转让应收账款后,当发生保理合同约定的情形时,债权人应依约从保理商处购回所转让的应收账款债权。

债务人依约支付全部应收账款的,保理商在扣除保理融资本息及相关费用后,应将保理回款的余款返还债权人。

5. 深圳前海合作区人民法院《关于审理前海蛇口自贸区内保理合同纠纷案件的裁判指引(试行)》

第二十四条　债务人未按照债务履行期限支付全部应收账款时,保理商提出下列主张的,应予支持:

(一)债务人收到债权转让通知后,未按照通知要求付款,保理商请求债务人履行债务的;

(二)债务人不履行义务,保理商按照保理合同的约定要求债权人归还融资款或者回购应收账款债权的;

(三)合同约定债务人不能清偿债务时,保理商对债权人享有追索权或者应收账款债权回购请求权,保理商一并起诉债权人及债务人,主张债务人承担清偿责任、债权人在债务人不能清偿的范围内承担相应责任的;

(四)保理商与债权人、债务人约定由债权人与债务人对应收账款承担连带责任,保理商一并起诉债权人、债务人要求其承担连带责任的。

第二十六条　在有追索权保理纠纷中,债权人以已经转让应收账款为由,主张抵销其应向保理商履行的回购义务的,人民法院不予支持。

第二十七条　在有追索权保理纠纷中,保理商要求债权人以支付保理融资本息和相关费用的方式履行应收账款回购义务的,人民法院予以支持。

保理合同约定为无追索权保理,但同时又约定如债务人提出抗辩或抵销权等使债务无法得到清偿时保理商依旧可向债权人行使追索权的,视为有追索权保理。

当事人可以通过债权人单方承诺或补充约定等方式将无追索权保理合同变更为有追索权保理合同。

第二十九条　债务人收到应收账款转让通知后,未经保理商同意,债权人与债务人擅自变更基础合同的,该变更对保理商不产生法律约束力。

第三十条　债权转让通知送达债务人后,未经保理商同意,债权人与债务人擅自变更基础合同导致保理商未能收回应收账款或者遭受损失的,保理商可以选择提出以下诉讼请求,人民法院予以支持:

(一)向债权人主张解除保理合同并要求赔偿损失;

(二)要求债权人依照保理合同约定承担违约责任;

(三)要求债务人继续履行支付应收账款的义务;

(四)要求债权人与债务人共同承担赔偿责任。

6.《北京市商业保理公司监督管理指引》

第十八条　商业保理公司应当根据自身内部控制水平和风险管理能力,制定适合开展保理融资业务的应收账款标准,规范应收账款范围,严格审核基础交易合同等材料的真实性与合法性,审核债务人的资信、经营及财务状况,合理判断应收账款质量,包括出质、转让情况以及账龄结构等。

7.《国际保理通则》

Article 12 Assignment

(i) The assignment of a receivable implies and constitutes the transfer of all rights and interest in and title to such receivable by any means. For the purpose of this definition the granting of a security right over a receivable is deemed to be its transfer.

(ii) By reason of the assignment to the Import Factor of full ownership of each receivable, the Import Factor shall have the right of bringing suit and otherwise enforcing collection either in his own name or jointly with that of the Export Factor and/or that of the supplier and the right to endorse debtor's remittances for the collection in the Export Factor's name or in the name of such supplier and the Import Factor shall have the benefit of all rights of lien, stoppage in transit and all other rights of the unpaid supplier to goods which may be rejected or returned by debtors.

(iii) All assignments of receivables must be in writing.

8.《保理示范法》

Article 2　Assignment of receivables

For the purposes of this Law:

2.1　"Assignment" means the transfer by agreement from oneperson ("assignor") to another person ("assignee") of all or part of or an undivided interest in the assignor's contractual right to payment of a monetary sum ("receivable") from a third person ("the debtor"). The creation of rights in receivables as security for indebtedness or other obligation is deemed to be a transfer.

2.2 In the case of an assignment by the initial or any other assignee ("subsequent assignment"), the person who makes that assignment is the assignor and the person to whom that assignment is made is the assignee.

Article 3 Internationality

3.1 A receivable is international if, at the time of conclusion of the original contract, the assignor and the debtor are located in different states. An assignmentis international if, at the time of conclusion of the contract of assignment, the assignor and the assignee are located in different states.

3.2 A receivable is domestic if, at the time of conclusion of the original contract, the assignor and the debtor are located in the same state. An assignment is domestic if, at the time of conclusion of the contract of assignment, the assignor and the assignee are located in the same state.

11.1 Unless otherwise agreed between the assignor and the assignee, the assignor represents at the time of conclusion of the contract of assignment that:

11.1.1 The assignor has the right to assign the receivable;

11.1.2 The assignor has not previously assigned the receivableto another assignee; and

11.1.3 The debtor does not and will not have any defences or rights of set-off.

11.2 Unless otherwise agreed between the assignor and the assignee, the assignor does not represent that the debtor has, or will have, the ability to pay.

19.1 An agreement concluded before notification of the assignment between the assignor and the debtor that affects the assignee's rights is effective as against the assignee, and the assignee acquires corresponding rights.

19.2 An agreement concluded after notification of the assignment between the assignor and the debtor that affects the assignee's rights is ineffective as against the assignee unless:

19.2.1 The assignee consents to it; or

19.2.2 The receivable is not fully earned by performance and either the modification is provided for in the original contract or, in the context of the original contract, a reasonable assignee would consent to the modification.

19.3 Paragraphs 1 and 2 of this article do not affect any right of the assignor or the assignee arising from breach of an agreement between them.

9.《国际保理业务惯例规则》

第九条第一款 在遵守本条最后一段规定的条件下，出口保理商必须将卖方出售给自己的所有应收账款提供给进口保理商。特别是在已获进口保理商核准时，随后产生的该卖方对同一债务人的应收账款必须全部转让给进口保理商，即使在这些应收账款仅获部分核准或根本未获核准的情况下也是如此。当进口保理商不准备对其他单笔交易核准信用风险时或当进口保理商决定取消信用额度时，出口保理商的责任继续存在，直至所有已核准应收账款已全部付款或以其他方式全部结清为止，换句话说，直至进口保理商"脱离风险"为止。

第十五条 出口保理商代表自己及其卖方保证并陈述：

1. 每笔应收账款均代表在正常业务过程中产生的真实善意的销售和发货或服务的提供，且这种销售、发货或服务的提供符合凭以核准应收账款的相关信息所述及的卖方的经营范围和付款条件（允许不超过100%或45天的偶尔改变，以期限短者为准）；

2. 根据付款条件债务人有责任支付每笔发票所列金额，并且不得提出抗辩或异议；

3. 正本发票带有说明，表明与该发票有关的应收账款已经转让并应仅付给作为该应收账款所有人的进口保理人或者这种说明已于发票到期日前以书面形式另行通知。任何类似转让说明必须采取进口保理人规定的格式；

4. 出口保理人和卖方均无条件地拥有向进口保理人转让和过户每笔应收账款的全部所有权，包括与该应收账款有关并可向债务人收取的利息和其他费用的权利；

5. 出口保理人将通知进口保理人由卖方或他自己收到的任何间接付款；和

6. 它将保理任何一个卖方对任何一个获得进口保理人核准的债务人由符合本规则第四条规定的销售行为而产生的全部应收账款，以及，只要进口保理人仍有风险，他将承认自己有责任简要通知或应要求详细通知进口保理人规则第四条规定的有关除外交易的存在情况；倘若出口保理人违反了这一保证，进口保理人应有权向其追讨：

A. 对所隐瞒应收账款按有关该卖方的协议记收的佣金和/或费用；

B. 如果有的话，对其他损失进行补偿。

第二十条 进口保理人和出口保理人各自保证，一方将立即通知另一方他所得到的、可能对收取任何应收账款或对任何债务人资信产生不利影响的任何事实或情况。

10.《联合国国际贸易中应收款转让公约》

第 12 条 转让人的表示

1. 除非转让人与受让人之间另行议定，在转让合同订立时，转让人即表示：

(a)转让人有权转让该应收款；

(b)转让人此前未曾将该应收款转让给另一受让人；以及

(c)债务人现在和将来均无任何抗辩或抵销权。

2. 除非转让人与受让人之间另行议定，转让人并不表示债务人具备或将会具备付款的能力。

第 15 条 保护债务人的原则

1. 除本公约另有规定外，未经债务人同意，转让不影响债务人的权利和义务，包括原始合同内所载的付款条件。

2. 付款指示可改变债务人付款的受款人、受款地址或受款账户，但不得：

(a)改变原始合同内规定的付款币种；或

(b)把原始合同内规定的付款所在地国改为债务人所在国以外的国家。

第 18 条 债务人的抗辩和抵销权

1. 受让人向债务人提出关于所转让的应收款的付款要求时，债务人可向受让人提出由原始合同产生的或由构成相同交易一部分的任何其他合同产生的、在如同未发生转让时若转让人提出此种要求则债务人可予利用的所有抗辩或抵销权。

2. 债务人可向受让人提出任何其他抵销权，但必须是在债务人收到转让通知时债务人可利用的抵销权。

3. 虽有本条第 1 款和第 2 款的规定，但在转让人违反以任何方式限制转让人转让权的协议情况下而使债务人可依照第 11 条或第 12 条向转让人提出的抗辩和抵销权，债务人不得向受让人提出。

第 19 条 不提出抗辩和抵销权的协议

1. 债务人可与转让人以债务人签署的书面文件议定，不向受让人提出依照第 18 条规定可提出的抗辩和抵销权。此种协议限制债务人不得向受让人提出这些抗辩和抵销权。

2. 债务人不得放弃下列抗辩：

(a)由于受让人一方的欺诈行为所引起的抗辩；或

(b)因债务人无行为能力而提出的抗辩。

3.此种协议只能通过经债务人签署的书面协议而修改。此种修改对受让人所具有的效力依第20条第2款确定。

第20条 原始合同的修改

1.在发出转让通知前,转让人与债务人之间订立的涉及受让人权利的协议对受让人具有效力,而受让人也取得相应的权利。

2.在发出转让通知后,转让人与债务人之间订立的涉及受让人权利的协议对受让人不具效力,除非:

(a)受让人同意该协议;或

(b)履约不足未挣得全部应收款以及原始合同中写明可作修改,或根据原始合同,通情达理的受让人会同意此种修改。

3.本条第1款和第2款不影响转让人或受让人因对方违反双方之间的协议而产生的任何权利。

11.上海市浦东新区人民法院《2014—2019年涉自贸区商业保理案件审判情况通报》

(一)关于基础交易

1.基础交易不真实将影响保理合同的效力

基础交易真实性瑕疵有可能导致保理合同无效。真实性瑕疵通常表现为虚构基础交易、伪造基础交易材料、应收债权不存在、基础交易不具备履行可能、约定的标的物数量与实际不一致等。

如有些案件反映,保理公司明知基础交易真实性存在瑕疵,而仍与融资方缔结保理合同,此时系争交易构成"名为保理,实为借贷",缔约各方间并不构成保理合同关系,我院对所涉交易将以借款合同予以认定。

若有证据证明保理公司不知道或不应当知道基础交易系伪造或不真实,则不影响保理合同的效力。如某起案件中,保理公司已审核了合同、交易凭证等基础交易材料,发送了应收账款转让通知并取得债务人确认回执,法院认为其已尽到了应有的注意义务,有理由相信基础交易的真实存在,该基础交易的真实性瑕疵未影响保理合同效力。

2.基础交易真实性的审查判断标准

保理公司对基础交易的审查范围和程度是判断其是否全面适当履行审查义务的关键。通常而言,保理公司作为专业从事并开展保理业务的机构,理应承担作为专业交易者的较高注意义务。

如某起案件中,被告辩称基础交易中的增值税发票无登记信息、基础合同虚假，法院经审理认为，保理公司已就基础交易凭证进行了审查，系争发票具有增值税发票的一般特征，发票号亦真实存在，足以让保理公司产生增值税发票为真的信赖，因此发票虚假的事实仅能说明融资方存在恶意欺骗情形，不足以证明保理公司存在恶意。

建议：

首先，增强审慎审查基础交易真实性的意识。作为理性的专业交易者，保理公司需认识到自身的审查义务应当高于普通交易者，应尽可能通过所了解和掌握的信息、采取合理方法，对基础交易进行适当的审查。

其次，全面审核相关书面基础交易材料。保理公司应全面查阅交易合同文本条款并核验交易单据、财务凭证的真实性及相关性；审查所涉业务是否合法、真实，合同条款是否涉及违反法律强制性或者禁止性规定的情形；通过公开信息核验基础合同所涉及的相关证照、单据、凭证、票据是否真实有效；基础合同文本、发货清单、增值税发票、第三方单据等是否相互关联等。

再次，尽可能加大对基础交易的审查力度。在条件允许的情况下，保理公司可通过实地走访、访谈等方式开展尽职调查，如至仓库等项目所在地核查基础交易下的标的物状况、核验标的物出入库及物流状态、对相关人员开展访谈了解上下游贸易情况等。

最后，对审查过程应当留档保全备查，形成规范、完整的基础交易核查流程，以确保审查义务履行的可视化和可追溯。

（四）关于业务创新

1. 保理债权再转让业务的效力认定尚需明确

随着保理业务类型的不断发展，其业务链条呈现多样化、复杂化、交叉化的特征，特别是多方主体参与的保理融资业务交易模式复杂，各方的真实意思较难查明。如实践中出现的保理债权再转让业务，系将本就以应收账款转让为核心的保理债权作为一个整体再行债权转让。在某起案件中，保理公司在受让基础债权后，又将保理合同项下的债权转让其公司员工，由其作为受让人向保理融资方主张保理款项回购责任；另一起案件则由保理公司将受让的债权又转让给了另一家保理公司，后者依据原保理合同向融资方主张权利。

关于保理债权再转让，目前并没有明确的禁止性规定，尚属于交易各方意思自治的范畴，但基于保理债权本身就是基于基础交易下的应收债权转让而形成，保理债权再转让可能会涉及基础资产的多层嵌套；同时保理债权作为一种金融债权，若转让给不具备开展保理业务资质的主体行使，可能存在较大法律风险。

建议：

首先，严格规范交易文本。不能将保理合同的缔结作为手段以隐藏交易主体间的真实意思，注重合同条款的完整性、文字表达的精确性，避免因合同条款歧义引发对交易各方真实意思的不同解释。

其次，不触碰法律底线。务必要立足保理业务本身，紧扣服务中小微企业融资需求，严禁“以金融创新之名，行违法活动之实”，谨防违反法律规定。

最后，加强风控管理。新型保理业务引发的相关纠纷，法律关系较为复杂，法律性质的认定往往也存在分歧。保理公司对此应规范业务流程管理，加强业务人员培训，有效控制可能的法律风险。

（四）参考案例

1. 上海金广大道物流科技有限公司诉某某保理公司合同纠纷一案[上海市第一中级人民法院二审民事判决书(2018)沪01民终4182号]

【案情简介】2016年11月15日，某某保理公司与金广大道公司签订了编号为BL-JG-20161115001的“有追索权保理合同”及两份“有追索权保理业务额度清单”。有追索权保理合同约定：金广大道公司作为卖方以其与买方关于购销或服务合同项下的应收账款转让予某某保理公司（详见合同项下“有追索权保理业务额度清单”），并向某某保理公司申请获得有追索权保理业务服务。一份有追索权保理业务额度清单的买方名单及相关细节为：(1)北京××股份有限公司，保理类型为公开，额度为循环；(2)北京A有限公司，保理类型为公开，额度为循环。另一份有追索权保理业务额度清单的买方名单及相关细节为：(1)杭州B有限公司，保理类型为隐蔽，额度为循环；(2)北京××有限责任公司，保理类型为隐蔽，额度为循环；(3)常山C有限公司，保理类型为隐蔽，额度为循环；(4)上海D有限公司，保理类型为隐蔽，额度为循环；(5)优速物流有限公司，保理类型为隐蔽，额度为循环。

截至某某保理公司起诉时，共计收到还款9915642.36元，其中2017年2月20日案外人北京××股份有限公司支付2015326.36元，2017年2月27日案外人北京A有限公司支付1279824元，其余由金广大道公司及其他案外人支付。某某保理公司遂起诉金广大道公司及保证人清偿剩余的保理融资款本金及预期违约金。

【裁判观点】一审法院认为：保理是一项以债权人转让其应收账款为前提，集融资、应收账款催收、管理及坏账担保于一体的综合性金融服务。具有真实的应收账款转让关系，是判断构成保理法律关系的关键要素。庭审中，某某保理公司向法庭提交了2016年11月15日金广大道公司向案外人北京××有限责任公司、常山C有限公司等××公司开具的“应收账款转让通知书”及附件,5份附件中载明转让的应收账款金额均为1500万元。但庭审中各方当事人均承认,并未实际向××公司通知债权已经转让,并且从金广大道公司与××公司之间的基础合同看,金广大道公司对北京××有限责任公司、常山C有限公司等××公司虽有一定的应收账款,但与约定转让给某某保理公司的应收账款金额相比相差悬殊。同时,从某某保理公司的收款看,除北京××股份有限公司和北京A有限公司有实际还款外,北京××有限责任公司、常山C有限公司等××公司均没有实际还款。因此从整体上看,某某保理公司与金广大道公司之间的1000万元融资的交易目的不在于通过应收账款转让获得债务人清偿以获得收益,而是出借资金后获得固定收益,性质上属于借贷法律关系。

二审法院认为:保理合同关系应以真实的应收账款转让关系为前提,因此,保理公司在办理保理业务时,应当对应收账款的真实性进行审查。本案中,某某保理公司在签订“有追索权保理合同”时,虽然查看了金广大道公司与杭州B有限公司、北京××有限责任公司、常山C有限公司、上海D有限公司、优速物流有限公司等××公司的交易合同,但上述合同均未明确应收账款的具体数额和相应的还款期限,金广大道公司提供的增值税发票数额与“应收账款转让通知书”附件所载转让的应收账款金额亦相差悬殊,由此可见,某某保理公司并未尽到合理审查义务。在没有其他证据证明上述应收账款真实存在的情形下,一审法院认定某某保理公司于2016年11月15日、11月16日发放的两笔融资款属借款并无不当。

【裁判要旨】保理人对应收账款合法、真实、有效承担举证责任,本案中基础交易合同未明确应收账款的具体数额和相应的还款期限,债权人提供的增值税发票数额与“应收账款转让通知书”附件所载转让的应收账款金额亦相差悬殊,由此认定保理公司未尽到合理审查义务,并认定保理关系无效,融资款属于借款。可见,商业保理人要求应收账款债权人承诺材料和信息的真实性,如实披露其财务状况和偿债能力的事件,是保证保理合同发生法律效力的前提和基础。

2. 中国平煤神马集团物流有限公司、中国平煤神马能源化工集团有限责任公司、青岛澳海资产管理集团有限公司与中国建设银行股份有限公司青岛市北支行金融借款合同纠纷再审[最高人民法院再审民事判决书(2018)最高法民再128号]

【案情简介】2013年6月14日,建行青岛市北支行与澳海公司签订的编号为保理2013-001号“有追索权国内保理合同”约定:澳海公司为建行青岛市北支行提供有追索权保理的买方清单(澳海公司与买方绿地能源集团有限公司、平煤物流公司、河北峰源实业有限公司的业务关联限额分别为1.5亿元、2亿元、1亿元),建行青岛市北支行向澳海公司提供有追索权国内保理服务。

2014年2月25日,澳海公司出具的编号为保理2013-001-03号"应收账款转让债权通知书"载明,"我公司日前已完成下表所列发票/合同项下的发货",澳海公司将4663.76万元应收账款转让给建行青岛市北支行,建行青岛市北支行成为应收账款债权人,平煤物流公司只有向建行青岛市北支行履行付款义务方能构成对应收账款债务的有效清偿;凡涉及该应收账款的任何折扣、折让或扣减均须经建行青岛市北支行同意后方能生效(应收账款到期日为手写"2014年5月25日",此日期与其他手写内容的笔迹有差别)。平煤物流公司收到该通知书后向建行青岛市北支行出具的编号为保理2013-001-03号"回执"(无落款时间)载明,该公司确认"应收账款转让债权通知书"所述应收账款债权(包括其全部附属权利)已全部转让给建行青岛市北支行,建行青岛市北支行为上述应收账款债权的合法受让(购买)人,该公司确保按该通知书的要求及时、足额付款至建行青岛市北支行的指定账户。

因平煤物流公司拒绝清偿债务,故建行青岛市北支行诉至法院,主张平煤物流公司向建行青岛市北支行清偿债务,澳海公司偿还保理预付款本金及利息。

【裁判观点】一审法院的裁判观点:平煤物流公司提交的该公司与澳海公司、信恒基公司签订的三方"协议"约定"办理银行保理或其他业务时,如需平煤物流公司承担对银行等其他主体付款义务时,应当以信恒基公司先付款为责任承担前提,平煤物流公司仅在信恒基公司付款的前提下承担对所有合同方的付款义务","办理银行保理业务的一方应明确告知银行或保理业务的主体其与平煤物流公司签订的贸易合同及本协议规定内容,如未告知,产生的责任由办理银行保理业务的一方承担",故平煤物流公司作为案涉保理合同的非签约方有理由相信建行青岛市北支行知晓该协议的相关约定,针对本案即在信恒基公司未将货款支付给平煤物流公司前,平煤物流公司不应承担向澳海公司或该公司指定的债权受让人付款的义务。平煤物流公司向建行青岛市北支行出具的"回执"虽载明该公司确认"应收账款转让债权通知书"所述应收账款债权(包括其全部附属权利)已全部转让给建行青岛市北支行,建行青岛市北支行为上述应收账款债权的合法受让(购买)人,该公司确保按通知书的要求及时、足额付款至建行青岛市北支行的指定账户,但根据上述协议的约定该付款应以信恒基公司将货款支付给平煤物流公司为前提。在信恒基公司未付款给平煤物流公司之前,平煤物流公司享有对澳海公司不支付货款的抗辩权,在澳海公司将应收账款转让给建行青岛市北支行后,亦应及于建行青岛市北支行。庭审中,澳海公司法定代表人吕某浩称该公司在办理保理业务时已将三方协议提交给建行青岛市北支行,后该公司的委托诉讼代理人又予以否认,前后矛盾。如澳海公司在办理保理业务时已将三方协议提交给建行青岛市北支行,则在信恒基公司将货款支付给平煤物流公司之前,平煤物流公司理所当然不应向建行青岛市北支行承担付款责任。如澳海公司在办理保理业务时确未将三方协议提交给建行青岛市北支行,则系隐瞒关键事实,欺骗建行青岛市北支行以套取建行青岛市北支行的保理预付款,澳海公司应承担相应的法律责任。

建行青岛市北支行与澳海公司之间的保理合同系在澳海公司与平煤物流公司签订“煤炭采购合同”前签订,即保理合同签订时,澳海公司与平煤物流公司之间的煤炭购销基础关系并不存在。根据澳海公司、平煤物流公司及信恒基公司之间先后签订的两份“煤炭采购合同”及三方协议、“货权转让协议”的相关约定,信恒基公司为煤炭最终买受人,其本应向平煤物流公司支付货款,平煤物流公司再向澳海公司支付货款,而本案中,澳海公司竟然让建行青岛市北支行代为向信恒基公司支付货款,有悖常理。建行青岛市北支行在本案中既未核实煤炭购销基础交易的真实性即澳海公司是否已实际将 8 万吨煤炭发给平煤物流公司或信恒基公司,也未审查澳海公司向建行青岛市北支行出具的“支付委托”载明支付信恒基公司 3000 万元货款的相关基础交易资料,即发放 3000 万元保理预付款,没有尽到必要的审查义务,对此其自身存在重大过失。

鉴于平煤物流公司否认收到信恒基公司给付的任何货款,且建行青岛市北支行现有证据不足以证明澳海公司将 8 万吨煤炭发给了信恒基公司,亦无证据证明信恒基公司已将货款付给平煤物流公司,在此情况下让平煤物流公司承担付款责任显失公平,故建行青岛市北支行诉请平煤物流公司支付建行青岛市北支行 4663.67 万元及相应利息的主张,一审法院不予支持。

二审法院认为:第一,本案保理业务的办理基础是平煤物流公司与澳海公司之间基于“煤炭采购合同”(编号:PM20130620AH)形成的应收账款,建行青岛市北支行作为保理人通过债权转让的方式,取得上述应收账款的相关权益,由平煤物流公司向建行青岛市北支行履行应收账款的还款责任,以确保之后澳海公司申请的保理融资款的偿付。平煤物流公司在一审中对“煤炭采购合同”、澳海公司出具的增值税发票的真实性均无异议,仅主张基于三方协议约定,案涉应收账款的付款条件未成就,并未就案涉应收账款的真实性予以否认。结合 2014 年 2 月 25 日澳海公司向平煤物流公司出具的“应收账款转让债权通知书”和2014年6月4日建行青岛市北支行向平煤物流公司出具的“应收账款逾期通知书”均载明,澳海公司已经完成了案涉基础买卖合同项下的发货义务,平煤物流公司在上述通知书回执中签字且并未提出异议的事实,该院认定,澳海公司与平煤物流公司之间存在应收账款。

第二,平煤物流公司及澳海公司均未提交证据证明建行青岛市北支行办理案涉保理业务时知晓三方协议内容,并且在平煤物流公司出具“应收账款转让债权通知书”及“应收账款逾期通知书”的“回执”时亦未向建行青岛市北支行提示存在三方协议,故三方协议对于平煤物流公司付款条件的约定系平煤物流公司、澳海公司和信恒基公司之间的内部约定,不能对抗建行青岛市北支行的付款请求权。因此,平煤物流公司应向建行青岛市北支行偿还案涉应收账款及逾期付款利息。

最高人民法院认定:结合平煤物流公司、平煤集团公司的再审理由以及《合同法》第82条规定的请求权规范要件,平煤物流公司主张的抗辩事由能否成立,应从以下几个方面进行分析。

(1)平煤物流公司能否以案涉保理合同签订时间早于“煤炭采购合同”对抗建行青岛市北支行的付款请求权

平煤物流公司主张签订“煤炭采购合同”的时间晚于案涉保理合同签订时间,建行青岛市北支行针对未来应收账款办理保理业务,违反了《商业银行保理业务管理暂行办法》第13条规定。本案中,建行青岛市北支行签订案涉“有追索权国内保理合同”的时间是2013年6月14日,《商业银行保理业务管理暂行办法》生效时间是2014年4月3日,案涉保理业务发生在该暂行办法生效之前。平煤物流公司以上述暂行办法作为法律适用依据,法院不予支持。平煤物流公司提出本节理由,目的在于否定建行青岛市北支行付款请求权的基础。法院认为,首先,案涉“有追索权国内保理合同”(保理2013-001号)约定建行青岛市北支行为澳海公司核定的保理预付款最高额度为2亿元人民币,期限为2013年6月14日起至2014年6月14日止,同时注明针对不同买方的预付款比例,买、卖方关联限额等详细信息以本合同附件1“有追索权保理业务额度清单”所确定为准。附件1中明确列举了保理业务买方清单包括绿地能源集团有限公司、平煤物流公司及河北峰源实业有限公司,其中平煤物流公司预付款比例为80%,买、卖方关联限额为2000万元。可见,上述保理合同对应的基础交易合同的卖方是澳海公司,买方却是包括平煤物流公司在内的三家,该保理合同具有商业授信业务的属性,即对澳海公司在基础交易合同中可能产生的支付责任作出的保证,保理合同签订时间先于基础交易合同系正常的商业安排和决策。其次,对合同法律效力的判断应当以法律、行政法规作为法律依据,而不是部门规范性文件。最后,应当明确保理合同的效力和实际履行付款义务是两个不同层次的问题。对于前者,若无法律规定的效力瑕疵事由,应收账款尚未产生或部分产生并不影响保理合同的效力;对于后者,保理银行只有待应收账款实际产生并得以确定之后,才可以请求基础交易合同债务人履行付款义务。故平煤物流公司不能以案涉保理合同签订的时间先后作为对抗建行青岛市北支行付款请求权的理由。

(2)平煤物流公司能否以建行青岛市北支行未尽到审查义务为由对抗建行青岛市北支行的付款请求权

平煤物流公司依据《商业银行保理业务管理暂行办法》第 15 条的规定,认为建行青岛市北支行违规办理案涉保理业务,且在办理业务过程中未履行任何审查义务,应自行承担由此造成的损失。具体理由包括案涉“应收账款转让通知书”出具时间与建行青岛市北支行发放保理预付款的时间间隔过短等。根据《合同法》第 82 条的规定,债务人对让与人的抗辩,可以向债权受让人主张。商业银行开展保理业务应当遵循内部流程规范和《商业银行保理业务管理暂行办法》,但商业银行作为债权受让人,其执行业务流程是否规范并不属于债务人主张抗辩事由的范围。平煤物流公司对建行青岛市北支行的付款请求权提出抗辩,其抗辩权的基础应源于基础交易合同项下的抗辩事由,而建行青岛市北支行是否尽到审查义务并非基础交易合同关系中的抗辩事由,平煤物流公司以此作为对建行青岛市北支行付款请求权的抗辩理由,没有法律依据。

(3)平煤物流公司基于基础交易关系的抗辩事由能否阻却建行青岛市北支行的付款请求权

根据《合同法》第 80~81 条的规定,债权转让对债务人生效,债权受让人有权向债务人主张基础合同项下的付款请求权。又根据《合同法》第 82 条的规定,债务人接到债权转让通知后,债务人对让与人的抗辩,可以向债权受让人主张。故法院对平煤物流公司的抗辩权构成要件具体分析如下。

①案涉应收账款转让对平煤物流公司发生效力。债务人对让与人主张抗辩,是以债权转让对债务人发生效力为前提的。2013 年 6 月 20 日澳海公司与平煤物流公司签订案涉“煤炭采购合同”,平煤物流公司并未否认该份合同的真实性。基于上述合同,澳海公司负有向平煤物流公司交付符合约定的煤炭的合同义务,平煤物流公司负有付款义务。2014 年 2 月 25 日,澳海公司向平煤物流公司出具“应收账款转让债权通知书”(保理 2013-001-03),记载了转让应收账款的发票号和发票金额并确定了应收账款金额,同时还提示平煤物流公

司若有异议，请尽快与澳海公司或者建行青岛市北支行联系。平煤物流公司收到上述通知书后亦未提出异议。依据《合同法》第79~80条的规定，案涉应收账款转让对平煤物流公司发生效力。

②平煤公司物流公司以三方协议付款条件未成就作为抗辩事由，应予以支持。建行青岛市北支行依据案涉“煤炭采购合同”第6.1条货到付款条款主张，结合其他证据材料能够认定平煤物流公司和澳海公司已经实际交货。澳海公司已经开具发票，平煤物流公司进行了抵扣，其支付货款的条件已经成就。建行青岛市北支行还依据案涉“货权转让协议”以及“煤炭采购合同”第3条交货方式约定的京唐港平仓交货，认为平煤物流公司已经收到货物，应当向建行青岛市北支行付款。对此，平煤物流公司认为只有双方当事人对煤炭数量和质量进行确认之后，即平煤物流公司收货之后才能付款。总之，建行青岛市北支行在本案诉讼中提出多项类似理由，其证明目的均是平煤物流公司已经收到货物，付款条件已经成就。但对平煤物流公司付款条件是否成就的判断，应当结合2013年6月15日平煤物流公司、澳海公司、信恒基公司签订的三方协议进行认定。主要理由如下。

其一，三方协议是否对案涉“煤炭采购合同”的付款条件作了补充约定。

第一，一审庭审中，平煤物流公司提交了三方协议文本，澳海公司对该份协议并未提出异议，建行青岛市北支行表示对三方协议并不知情，三方协议的约定与其无关，但并未提交证据否定三方协议的真实性，也未诉请否定三方协议的效力。在三方协议的效力未被否定的前提下，能够作为认定平煤物流公司、澳海公司、信恒基公司之间关于煤炭购销权利义务关系的依据。

第二，三方协议约定平煤物流公司、澳海公司、信恒基公司根据2013年度签订的煤炭买卖合同而签订的补充协议，即对应于2013年6月20日澳海公司与平煤物流公司签订的“煤炭采购合同”、2013年6月20日平煤物流公司与信恒基公司签订的“煤炭采购合同”。虽然上述三方协议作为补充协议签订的时间早于“煤炭采购合同”的签订时间，但建行青岛市北支行并未举证证明平煤物流公司、澳海公司、信恒基公司除了上述两份煤炭采购合同之外，在2013年期间尚有其他煤炭采购合同存在。

第三，三方协议第5条第2项约定，信恒基公司将货款全部支付给平煤物流公司之后，平煤物流公司按照合同约定及时支付给澳海公司。澳海公司在信恒基公司未付款之前，不得向平煤物流公司追索。如上所述，三方协议系案涉“煤炭采购合同”的补充协议，而债权的转让具有整体性，案涉“煤炭采购合同”与三方协议一并构成了澳海公司在本案中转让的应收账款的合同基础。虽然两者在合同主体上并不完全相同，但三方协议关于付款条件的约定系对案涉“煤炭采购合同”第6.1条货到付款条款约定的补充，并未产生新的应收账款。

第四，三方协议第5条第4项、第6条第3项约定，办理银行保理业务的一方应明确告知银行或保理业务的主体及其与平煤物流公司签订的贸易合同及本协议规定内容。如未告知，产生的责任由办理银行保理业务的一方承担。债权转让不能使债务人处于更为不利的境地，基础交易合同项下债务人享有的所有抗辩均得以向债权受让人主张。并且，由于债权转让并不影响债权的同一性，故基础交易合同中的约定抗辩事由无论是否向保理银行披露均不影响债务人行使抗辩权。平煤物流公司并无向建行青岛市北支行披露三方协议约定付款条件的合同义务和法定义务。建行青岛市北支行提起本案诉讼，其负有对信恒基公司已经付款事实的举证证明责任，但诉讼至今，其未提交证据证明这一事实已经存在，故三方协议第5条约定平煤物流公司的付款条件尚未成就。

其二，平煤物流公司能否以三方协议中约定的付款条件作为抗辩事由对抗建行青岛市北支行。有追索权保理业务模式下，应收账款受让人向债务人主张付款请求权应依据《合同法》债权转让规则和具体保理合同内容予以确定。根据《合同法》第82条的规定，债务人基于基础交易合同项下对债权人原有的抗辩权，于受让通知后，仍可向债权受让人主张。债权转让的发生，债务人不能拒绝，但不宜因债权转让的结果而使得债务人陷于不利的地位。在发出债权转让通知之前，债权人与债务人修改基础交易合同抗辩事由对债权受让人有效；在发出转让通知后，债权人与债务人修改基础交易合同抗辩事由对债权受让人不具有效力，除非债权受让人表示同意。三方协议的签订时间是2013年6月15日，澳海公司出具“应收账款转让债权通知书”的时间是2014年2月25日，三方协议中约定的平煤物流公司享有的抗辩事由对建行青岛市北支行有效。平煤物流公司并无向建行青岛市北支行提示三方协议存在的合同义务和法定义务。建行青岛市北支行在开展保理业务过程中，对于基础交易合同内容的变化，应该进行充分的风险评估，并承担由此可能产生的商业风险。二审判决认定三方协议对平煤物流公司付款条件的约定系平煤物流公司、澳海公司、信恒基公司之间的内部约定，不能对抗建行青岛市北支行的付款请求权，适用法律错误，再审法院予以纠正。

其三，案涉应收账款回执能否认定平煤物流公司放弃了付款条件作为抗辩事由。保理业务中，认定基础交易合同中债务人放弃基础交易合同项下对债权人的抗辩权，应当有基础交易合同债权人、债务人参与下达成的新的放弃上述抗辩权的合意或者债务人一方对放弃抗辩权作出明确的意思表示。首先,从案涉应收账款回执文本上而言,并无平煤物流公司放弃抗辩权的内容。其次,债务人针对应收账款转让债权通知书出具相应的回执,是保理业务流程中债务人向保理人业务经营者确认已经收到应收账款转让债权通知书的书面凭证,法律性质上类似于观念通知。故不能仅凭债务人在回执中对应收账款转让债权通知书中应收账款数额、还款期限以及基础交易合同、交付凭证、发票等内容的确认,而认定债务人放弃抗辩权。最后,案涉应收账款转让债权通知书是澳海公司出具给平煤物流公司的,回执是平煤物流公司出具给建行青岛市北支行的,上述两份证据并未在平煤物流公司与澳海公司之间形成新的意思表示,并未变更案涉煤炭采购合同、三方协议对平煤物流公司付款条件的约定,故不能单独依据案涉应收账款回执认定平煤物流公司放弃基础交易合同的抗辩事由,建行青岛市北支行××煤物流公司在案涉应收账款回执中作出放弃抗辩权的承诺,法院不予采信。同理,平煤物流公司于 2014 年 6 月 5 日向建行青岛市北支行出具的对逾期付款通知的回执亦不能视作平煤物流公司放弃对基础交易合同的抗辩权。建行青岛市北支行主张 2014 年 6 月 5 日平煤物流公司向建行青岛市北支行出具的对逾期付款通知的回执表明,平煤物流公司已经作出了无条件付款的承诺,法院不予采信。

据此,在三方协议的效力未被否定的前提下,平煤物流公司基于三方协议享有的付款条件抗辩事由成立。

【裁判要旨】这份最高人民法院的判决,有两个方面需要引起注意:一是基础交易合同的变更是否对保理人具有法律效力的问题,最高人民法院在此认为:债权转让的发生,债务人不能拒绝,但不宜因债权转让的结果而使得债务人陷于不利的地位。在发出债权转让通知之前,债权人与债务人修改基础交易合同抗辩事由对债权受让人有效;在发出转让通知后,债权人与债务人修改基础交易合同抗辩事由对债权受让人不具有效力,除非债权受让人表示同意。二是债务人放弃抗辩权的认定问题,最高人民法院在此认为:保理业务当中,认定基础交易合同中债务人放弃基础交易合同项下对债权人的抗辩权,应当有基础交易合同债权人、债务人参与下达成的新的放弃上述抗辩权的合意,或者债务人一方对放弃抗辩权作出明确的意思表示。案涉应收账款回执文本上并无平煤物流公司放弃抗辩权的内容,债务人针对应收账款转让债权通知书出具相应的回执,是保理业务流程中债务人向保理人业务经营者确认已经收到应收账款转让债权通知书的书面凭证,法律性质上类似于观念通知,不能仅凭债务人在回执中对应收账款转让债权通知书中应收账款数额、还款期限以及基础交易合同、交付凭证、发票等内容的确认，而认定债务人放弃抗辩权。

3.（虚构应收账款，保理合同的效力认定）中国建设银行股份有限公司上海第二支行、中厦建设集团有限公司等其他合同纠纷案［上海市高级人民法院二审民事判决书（2017）沪民终171号］，［最高人民法院再审审查与审判监督民事裁定书（2019）最高法民申1518号］

【案情简介】2014年4月30日，中国建设银行股份有限公司上海市分行（以下简称建行上海分行，后将本案债权转让给建行二支行）与麟旺公司签订了追索权国内保理合同，约定甲方（麟旺公司）采用赊销方式销售货物，并向乙方（建行上海分行）申请获得有追索权的保理业务服务。

麟旺公司分5次向建行上海分行申请支取保理预付款，建行上海分行分5次向麟旺公司实际发放了保理款项。麟旺公司在向建行上海分行申请支用每笔保理预付款时，均向建行上海分行提交了付款承诺书、应收账款转让通知书、已转让应收账款确认通知书及回执、钢材购销合同及销售清单。中厦公司及其法定代表人张某荣在上述付款承诺书、钢材购销合同及已转让应收账款确认书回执上盖章。麟旺公司在向建行上海分行申请支用每笔保理预付款时，其向建行上海分行提交的应收账款转让通知书所载转让的应收账款金额及付款承诺书上所载承诺的付款金额均超过保理预付款金额。由中厦公司及其法定代表人张某荣盖章的付款承诺书载明：“我公司已收到……合同项下的全部货物/服务，并已检验合格。我公司承诺不可撤销地承担上述合同项下上述货款的到期全额付款义务……不以任何包括上述商务合同执行中的争议等为理由拒付。”

因未获清偿，建行二支行起诉要求麟旺公司归还保理款本息，要求中厦公司清偿货款。

庭审中，相关证据显示：经绍兴市公安局柯桥分局经侦大队侦查，钢材购销合同中所涉部分施工地点实际并不存在，部分并非中厦公司的工地，部分工地并未向麟旺公司采购钢材。中厦公司法定代表人张某荣、经办人商某华、杨某平，麟旺公司经办人庄某明、陈某等在公安机关的询问笔录中均表示，保理融资所涉贸易背景均为麟旺公司虚构，中厦公司对麟旺公司向银行申请融资予以长期配合，中厦公司向银行的还款均来源于麟旺公司及其关联企业。麟旺公司前法定代表人李某利在死前写遗书称“本人李某利所有的保理事情都是我干的，和张某荣张总无关，做账和发票还有报表都是我在外面每月花钱叫人做好给庄某明的，和他无关”。

本案所涉保理业务的建行二支行经办人肖某在绍兴市公安局柯桥分局经侦大队所作的询问笔录中称:“每次做保理业务时麟旺公司提供的发票我未全部去财税网核查发票号码的真实性,只是抽几张去核对一下确保真实就会盖章确认。因为麟旺公司与中厦公司之间贸易量比较大,提供的发票很多,两家公司与我行合作时间长,我也比较信任他们,所以我没有对麟旺公司与中厦公司的发票原件进行一一查看核实,只是核查发票复印件。”肖峰在笔录中还称:“关键是核验(中厦公司)公章真实性,我行不会去上门核实业务的真实性。”

沪银监访复〔2016〕51号《上海市银监局银行业举报事项答复书》载明:我局核查认为,建行二支行与麟旺公司开展的保理业务中,存在贷后跟踪不到位、对账不及时、授权文书不规范及发票审查方式存在瑕疵等问题。同时抽查部分银行留档“上海增值税普通发票”,未查询到相关开票记录。对银行存在的相关问题,该局将依法对其采取监管措施。

【裁判观点】上海高院认为:本案二审的争议焦点是:(1)涉案保理合同的效力如何认定;(2)中厦公司应向建行二支行承担何种责任;(3)建行二支行是否因其未尽审核义务而自担部分损失;(4)能否同时支持建行二支行对麟旺公司和中厦公司的诉讼请求。

(1)关于涉案保理合同的效力

中厦公司主张建行二支行与麟旺公司之间存在串通行为,明知不存在真实贸易背景仍以麟旺公司与中厦公司之间的购销合同为基础开展保理业务,故该保理合同系以合法形式掩盖非法目的而无效。对此,法院认为:①保理业务是一种以应收账款转让为核心,包含应收账款催收、管理、融资等在内的综合性金融服务业务。尽管应收账款所对应的基础合同与保理合同之间存在关联性,但两者仍系相互独立的合同关系,故该基础合同不成立或无效并不必然导致保理合同无效。②从在案证据看,建行二支行在开展本案保理业务的过程中,基础合同的债权人麟旺公司向其提交了付款承诺书、应收账款转让通知书、已转让应收账款确认通知书及回执、钢材购销合同及销售清单等材料。基础合同的债务人中厦公司及其法定代表人张某荣在上述付款承诺书、钢材购销合同及已转让应收账款确认书回执上盖章确认。对于并非基础合同当事人的建行二支行而言,上述材料已足以使其对基础合同真实存在产生合理信赖。③尽管从建行二支行经办人肖某的询问笔录以及沪银监访复〔2016〕51号答复来看,建行二支行在开展本案保理业务的过程中,存在未严格依照监管要求履行审核义务,尤其是对基础合同项下发票真实性审核不当的问题,但仅依据该工作瑕疵尚不足以证明建行二支行明知基础合同虚假的事实。据此,麟旺公司和中厦公司之间的基础合同虽系虚假，但双方不得以此对抗作为善意相对方的建行二支行。中厦公司关于建行二支行与麟旺公司之间存在串通，涉案保理合同系以合法形式掩盖非法目的而无效的主张，缺乏事实依据，法院不予采信。在建行二支行不行使撤销权的情况下，一审法院认定系争保理合同合法有效，合同当事人均应依约履行，并无不当。

(2)关于中厦公司应向建行二支行承担何种责任

对此，本院认为，①从保理业务的实践来看，无异议承诺已经成为保理融资实务中较为通行的做法，该做法亦符合参与主体各方的经济目的，有利于提高交易效率，其合法性应予认可，各方亦应按照承诺内容履行各自义务。如果任由当事人以承诺内容与客观事实不符为由予以反悔，则无疑将违背商业活动中的诚信原则，鼓励欺诈行为，损害善意相对方利益，阻碍交易活动的顺利开展。②在本案开展的保理业务过程中，中厦公司在钢材购销合同、已转让应收账款确认书回执以及付款承诺书上盖章确认。中厦公司在付款承诺书中明确声明，中厦公司已经收到基础合同项下的全部货物，并已检验合格。中厦公司承诺不可撤销地承担上述货物的全额付款义务。若有违反，无论中厦公司以何种理由迟付或者拒付上述款项，建行二支行有权就迟付或拒付的金额收取滞纳金。根据该承诺内容，中厦公司在本案中不得再就涉案基础合同不成立或无效等事由向建行二支行提出抗辩。③真实的应收账款系保理人最终实现经济利益的重要保障，中厦公司在基础交易虚假的情形下，仍向建行二支行作出上述确认和承诺，导致建行二支行基于对真实应收账款以及中厦公司付款承诺的信赖而向麟旺公司发放款项，最终无法及时收回资金。④从中厦公司及其法定代表人盖章的付款承诺书载明的内容来看，其承诺付款的范围涵盖了麟旺公司应还的保理预付款本金、利息及逾期利息。因此，中厦公司对建行二支行的欺诈行为，系造成建行二支行资金损失的重要原因，中厦公司应按照其对建行二支行的确认和承诺承担相应的付款责任。

(3)关于建行二支行是否因其未尽审核义务而自担部分损失

本案中，建行二支行并未严格依照《商业银行保理业务管理暂行办法》等监管要求，通过审验发票原件的真实性以及实地查验等手段审核基础合同的真实性。对于此种审核瑕疵是否导致建行二支行自担部分损失，并减轻中厦公司付款责任的法律后果，法院认为，①从审核义务的规范性质看，商业银行开展保理业务过程中应尽的对基础合同真实性的审核义务，来源于监管部门为实现规范金融市场行为、防范金融风险等目的制定的行政管理规范，而非确定平等市场主体之间权利义务关系的民事法律规范或合同约定。因此，以建行二支行违反上述审核义务为由,要求其承担相应的民事责任,于法无据。②从审核义务的内容和目的看,商业银行审核基础合同及应收账款的真实性,其目的是确保自身经济利益安全,故该审核行为并不构成商业银行对基础合同债权人及债务人的合同义务或法定义务。本案中,麟旺公司及中厦公司亦无权在建行二支行未完全履行审核义务的情况下要求其承担违约责任。③从各方的过错性质对比及利益平衡来看,本案中,中厦公司与麟旺公司对建行二支行具有明显的欺诈故意,而建行二支行的审核瑕疵系对自身利益不谨慎的过失行为。如果以建行二支行存在审核瑕疵为由减轻故意欺诈者的民事责任,则无疑将导致责任分配的明显不公和利益失衡。综上,建行二支行的审核瑕疵不应成为其自担部分损失,并减轻中厦公司付款责任的理由,一审法院关于此节的认定不当,二审法院予以纠正。

(4)关于能否同时支持建行二支行对麟旺公司和中厦公司的诉讼请求

对此中厦公司主张,中厦公司对建行二支行承担的仅为补充赔偿责任,在未穷尽对麟旺公司及其担保人的法律追索措施之前,建行二支行是否有损失及损失金额还处于不确定状态,不满足其承担责任的条件。对此,法院认为,①根据中厦公司出具的付款承诺书,其承诺不可撤销地对建行二支行承担付款义务,并不得以任何理由迟付或拒付。该付款承诺并未以建行二支行穷尽对麟旺公司及其担保人的法律措施为前提条件。中厦公司关于其仅向建行二支行承担补充赔偿责任的主张,欠缺事实依据,法院不予采信。②一审法院在判决主文第5项中明确,中厦公司、麟旺公司、东关公司、刘某星、李某霖任何一方履行还款义务,均构成相应债务的消灭,故此种责任承担方式不会导致建行二支行重复受偿的结果。③至于中厦公司所称其能否向麟旺公司追偿等问题,不影响麟旺公司、中厦公司对建行二支行承担付款责任,双方可另行解决,法院对此不予处理。

最高人民法院再审认为:关于中厦公司主张的基础债权瑕疵能否对抗债权受让人建行二支行的问题。

首先,本案各方当事人对中厦公司与麟旺公司串通虚构基础交易对建行二支行构成合同欺诈这一事实均不持异议。根据《合同法》第54条"一方以欺诈、胁迫的手段或者乘人之危,使对方在违背真实意思的情况下订立的合同,受损害方有权请求人民法院或者仲裁机构变更或撤销"的规定,建行二支行可以据此行使撤销权并要求中厦公司承担赔偿责任。但经一审法院释明,建行二支行明确表示不行使撤销权,该行为属于建行二支行自由处分民事权利的行为,一审、二审法院认定案涉保理合同仍属合法有效,并无不当。在案涉保理合同合法有效的前提下，中厦公司依约应承担相应的付款义务。

其次，中厦公司与麟旺公司通谋所为的虚伪意思表示，在其二者之间发生绝对无效的法律后果，但与第三人建行二支行之间，则应视建行二支行是否知道或应当知道该虚伪意思表示而确定不同的法律后果。本案中，建行二支行在开展保理业务的过程中，审核了麟旺公司提交的付款承诺书、应收账款转让通知书、已转让应收账款确认通知书及回执、钢材购销合同、销售清单等材料，其中付款承诺书、钢材购销合同及已转让应收账款确认书回执上有中厦公司及其法定代表人张某荣的盖章确认。对于并非基础合同当事人的第三人建行二支行而言，其根据上述材料已经尽到了审慎的注意义务，其有理由相信麟旺公司对中厦公司享有相应的债权。尽管从建行二支行经办人肖某的询问笔录以及沪银监访复〔2016〕51 号答复来看，建行二支行在开展本案保理业务的过程中，存在未严格依照监管要求履行审核义务，尤其是对基础合同项下发票真实性审核不当的问题，但该工作瑕疵的存在，并不影响本案的事实认定。本案中并无证据证明建行二支行知晓中厦公司与麟旺公司之间的虚伪意思表示，中厦公司主张的基础债权瑕疵不得对抗作为善意第三人的建行二支行，二审法院判决中厦公司应当以其承诺行为向建行二支行承担清偿责任并无不当。

关于建行二支行向中厦公司的求偿权和向麟旺公司追索权能否同时并存的问题。根据案涉保理合同的约定，本案保理业务系有追索权的保理，在建行二支行的债权不能获得清偿时，建行二支行除有权以债权受让人身份要求应收账款债务人中厦公司清偿债务外，还享有向麟旺公司行使追索权的权利。求偿权与追索权是否能够并存，关键在于对有追索权的保理业务性质的认定问题。结合本案的相关事实，有追索权的保理业务所包含债权转让合同的法律性质并非纯正的债权让与，而应认定为具有担保债务履行功能的间接给付契约，并不具有消灭原有债务的效力，只有在新债务履行且债权人的原债权因此得以实现后，原债务才同时消灭。据此，在建行二支行债权未获得清偿的情况下，保理人建行二支行不仅有权请求基础合同的债务人中厦公司向其清偿债务，同时有权向基础合同债权的让与人麟旺公司进行追索。建行二支行不承担应收账款不能收回的商业风险，其受让麟旺公司对中厦公司所享有的债权，目的是清偿麟旺公司对其所欠的债务，故二审法院将建行二支行在本案中对中厦公司所能主张的权利范围，限缩在建行二支行对麟旺公司所能主张的权利范围之内，并未超出当事人的诉讼请求。因本案建行二支行对中厦公司的债权尚未得到实际清偿，为避免建行二支行就同一债权双重受偿，二审法院判决中厦公司、麟旺公司或保证人东关公司、刘某星、李某霖任何一方对债务的清偿行为，都应相应免除另一方的清偿义务，认定正确，并未损害中厦公司的实体权益。中厦公司主张二审法院判决其与麟旺公司承担的是连带责任，缺乏事实与法律依据，法院不予采信。

【裁判要旨】本案中有以下几点值得注意。

（1）基础交易合同不成立或无效并不必然导致保理合同无效，在应收账款债权人和债务人通谋虚伪意思表示、虚构应收账款的情况下，应视保理人是否知道或应当知道该通谋意思表示而确定不同的法律后果。在保理人不知道基础交易合同虚假，且已尽到合理的审查义务后，应收账款债权人和债务人不得以应收账款不存在抗辩保理人的保理合同权利，保理人有权选择是否主张撤销保理合同，如保理人不主张撤销保理合同，则保理合同仍有效，且应收账款债务人仍应依据其向保理人作出的债权债务确认内容履行。

（2）法院认为在应收账款债权人与债务人对保理人具有明显的欺诈故意的情况下，保理人的审核瑕疵系对自身利益不谨慎的过失行为，不能以此为由减轻故意欺诈者的民事责任，否则将导致责任分配的明显不公和利益失衡。

（3）有追索权的保理业务所包含债权转让合同的法律性质并非纯正的债权让与，而应认定为具有担保债务履行功能的间接给付契约，并不具有消灭原有债务的效力，保理人不承担应收账款不能收回的商业风险，只有在新债务履行且债权人的原债权因此得以实现后，原债务才同时消灭。因此，有追索权的保理业务中付款求偿权和追索权并存。

4. 某某保理公司与重庆商社新世纪百货连锁经营有限公司合同纠纷［重庆市第一中级人民法院二审民事判决书（2016）渝 01 民终 9199 号］

【案情简介】2014 年 3 月 26 日，重庆新世纪公司与坤廷公司签订“商品经营合同”，约定双方共同开展个人护理品类的商品销售经营业务，经营方式为代销；合同时间从 2014 年 3 月 26 日起至 2015 年 3 月 25 日止；结算方式为重庆新世纪公司每月盘点后，根据月销售报表，与坤廷公司核对无误后，坤廷公司开具 17%税率的增值税发票，重庆新世纪公司收到发票并在坤廷公司缴清应付重庆新世纪公司的促销服务费及代收代支费后，于次月 5 日起 30 个工作日内付款。如坤廷公司不能提供增值税发票，坤廷公司同意重庆新世纪公司扣除相应增加的税费成本后再行付款；坤廷公司派出与其建立劳动关系的人员到重庆新世纪公司各经营单位所设专柜从事销售工作，其派出的销售人员接受重庆新世纪公司的统一管理；坤廷公司促销人员的工资、奖金、加班费、社会保险金、福利待遇等费用均由坤廷公司承担。坤廷公司应按月、足额支付促销人员的薪酬待遇，若坤廷公司未能按时支付，促销员向重庆新世纪公司提出协助申请，经核实,重庆新世纪公司本着维护劳动者合法权利的原则,可书面通知坤廷公司后直接从坤廷公司货款中扣除相应费用支付给坤廷公司促销人员,坤廷公司对此表示认可;本合同期满后在双方未订新合同且商品仍在柜台销售期间,双方同意原合同条款及相关附属合同继续有效;销售货款只在重庆新世纪公司与坤廷公司之间结算,坤廷公司不得将合同项下的货款债权转让给任何第三方。同日,重庆新世纪公司与坤廷公司签订“补充协议”,在该补充协议中的手写字体载明:“按销售额11.5%进行结算。”

2015年6月11日,坤廷公司(卖方)、某某保理公司(保理人)与北京乾润厚朴供应链信息科技有限公司(数据服务方,下称乾润公司)签订“保理协议”,约定在乾润公司提供数据服务的协助下,坤廷公司向某某保理公司申请以应收账款债权转让方式办理保理业务,坤廷公司将其对买方因商品购销合同所产生的应收账款债权转让给某某保理公司;坤廷公司和某某保理公司共同选定买方后,坤廷公司应将选定买方的所有应收账款债权(含现有及将来发生)转让给某某保理公司。

2015年6月11日,上述债权转让在中国人民银行征信中心进行了登记,登记事项中载明:根据保理协议,自2015年6月11日起,坤廷公司将其所有的应收账款债权(含现有及将来发生)全部转让给某某保理公司,债务人包括但并不限于重庆新世纪公司、重庆百货大楼股份有限公司、重庆重客隆超市连锁有限公司。

2015年6月11日,坤廷公司向重庆新世纪公司邮寄的一份“债权转让通知书”中载明:鉴于坤廷公司与某某保理公司签订了保理协议,自2015年6月11日债权转让日起,坤廷公司将对重庆新世纪公司的应收账款债权(含现有及将来一年期间内发生的)全部转让给某某保理公司(某某保理公司不承担交易标的物及权利的瑕疵担保责任);某某保理公司委托坤廷公司代为收款;若重庆新世纪公司到期未足额支付应付款项,某某保理公司有权直接向重庆新世纪公司收款。

之后,某某保理公司向重庆新世纪发出“债权转让暨催收通知”,载明:根据某某保理公司与坤廷公司签订的保理协议,坤廷公司已将对重庆新世纪公司的应收账款债权(含现有及将来一年期间内发生的)全部转让给某某保理公司(某某保理公司不承担交易标的物及权利的瑕疵担保责任);重庆新世纪公司收到此通知后,某某保理公司即撤销债权转让通知书中坤廷公司向重庆新世纪公司的收款委托,重庆新世纪公司对坤廷公司所有到期的应收账款应电汇至某某保理公司指定账户。重庆新世纪公司在该通知的回签部分盖章确认以下内容:本公司已获悉坤廷公司已将对本公司的全部应收账款债权(包含现有以及未来的应收账款)悉数转让给某某保理公司,并同意依该通知办理相关事宜;盖章确认时间为 2015 年 6 月 30 日。

2015 年 6 月 28 日,重庆市渝中区人民法院向重庆新世纪公司送达了(2015)中区法民保字第 00399 号协助执行通知书(落款时间为 2015 年 6 月 29 日),通知书载明:“关于原告秦某富和被告坤廷公司民间借贷纠纷一案,重庆市渝中区人民法院(2015)中区法民保字第 00399 号民事裁定书(落款时间为 2015 年 6 月 25 日)已经发生法律效力,请协助执行以下事项:一、冻结并扣留被告坤廷公司在你公司的货款 100 万元,以待处理;二、如果该公司的货物尚未销售,则扣留其价值 100 万元的货物,以待处理。”

2015 年 7 月 2 日,重庆市江北区人民法院向重庆新世纪公司送达了(2015)江法民保字第 00260、00261-1 号协助执行通知书,通知书载明:“本院在审理申请人文某和、陈某分别与被申请人黄某、坤廷公司申请诉前财产保全二案中,我院作出(2015)江法民保字第 00260、00261 号民事裁定书已经发生法律效力,请协助执行以下事项:冻结坤廷公司在你单位的应收款 30 万元,冻结期限二年。”

【裁判观点】一审法院认为,债权人可以将合同的权利转让给第三人。本案中,某某保理公司根据其与坤廷公司达成的保理协议,拟取代坤廷公司成为重庆新世纪公司的债权人,本案的争议焦点包括:(1)债权转让是否对重庆新世纪公司发生法律效力;(2)坤廷公司对重庆新世纪公司享有的债权金额;(3)债权转让是否受司法冻结的影响。

针对第一个争议焦点:虽然在《商品经营合同》中约定,坤廷公司不得将其货款债权转让给第三方,但在某某保理公司发出的债权转让暨催收通知中,重庆新世纪公司明确表示同意债权转让事宜,同时,根据保理协议、坤廷公司发出的债权转让通知书可以认定坤廷公司也同意将其债权转让给某某保理公司。因此,某某保理公司、坤廷公司、重庆新世纪公司三方关于债权转让达成了新的合意,该债权转让对重庆新世纪公司发生法律效力。虽然,重庆新世纪公司认可收到债权转让通知书,但由于《商品经营合同》约定债权不得转让,在重庆新世纪公司没有明确同意的情况下,不得以债权转让通知书的收到时间确定债权转让对重庆新世纪公司发生效力的时间,发生效力的时间应当以重庆新世纪公司在债权转让暨催收通知上盖章确认同意转让的时间为准,即为 2015 年 6 月 30 日。

针对第三个争议焦点:首先,由于重庆市江北区人民法院的司法冻结发生在债权转让之后,因此,对债权转让的范围没有影响。其次,关于重庆市渝中区人民法院的司法冻结时间,重庆新世纪公司在送达回证中的签收时间为手写字体,法院只能根据该时间确定送达时间,即为2015年6月28日,而该时间早于债权转让对重庆新世纪公司发生效力的时间(2015年6月30日)。因此,债权转让的范围应当在司法冻结金额100万元之外,也就是说如果坤廷公司与重庆新世纪公司的结算金额在100万元以内的,在解除司法冻结之前,某某保理公司同样没有可以受让的债权。

二审法院认为:本案应当首先明确的是,《商品经营合同》的性质是联营合同而非买卖合同,对此各方在一审、二审中均无异议,某某保理公司依据其与坤廷公司签订的保理合同以及重庆新世纪公司对债权转让的确认,取得了原坤廷公司享有的商品经营合同项下的债权,该债权的性质为联营合同所产生的应收账款债权,而非单纯的货款债权。根据《合同法》第82条“债务人接到债权转让的通知后,债务人对让与人的抗辩,可以向受让人主张”,故重庆新世纪公司基于《商品经营合同》的所有抗辩,依法可以向某某保理公司主张。

(1)债权转让发生效力的时间问题。由于重庆新世纪公司与坤廷公司签订的《商品经营合同》明确约定“销售货款只在重庆新世纪公司与坤廷公司之间结算,坤廷公司不得将合同项下的货款债权转让给任何第三方”,根据《合同法》第79条之规定“债权人可以将合同的权利全部或者部分转让给第三人,但有下列情形之一的除外:……(二)按照当事人的约定不得转让”,坤廷公司转让《商品经营合同》项下的应收账款债权是将《合同法》明确规定不得转让的债权予以转让,但该情形下债权转让合同本身的效力如何,《合同法》未作进一步明确规定。参照无权处分的相关法律规定来看,《合同法》第51条将无权处分订立的合同界定为效力待定的合同,经权利人追认后发生法律效力;《最高人民法院关于审理买卖合同纠纷案件适用法律问题的解释》(2012年)第3条则将无权处分订立的买卖合同认定为有效合同。就本案而言,债权转让合同本无法对重庆新世纪公司发生法律效力。但其后,重庆新世纪公司在某某保理公司债权转让暨催收通知中进行了盖章确认,该行为产生的法律效果是在重庆新世纪公司与坤廷公司之间达成了新的合意,对《商品经营合同》中坤廷公司不得转让合同项下债权的约定予以变更和废除;与此同时,债权转让合同对重庆新世纪公司发生法律效力。故无论某某保理公司与坤廷公司之间债权转让合同的效力如何认定,该合同对重庆新世纪公司发生法律效力的时间应为其盖章确认的落款时间,即2015年6月30日。

(2)关于重庆市渝中区法院的协助执行通知书及送达时间的认定。虽然

《最高人民法院关于人民法院民事执行中查封、扣押、冻结财产的规定》第20条规定，查封、扣押、冻结财产时执行人员应当制作笔录，但该规定系对法院执行工作规范的管理性规定，并不意味着有关的文书不能单独作为认定执行行为及送达时间的依据；上诉人提到的协助执行通知书签发时间早于送达时间的问题，虽然查封执行工作衔接上出现瑕疵，但本案中的协助执行通知书及送达回证，在无充分反证推翻的情况下，作为人民法院的执行活动书证，应当予以认定。

(3)关于本案中应收账款转让登记的效力问题。上诉人主张“应收账款债权属于特定动产”系法律认识错误。应收账款债权的性质为债权而非物权，不存在“特定动产”之说；应收账款转让也只是产生债权转让的效果，不改变权利的债权性质，也不能与应收账款出质所形成的权利质权混为一谈。债权只在特定的相对方之间发生法律效力，法律对债权的转让并不像物权转让那样明确规定了公示方式及其相应的法律效力。法院认为，本案中当事人自愿在中国人民银行征信中心办理应收账款转让登记，可以产生债权转让事实的公示效力，即在有关的权利冲突中，作为判断相关当事人是否善意、无过错的一个考察因素。如前所述，本案债权转让对重庆新世纪公司发生法律效力的时间为2015年6月30日，故在此之前重庆新世纪公司无论向坤廷公司进行给付还是接受有关坤廷公司应收账款的司法查封，均属合法、正当行为。

(4)关于人民法院司法查封与一般债权的关系。法院认为，司法查封作为财产保全及执行中的一项具体措施，系人民法院根据当事人的申请，对有关的财产或财产权利采取的强制性措施，合法查封的财产或财产权利在有关的裁判文书生效后的执行程序中将作为责任财产用以向裁判文书的胜诉当事人清偿，如有剩余才有可能转归其他权利人主张相应的权利。故司法查封作为债权人向人民法院申请采取的特别措施，基于债权人的积极保全债权的合法行为及国家公权力的介入和支持，使申请查封的积极债权人突破了债权保护的平等性而对查封财产享有了先于其他债权人受偿的优先性。故就本案而言，渝中区法院司法查封坤廷公司应收账款的时间在先，坤廷公司转让应收账款债权对债务人重庆新世纪公司生效在后，某某保理公司不得以其受让应收账款债权为由对抗在先查封应收账款债权的权利人，但对满足查封金额100万元之外的剩余应收账款债权享有权利。

【裁判要旨】(1)债权转让的登记与债权转让对债务人生效是两个不同的概念，应收账款转让登记，可以产生债权转让事实的公示效力，即在有关的权利冲突中，作为判断相关当事人是否善意、无过错的一个考察因素，但判断债权转让对债务人生效应以发出债权转让通知作为判断标准，在基础交易合同约定债权不得转让的情况下，只有取得债务人的同意才能认定债权转让对债务人发生效力，否则债务人可以基础交易合同的约定作抗辩。

（2）关于司法查封与保理人付款请求权的优先级问题，保理人受让应收账款取得相应的付款请求权，本质上系一般债权，债权转让的登记不改变债权属性，也不能与应收账款出质所形成的权利质权混为一谈。司法查封，根据最高人民法院《关于人民法院执行工作若干问题的规定（试行）》（2008 年调整）（以下简称《执行规定》）（案例中有效。2020 年修正后删减了部分内容）的规定，①被执行人为企业法人的，《执行规定》第 89 条规定：“被执行人为企业法人，其财产不足清偿全部债务的，可告知当事人依法申请被执行人破产。”可见，如被执行人为企业法人，当事人通过申请被执行人破产进行分配。如债权人不申请破产，则按照《执行规定》第 88 条：“各债权人……按照执行法院采取执行措施的先后顺序受偿”，而不按比例受偿。②被执行人为公民或其他组织的，《执行规定》第 90 条又规定：“被执行人为公民或其他组织，其全部或主要财产已被一个人民法院因执行确定金钱给付的生效法律文书而查封、扣押或冻结，无其他财产可供执行或其他财产不足清偿全部债务的，在被执行人的财产被执行完毕前，对该被执行人已经取得金钱债权执行依据的其他债权人可以申请对该被执行人的财产参与分配。”因此在对财产不足以清偿所有债权的公民和其他组织执行时，查封的实施既不为债权人创设实体法上的优先权，亦不产生程序法上的优先权，仅使债权人取得就债务人的财产受偿的资格。在被执行人破产的情况下，债权人不因查封而享有优先受偿权。最高人民法院《关于人民法院受理破产案件后对以破产案件的债务人为被执行人的执行案件均应中止执行的批复》中明确：“已经查封的财产在被执行人被宣告破产时，都要列为破产财产，由所有债权人按照债权比例分配，而不能优先执行给采取查封措施的债权人。”这一点也应引起保理人的注意。

5. 亿阳信通股份有限公司、某某保理公司合同纠纷[福建省高级人民法院二审民事判决书（2020）闽民终 360 号]

【案情简介】2017 年 7 月 21 日，某某保理公司与上海申衡公司签订国内保理合同，约定：卖方（上海申衡公司）愿意将其与买方交易合同项下的应收账款转让给保理公司（某某保理公司），某某保理公司同意按合同约定，受让应收账款，并向上海申衡公司提供保理融资、应收账款管理及催收等国内保理服务，保理融资总额度壹亿元，有效期自 2017 年 7 月 21 日至 2018 年 12 月 31 日。

同日，某某保理公司与亿阳信通公司签订保证合同，约定亿阳信通公司就上海申衡公司在国内保理合同项下对某某保理公司的义务提供连带责任保证；保证范围为上海申衡公司基于该国内保理合同所要承担的全部义务(包括但不限于按约定及时回购“应收账款”、按时足额支付保理费、罚息等费用)和上海申衡公司违反国内保理合同而产生的对某某保理公司的债务(包括但不限于违约金、损害赔偿金、其他损失,其他费用等);保证方式为连带责任保证;保证期间为保理融资额度有效期届满之日起两年,保证合同盖有亿阳信通公司公章及某某保理公司公章及其法定代表人黄某军的印章。

同日,亿阳信通公司向某某保理公司出具董事会决议。董事会决议载明,“本公司于2017年7月21日召开董事会,形成决议如下:(1)同意本公司无条件为国内保理合同项下贵司(某某保理公司)债权的实现提供连带保证担保,保证期间为该合同约定的保理融资额度有效期届满之日起两年。(2)本公司担保保证范围为国内保理合同中卖方上海申衡公司基于该合同所要承担的全部义务(包括但不限于按约定及时回购‘应收账款’、按时足额支付保理费、罚息等费用)和卖方违反该合同而产生的对贵司的债务(包括但不限于违约金、损害赔偿金、其他损失、其他费用等)。(3)同意本公司对上述所转让债权(包括但不限于债权受让人再次转让的债权)承担被追索义务。(4)对贵司要求提供的相关文件、材料等手续,本公司将无条件予以配合。本公司董事会成员名单:陈某峰、宋某德、田某文、万某玉、王某声、曲某、戴某平、杨某春、张某华、方某。出席本次董事会决议的董事成员:(空白)。”同意本决议的董事签章:该处有7位董事手写签字。董事会决议的最后落款处盖有亿阳信通公司公章。

2017年7月26日,上海申衡公司向某某保理公司出具应收账款转让申请书,将其对亿阳集团公司在电解铜购销合同项下的应收账款总额42205339.69元转让给某某保理公司,应收账款到期日为2018年1月22日。2017年7月27日,某某保理公司向上海申衡公司出具应收账款转让申请保理公司审核意见,同意受让对亿阳集团公司应收账款金额3600万元,到期日2018年1月22日,融资比例100%,融资本金3600万元,预付转让对价3388.5万元,担保条件为:亿阳信通公司提供连带保证担保(暗保)、亿阳集团公司法定代表人邓某提供连带保证担保。

同日,上海申衡公司和某某保理公司共同向亿阳集团公司出具应收账款债权转让通知书,告知应收账款转让事宜。该通知书同时附有应收账款债权转让确认回执,确认收到应收账款债权转让通知书,并同意其全部内容,落款处盖有亿阳集团公司公章及邓某的印章。

同日,某某保理公司向上海申衡公司转让融资款3388.5万元,并在中国人民银行征信中心作了动产权属统一登记。

上海事诚会计师事务所有限公司对上海申衡公司 2016 年度作出的审计报告显示，2016 年年末，上海申衡公司资产总额 751375901.08 元，负债合计 653605610.15 元。

某某保理公司的经营范围包括商业保理业务、投资咨询、企业管理咨询等。亿阳信通公司是上市公司，亿阳信通公司章程规定，“第五十四条股东大会是公司的权力机构，依法行使下列职权：……（十三）审议批准本章程第五十五条规定的担保事项”；“第五十五条公司下列对外担保行为，须经股东大会审议通过：……（三）为资产负债率超过 70%的担保对象提供担保”；“第一百二十八条董事会由十一名董事组成”；“第一百二十九条董事会行使下列职权：……（八）在股东大会授权范围内，决定公司的对外投资、收购出售资产、资产抵押、对外担保事项、委托理财、关联交易等事项”；“第一百三十二条第二款第（三）项股东大会对董事会授权权限内的对外担保应经董事会全体成员三分之二以上同意，股东大会对董事会授权权限以外的担保应提交股东大会批准”；“第一百四十一条董事会会议应当有过半数的董事出席时方可举行。董事会作出决议，必须经全体董事的过半数通过，其中涉及公司对外提供担保、公司增加注册资本、公司合并、公司章程修改等事项须经全体董事的三分之二以上通过。”

【裁判观点】一审法院认为国内保理合同系独立于基础交易关系的合同，合同经某某保理公司与上海申衡公司盖章确认，合同内容不违反法律规定，应认定国内保理合同合法有效，对双方均具有法律约束力。某某保理公司有权要求上海申衡公司返还保理融资款，并支付融资期间的利息。关于亿阳信通公司是否承担保证责任，一审法院的观点如下。

（1）保证合同的效力。《公司法》第 16 条第 1 款规定：“公司向其他企业投资或者为他人提供担保，依照公司章程的规定，由董事会或者股东会、股东大会决议；公司章程对投资或者担保的总额及单项投资或者担保的数额有限额规定的，不得超过规定的限额。”亿阳信通公司章程规定，公司对外担保区分为股东大会授权以内的对外担保，应经董事会全体成员 2/3 以上同意；股东大会授权权限以外的担保，应提交股东大会批准。公司为资产负债率超过 70%的担保对象提供担保，须经股东大会审议通过。亿阳信通公司在 2017 年 7 月与某某保理公司在签订保证合同时，被担保人上海申衡公司上一年度的资产负债率超过 70%，属于应经股东大会审议通过的事项。案涉保证合同的签订未经亿阳信通公司股东大会审议批准，不符合亿阳信通公司章程的规定，保证合同的签订未经合法授权,应认定保证合同无效。

(2)导致保证合同无效的责任方。亿阳信通公司作为一家上市公司,其上述章程已经公示于证券交易所,某某保理公司有条件获取亿阳信通公司章程,并了解章程内容。且某某保理公司作为一家长期从事保理业务、投资管理、投资咨询业务的公司,对公司担保的法律规定应当熟悉,在接受公司提供的对外担保时,对公司章程所要求的对外担保的权限有必要的形式审查义务。某某保理公司已经要求亿阳信通公司提供董事会决议。亿阳信通公司主张其并未就为上海申衡公司提供担保召开过董事会,董事会决议中的多个董事签字是伪造的,董事人数应为 11 人,而非 10 人,董事会决议格式与文字行文方式与亿阳信通公司曾经出具过的董事会决议均不一致,该董事会决议是伪造的。一审法院认为,某某保理公司未参与也无条件参与亿阳信通公司的董事会,其对董事会决议的审查,仅为形式审查,对董事签字的真实性、董事会决议的格式及文字行文方式不负有审查义务,董事会决议所列董事人数 10 人,虽与章程规定的 11 人不一致,但公司的董事人数属于可变更事项,董事会决议在"本公司董事会成员名单"一栏中仅列明 10 位董事,且尾部盖有亿阳信通公司公章,某某保理公司可以合理地相信亿阳信通公司在出具董事会决议之时,董事会成员即为其名单上所列明的 10 位成员,同意董事会决议的有 7 位董事签名,符合亿阳信通公司章程中董事会全体成员 2/3 以上同意的规定。故应认定某某保理公司对董事会决议已完成审查义务。但其仅审查了董事会决议,而疏于审查亿阳信通公司章程的详细规定,进一步要求上海申衡公司提供审计报告,以确定担保应当由股东大会审议通过,还是由董事会决议通过。某某保理公司仅要求亿阳信通公司提供董事会决议,对担保的程序是否符合法律及公司章程规定未尽全面审查义务,对导致保证合同的无效负有一定过错,应承担过错责任。亿阳信通公司自认其董事会决议存在伪造情形,董事会决议上签字的成员包括法定代表人曲某在内,董事会决议还盖有亿阳信通公司公章,亿阳信通公司明知对外担保依照章程规定应经股东大会决议,但仍通过表面符合规定的董事会决议促成签订保证合同,其对保证合同的无效亦存在过错。最高人民法院《关于适用〈中华人民共和国担保法〉若干问题的解释》第 7 条规定:"主合同有效而担保合同无效,债权人无过错的,担保人与债务人对主合同债权人的经济损失,承担连带赔偿责任;债权人、担保人有过错的,担保人承担民事责任的部分,不应超过债务人不能清偿部分的二分之一。"债权人某某保理公司及担保人亿阳信通公司对于保证合同的无效均有过错,担保人亿阳信通公司应承担债务人上海申衡公司不能清偿部分的1/2。

二审法院观点：

(1)关于本案法律关系属于保理法律关系，还是民间借贷法律关系问题。保理法律关系是指应收账款债权人与保理人订立保理合同，将现有的或者将有的应收账款转让给保理人，保理人提供资金融通、应收账款管理或者催收、应收账款债务人付款担保等服务而形成的法律关系。相比于民间借贷法律关系，应收账款债权人是通过转让应收账款的形式实现向保理人融资的目的，而民间借贷的借款人则是直接向出借人借款，并无应收账款可以转让。本案上海申衡公司依照其与某某保理公司订立的国内保理合同的约定，将其对亿阳集团公司的应收账款3600万元转让给某某保理公司，并通知了亿阳集团公司，亿阳集团公司知晓并同意了应收账款转让事宜。某某保理公司已按照国内保理合同约定向上海申衡公司给付了融资款3388.5万元，提供了保理融资服务。至于该应收账款是否真实存在，并不影响保理法律关系的成立，除非保理人明知该应收账款是虚构的。本案并无证据证明上海申衡公司对亿阳集团公司的应收账款3600万元是虚构的且某某保理公司明知，故一审法院认定本案法律关系为保理法律关系并无不当。

(2)关于亿阳信通公司对本案保证合同的无效是否存在过错，应否承担相应的民事责任问题。对某某保理公司在一审举证的保证合同、董事会决议，亿阳信通公司对其真实性提出异议并申请鉴定，但因未缴纳鉴定费而被鉴定机构终止鉴定，一审法院对其表面真实性予以确认并无不当。亿阳信通公司章程规定，公司对外担保区分为股东大会授权以内的对外担保，应经董事会全体成员2/3以上同意；股东大会授权权限以外的担保，应提交股东大会批准。公司为资产负债率超过70%的担保对象提供担保，须经股东大会审议通过。亿阳信通公司在2017年7月21日与某某保理公司签订保证合同时，被担保人上海申衡公司上一年度的资产负债率超过70%，属于应经股东大会审议通过的事项。亿阳信通公司明知本案对外担保依照章程规定应经股东大会审议，但仍通过表面符合规定的董事会决议促成签订保证合同，其对保证合同的无效存在过错。故一审法院认定担保人亿阳信通公司应承担债务人上海申衡公司不能清偿债务部分的1/2正确。

【裁判要旨】保理人在要求应收账款债权人或债务人或其他第三方为保理合同提供担保时，要严格按照《民法典》保证合同的规定确定保证责任，并依据《公司法》及公司章程的要求履行内部审批手续，否则将承担不利的后果。

十七、“通用合同条款”和“专用合同条款”第15条的应用指南

(一)原文条款

15. 违约责任

15.1 应收账款债权人违约

15.1.1 应收账款债权人违约的情形

应收账款债权人在合同签订或履行过程中发生的下列情形,构成违约:

(1)向商业保理人转让的应收账款不属于本合同规定的合格应收账款的;

(2)擅自对已受让应收账款作任何形式的处分(包括但不限于转让给第三人,或进行权利放弃、赠予、设定质押、设定信托)的;

(3)未按本合同约定向商业保理人支付保理融资额度承诺费、保理服务费和杂费、保理融资款利息、保理融资款、保证金(如有)的;

(4)违反本合同约定用途使用保理融资款的;

(5)擅自撤销、更改本合同约定的保理专户,或要求或允许应收账款债务人以任何其他方式清偿已受让应收账款的;

(6)违反其在本合同中所做出的陈述与保证义务的;

(7)明确表示或者以其行为表明不履行本合同主要义务的;

(8)未能按照本合同约定履行其他义务的;

(9)未能遵守与商业保理人或其关联方签订的其他合同项下义务,出现重大交叉违约情形的。

合同当事人可在专用合同条款中补充约定应收账款债权人违约的其他情形。

15.1.2 应收账款债权人违约的责任

出现应收账款债权人违约情形时,商业保理人有权采取下列一项或几项措施:

(1)要求应收账款债权人暂停或终止与该应收账款债务人开展新交易;

(2)催告应收账款债权人限期改正;

(3)变更或取消保理融资额度;

(4)以商业保理人对应收账款债权人的债务抵销应收账款债权人的各项欠款;

(5)要求应收账款债权人提前回购全部或部分已受让应收账款(无论该应收账款已到期或未到期);

(6)要求应收账款债权人赔偿给商业保理人造成的全部经济损失(不包括预期利益损失)和商业保理人为实现债权而产生的费用;

(7)将其违约信息提供给金融信用信息基础数据库、征信机构、监管部门、行业协会、金融机构以及其他关联方;

(8)宣布中止或解除本合同;

(9)法律规定的其他救济措施。

此外,合同当事人可在专用合同条款中补充约定应收账款债权人违约责任的其他承担方式和计算方法。

15.2 商业保理人违约的情形

商业保理人在合同签订或履行过程中发生的下列情形,构成违约:

(1)商业保理人在应收账款债权人签署并提交的《提款申请暨确认书》上签章确认后未按照本合同发放保理融资款的;

(2)在商业保理人收回已受让应收账款并扣除商业保理人届时到期未收回的款项后有剩余时,未按照本合同约定将剩余部分返还给应收账款债权人;

(3)未按本合同约定向应收账款债权人返还保证金的;

(4)未按本合同约定向应收账款债权人承担付款担保责任的;

(5)明确表示或者以其行为表明不履行本合同主要义务的;

(6)未能按照本合同约定履行其他义务的。

合同当事人可在专用合同条款中补充约定商业保理人违约的其他情形。

15.2.2 商业保理人违约的责任

商业保理人应承担因其违约行为而给应收账款债权人造成的全部经济损失(不包括预期利益损失)和应收账款债权人为实现债权而产生的费用。此外,合同当事人可在专用合同条款中补充约定商业保理人违约责任其他的承担方式和计算方法。

15.3 第三人造成的违约

在履行本合同过程中,一方当事人因第三人的原因造成违约的,仍应当向对方当事人承担违约责任。该方当事人和第三人之间的纠纷,按照法律或约定解决。

(二)应用指南

我国法律严格区分债务与责任,示范合同文本中,应收账款债权人及商业保理人的违约责任约定条款分开约定了具体的违约情形(从反面陈述该方当事人的债务)以及相应的违约责任。《民法典》规定的违约责任包括继续履行、采取补救措施、赔偿损失、违约金等方式。示范合同文本中,对于具体的违约责任也采用了开放式的约定,合同当事人可以在专用合同条款中进行进一步明确。

保理合同中,违约责任通常以违约方承担违约金、逾期利息的形式进行约定,若涉及诉讼,则可能面临违约金司法调整问题。

违约金的司法调整的法律渊源是1999年《合同法》第114条第2款,该款规定:“约定的违约金低于造成的损失的,当事人可以请求人民法院或者仲裁机构予以增加;约定的违约金过分高于造成的损失的,当事人可以请求人民法院或者仲裁机构予以适当减少。”

之后，2009年的最高人民法院《关于适用〈中华人民共和国合同法〉若干问题的解释（二）》（现已失效）（以下简称原《合同法解释二》），进一步明确了违约金司法调整的具体内容。该解释第29条规定："当事人主张约定的违约金过高请求予以适当减少的，人民法院应当以实际损失为基础，兼顾合同的履行情况、当事人的过错程度以及预期利益等综合因素，根据公平原则和诚实信用原则予以衡量，并作出裁决。当事人约定的违约金超过造成损失的百分之三十的，一般可以认定为合同法第一百一十四条第二款规定的'过分高于造成的损失'。"依据上述规则可知，违约金的调整中，既有法定因素，即"实际损失、合同履行情况、当事人的过错程度以及预期利益等综合因素"，亦有一般标准，即"违约金超过造成损失的百分之三十"。

《民法典》出台后，仍保留了违约金司法调整的条款。《民法典》第585条第2款规定："约定的违约金低于造成的损失的，人民法院或者仲裁机构可以根据当事人的请求予以增加；约定的违约金过分高于造成的损失的，人民法院或者仲裁机构可以根据当事人的请求予以适当减少。"《民法典》与原《合同法》相比，条款上进行了微调，即"人民法院或者仲裁机构可以根据当事人的请求"。

现行有效的《九民纪要》，保留了依据法定因素调整违约金的规定，其明确："除借款合同外的双务合同，作为对价的价款或者报酬给付之债，并非借款合同项下的还款义务，不能以民间借贷利率上限作为判断违约金是否过高的标准，而应当以中国人民银行公布的相关利率标准为基础，兼顾合同履行情况、当事人过错程度以及预期利益等因素综合确定。违约方应当对违约金是否过高承担初步的举证责任。"而原《合同法解释二》关于"违约金超过造成损失的百分之三十"一般标准的内容，未被收录入《民法典》，仅在修订后的最高人民法院《关于审理商品房买卖合同纠纷案件适用法律若干问题的解释》中提及，可以认为在《民法典》时代，违约金的调整原则仍是法定因素结合一般标准，但依据法定要素判断的重要性更为突出。

违约金兼具补偿性及惩罚性，因此，违约金司法调整的基础，是以守约方因违约方违约行为所导致的实际损失金额（包括合同履行后可以获得的利益）为调整基础适当向上调整，兼顾考虑合同履行情况、当事人过错及其他因素。实务中，证据都应围绕上述法定因素展开。

特别地，就商业保理案件而言，2017年8月4日发布的最高人民法院《关于进一步加强金融审判工作的若干意见》第2条第2款规定："严格依法规制高利贷，有效降低实体经济的融资成本。金融借款合同的借款人以贷款人同时主张的利息、复利、罚息、违约金和其他费用过高，显著背离实际损失为由，请求对总计超过年利率 24%的部分予以调减的,应予支持,以有效降低实体经济的融资成本。规范和引导民间融资秩序,依法否定民间借贷纠纷案件中预扣本金或者利息、变相高息等规避民间借贷利率司法保护上限的合同条款效力。”

此外,2020 年 12 月 29 日发布的最高人民法院向广东省高级人民法院出具《关于新民间借贷司法解释适用范围问题的批复》,明确了商业保理公司等 7 类地方金融组织,属于经金融监管部门批准设立的金融机构,其因从事相关金融业务引发的纠纷,不适用《最高人民法院关于审理民间借贷案件适用法律若干问题的规定》中规定的合同成立时一年期贷款市场报价利率 4 倍的利率司法保护上限标准。

对于商业保理公司的利率计算存在一定争议,不过主流观点认为,商业保理公司的综合年利率应当参照金融借款合同的 24%的利率上限规定。

对于第三方违约问题,《民法典》第 593 条规定:“当事人一方因第三人的原因造成违约的,应当依法向对方承担违约责任。当事人一方和第三人之间的纠纷,依照法律规定或者按照约定处理。”

示范条款的第 15.3 条与《民法典》的规定一致,体现了合同相对性原则,也重提了通常事变由债务人承担违约责任的规则。此条款中的“第三人”没有具体范围限制,并不局限于履行辅助人。第三人导致违约的情形,其实债务人并不存在过失,因此立法者也明确了可以约定例外情形。合同协商过程中,当事人可以对第三人导致违约的情形进行特殊约定,债务人可以增加例外免责情形。

(三)参考规范

1.《民法典》

第五百七十七条　当事人一方不履行合同义务或者履行合同义务不符合约定的,应当承担继续履行、采取补救措施或者赔偿损失等违约责任。

第五百七十八条　当事人一方明确表示或者以自己的行为表明不履行合同义务的,对方可以在履行期限届满前请求其承担违约责任。

第五百七十九条　当事人一方未支付价款、报酬、租金、利息,或者不履行其他金钱债务的,对方可以请求其支付。

第五百八十条　当事人一方不履行非金钱债务或者履行非金钱债务不符合约定的,对方可以请求履行,但是有下列情形之一的除外:

(一)法律上或者事实上不能履行;

(二)债务的标的不适于强制履行或者履行费用过高;

(三)债权人在合理期限内未请求履行。

有前款规定的除外情形之一，致使不能实现合同目的的，人民法院或者仲裁机构可以根据当事人的请求终止合同权利义务关系，但是不影响违约责任的承担。

第五百八十一条　当事人一方不履行债务或者履行债务不符合约定，根据债务的性质不得强制履行的，对方可以请求其负担由第三人替代履行的费用。

第五百八十二条　履行不符合约定的，应当按照当事人的约定承担违约责任。对违约责任没有约定或者约定不明确，依据本法第五百一十条的规定仍不能确定的，受损害方根据标的的性质以及损失的大小，可以合理选择请求对方承担修理、重作、更换、退货、减少价款或者报酬等违约责任。

第五百八十三条　当事人一方不履行合同义务或者履行合同义务不符合约定的，在履行义务或者采取补救措施后，对方还有其他损失的，应当赔偿损失。

第五百八十四条　当事人一方不履行合同义务或者履行合同义务不符合约定，造成对方损失的，损失赔偿额应当相当于因违约所造成的损失，包括合同履行后可以获得的利益；但是，不得超过违约一方订立合同时预见到或者应当预见到的因违约可能造成的损失。

第五百八十五条　当事人可以约定一方违约时应当根据违约情况向对方支付一定数额的违约金，也可以约定因违约产生的损失赔偿额的计算方法。

约定的违约金低于造成的损失的，人民法院或者仲裁机构可以根据当事人的请求予以增加；约定的违约金过分高于造成的损失的，人民法院或者仲裁机构可以根据当事人的请求予以适当减少。

当事人就迟延履行约定违约金的，违约方支付违约金后，还应当履行债务。

第五百八十六条　当事人可以约定一方向对方给付定金作为债权的担保。定金合同自实际交付定金时成立。

定金的数额由当事人约定；但是，不得超过主合同标的额的百分之二十，超过部分不产生定金的效力。实际交付的定金数额多于或者少于约定数额的，视为变更约定的定金数额。

第五百八十七条　债务人履行债务的，定金应当抵作价款或者收回。给付定金的一方不履行债务或者履行债务不符合约定，致使不能实现合同目的的，无权请求返还定金；收受定金的一方不履行债务或者履行债务不符合约定，致使不能实现合同目的的，应当双倍返还定金。

第五百八十八条　当事人既约定违约金，又约定定金的，一方违约时，对方可以选择适用违约金或者定金条款。

定金不足以弥补一方违约造成的损失的,对方可以请求赔偿超过定金数额的损失。

第五百八十九条 债务人按照约定履行债务,债权人无正当理由拒绝受领的,债务人可以请求债权人赔偿增加的费用。

在债权人受领迟延期间,债务人无须支付利息。

第五百九十条 当事人一方因不可抗力不能履行合同的,根据不可抗力的影响,部分或者全部免除责任,但是法律另有规定的除外。因不可抗力不能履行合同的,应当及时通知对方,以减轻可能给对方造成的损失,并应当在合理期限内提供证明。

当事人迟延履行后发生不可抗力的,不免除其违约责任。

第五百九十一条 当事人一方违约后,对方应当采取适当措施防止损失的扩大;没有采取适当措施致使损失扩大的,不得就扩大的损失请求赔偿。

当事人因防止损失扩大而支出的合理费用,由违约方负担。

第五百九十二条 当事人都违反合同的,应当各自承担相应的责任。

当事人一方违约造成对方损失,对方对损失的发生有过错的,可以减少相应的损失赔偿额。

第五百九十三条 当事人一方因第三人的原因造成违约的,应当依法向对方承担违约责任。当事人一方和第三人之间的纠纷,依照法律规定或者按照约定处理。

2.《全国法院民商事审判工作会议纪要》

50. 认定约定违约金是否过高,一般应当以《合同法》第113条规定的损失为基础进行判断,这里的损失包括合同履行后可以获得的利益。除借款合同外的双务合同,作为对价的价款或者报酬给付之债,并非借款合同项下的还款义务,不能以受法律保护的民间借贷利率上限作为判断违约金是否过高的标准,而应当兼顾合同履行情况、当事人过错程度以及预期利益等因素综合确定。主张违约金过高的违约方应当对违约金是否过高承担举证责任。

3. 天津市高级人民法院《关于审理保理合同纠纷案件若干问题的审判委员会纪要(一)》

八、权利冲突的解决

应收账款出质后,不得转让。未经质权人同意转让应收账款,该转让行为属于无权处分行为。

出质人经质权人同意转让应收账款的,应当以其所得的保理融资款和保理回款的余款向质权人提前清偿或者提存。

保理融资款是指债权人将应收账款转让给保理人后，保理人为债权人提供的资金融通款，包括贷款和应收账款转让预付款。保理回款的余款是指债务人依基础合同约定支付的全部应收账款，在保理人扣除融资本息及相关费用后剩余的款项。

4. 天津市高级人民法院《关于审理保理合同纠纷案件若干问题的审判委员会纪要(二)》

六、债务人的抗辩权和抵销权

债务人收到债权转让通知后，其因基础合同而享有的抗辩权、抵销权可以向保理商主张，债务人明确表示放弃抗辩权、抵销权的除外。

债务人收到债权转让通知后新产生的抗辩事由，如果该抗辩事由的发生基础是在债权转让通知前已经存在的，可以向保理商主张。

5. 深圳前海合作区人民法院《关于审理前海蛇口自贸区内保理合同纠纷案件的裁判指引(试行)》

第二十四条　债务人未按照债务履行期限支付全部应收账款时，保理商提出下列主张的，应予支持：

(一)债务人收到债权转让通知后，未按照通知要求付款，保理商请求债务人履行债务的；

(二)债务人不履行义务，保理商按照保理合同的约定要求债权人归还融资款或者回购应收账款债权的；

(三)合同约定债务人不能清偿债务时，保理商对债权人享有追索权或者应收账款债权回购请求权，保理商一并起诉债权人及债务人，主张债务人承担清偿责任、债权人在债务人不能清偿的范围内承担相应责任的；

(四)保理商与债权人、债务人约定由债权人与债务人对应收账款承担连带责任，保理商一并起诉债权人、债务人要求其承担连带责任的。

第二十五条　基础合同对逾期履行应收账款给付义务的违约责任没有约定，保理商在起诉债务人时依据《最高人民法院关于审理买卖合同纠纷案件适用法律问题的解释》第二十四条的规定主张逾期付款损失的，人民法院予以支持。

第二十六条　在有追索权保理纠纷中，债权人以已经转让应收账款为由，主张抵销其应向保理商履行的回购义务的，人民法院不予支持。

第二十七条　在有追索权保理纠纷中，保理商要求债权人以支付保理融资本息和相关费用的方式履行应收账款回购义务的，人民法院予以支持。

保理合同约定为无追索权保理，但同时又约定如债务人提出抗辩或抵销权等使债务无法得到清偿时保理商依旧可向债权人行使追索权的，视为有追索权保理。

当事人可以通过债权人单方承诺或补充约定等方式将无追索权保理合同变更为有追索权保理合同。

第二十八条 在有追索权保理纠纷中，债务人依约向保理商支付全部应收账款的，保理商应按照保理合同的约定扣除保理融资本息及相关费用后，将保理回款的余款返还债权人。

第二十九条 债务人收到应收账款转让通知后，未经保理商同意，债权人与债务人擅自变更基础合同的，该变更对保理商不产生法律约束力。

第三十条 债权转让通知送达债务人后，未经保理商同意，债权人与债务人擅自变更基础合同导致保理商未能收回应收账款或者遭受损失的，保理商可以选择提出以下诉讼请求，人民法院予以支持：

（一）向债权人主张解除保理合同并要求赔偿损失；

（二）要求债权人依照保理合同约定承担违约责任；

（三）要求债务人继续履行支付应收账款的义务；

（四）要求债权人与债务人共同承担赔偿责任。

第三十一条 债务人收到债权转让通知后，其因基础合同享有的抗辩权可以向保理商主张。

第三十二条 债务人接到债权转让通知时，其对让与人享有债权，并且债务人的债权先于转让的债权到期或者同时到期的，债务人可以向保理商主张抵销。

第三十三条 有下列情形之一的，债务人不得再主张抗辩权、抵销权：

（一）债务人单方明确表示或以自己的行为表明放弃抗辩权、抵销权的；

（二）债权转让通知书中明确注明债务人放弃抗辩权、抵销权，债务人在债权转让通知书上盖章确认，且未在合理期限内明确提出异议的；

（三）其他可以视为放弃抗辩权、抵销权的情形。

第三十四条 保理商收取保证金的，保证金应当从融资金额中扣除。人民法院在计算保理融资利息、逾期利息、违约金等责任范围时，应当按照扣除保证金后的实际融资金额计算。

6. 北京市高级法院民二庭《关于当前商事审判中需要注意的几个法律问题》

三、关于涉保理的合同纠纷

3. 有追索权保理合同的诉讼主体

（1）隐蔽型、有追索权的保理。保理商（商业银行或商业保理企业）在应收账款到期后不能收回保理融资款的，有权依照保理合同的约定起诉应收账款债权人要求其回购应收账款，保理商（商业银行或商业保理企业）为原告，应收账款债权人为被告。因应收账款债权转让通知未向债务人送达，故保理商（商业银行或商业保理企业）要求应收账款债务人偿还应收账款的请求不予以支持。

（2）公开型、有追索权的保理。保理商（商业银行或商业保理企业）在应收账款到期后不能收回保理融资款的，有权依照保理合同约定选择向应收账款债权人或债务人主张权利。如果保理商（商业银行或商业保理企业）先行选择起诉应收账款债务人要求其偿还应收账款而债务人未予偿还的，保理商可以再行起诉应收账款债权人，要求其回购应收账款。

7.《上海市融资租赁公司、商业保理公司涉个人客户相关业务规范指引》

第二十五条第二款　本市融资租赁公司、商业保理公司在个人客户出现违约情形时，应当遵守以下规范要求，依法催收或采取其他必要措施维护自身合法权益：

（一）个人客户违约后，应当以适当方式催告其在合理期限内及时履约，并应当明确告知其仍不及时履约时可能采取的具体措施（包括但不限于记入个人征信系统、提起司法诉讼等）；

（二）采取的催收或其他风险处置措施应当有充分的法律或合同依据，不得实施暴力、辱骂，不得冒充国家工作人员或编造虚假信息威胁恐吓，不得采取其他危害客户人身安全、社会公共安全及违背公序良俗的催收或风险处置措施；

（三）除依法向违约客户本人和相关担保人，或通过约定的联系人及租赁物的实际占有人、使用人进行催收外，一般不得通过其他主体进行催收（相关法律法规、行业监管制度另有规定，或有关合同、协议另有约定的除外）；如违约客户本人确实无法取得联系的，可以适当方式通过其他合理渠道转达催收信息；

（四）通过电话、传真、短信、微信方式进行催收的，除有特殊情况或另有约定外，每日有效催收一般不得超过两次，每日夜晚十时至次日上午八时一般不得进行催收。

（四）参考案例

1. 某某保理公司与宁某某等合同纠纷［北京市第三中级人民法院一审民事判决书（2019）京 03 民初 96 号］

【案情简介】2017 年 12 月 28 日，武汉绿能公司与长春中天公司签订天然气采购合同，约定由长春中天公司采购武汉绿能公司的天然气，合同有效期为

2018 年 1 月 1 日至 2018 年 12 月 31 日。基于上述基础采购合同和 20020 万元的应收账款,某某保理公司与武汉绿能公司于 2018 年 1 月 25 日签订了涉案的国内保理业务合同(以下简称保理合同),约定由某某保理公司向武汉绿能公司提供保理融资服务,融资总额度为人民币 5000 万元,同时武汉绿能公司将上述基础合同针对付款方的应收账款 20020 万元质押给某某保理公司。此外,该保理合同还约定了保理费、回款管理及违约责任条款。合同签订后,某某保理公司依照合同约定于 2018 年 1 月 26 日向武汉绿能公司受托方青岛中天公司收款账户打款 5000 万元。为了保证上述合同的履行,某某保理公司与长春中天公司、青岛中天公司、邓某某、黄某、宁某某分别签订保证合同,约定由其对武汉绿能公司的保理合同中的全部债务本息承担连带担保责任,保证范围为主债权、利息、违约金、诉讼费、律师费等。根据保理合同第 24、25 条的约定,如武汉绿能公司在保理首付款或者使用费到期日或宽限期届满日未能按照约定支付的,某某保理公司有权单方解除合同并要求武汉绿能公司对应收账款进行反转让,支付保理融资款、使用费、手续费等费用。现武汉绿能公司在合同期限内出现逾期行为,构成根本违约。其他保证人经某某保理公司发函,亦未按约履行保证责任。故某某保理公司提起本案诉讼,请求法院判如所请。一审法院调整了违约金的计算方式。

【裁判观点】北京三中院认为:对于逾期后的保理首付款使用费,某某保理公司主张以保理首付款 5000 万元为基数,按照年利率 10%,自 2019 年 1 月 26 日起计算至实际付清之日止;对于逾期违约金,某某保理公司主张以保理首付款 5000 万元为基数,按照日利率万分之五,自 2019 年 1 月 26 日起计算至实际付清之日止;两项属于不同的费用。长春中天公司、青岛中天公司、邓某某、黄某、宁某某在答辩中称,如法院认定涉案合同有效,某某保理公司主张的逾期利息(逾期保理首付款使用费)及违约金合计约定过高,请求法院予以调整。法院认为,按照应收账款转让、融资申请暨确认书的约定,逾期违约金的计算标准为日千分之五,某某保理公司主张按照日利率万分之五计算,法院不持异议。长春中天公司、青岛中天公司、邓某某、黄某、宁某某对某某保理公司主张的逾期保理首付款使用费和违约金两项费用不持异议,法院对此亦不持异议。根据合同法的规定,当事人可以约定一方违约时应当根据违约情况向对方支付一定数额的违约金,也可以约定因违约产生的损失赔偿额的计算方法。约定的违约金低于造成的损失的,当事人可以请求人民法院或者仲裁机构予以增加;约定的违约金过分高于造成的损失的,当事人可以请求人民法院或者仲裁机构予以适当减少。本案中,根据保理合同第 1 条第 23 款,保理首付款使用费是指某某保理公司因支付保理首付款向武汉绿能公司收取的资金占用费用。武汉绿能公司迟延返还保理首付款给某某保理公司造成的也是资金占用损失，且某某保理公司要求的逾期保理首付款使用费及逾期违约金计算标准两项合计后年利率达到28%，显属过高，故长春中天公司、青岛中天公司、邓某某、黄某、宁某某认为上述两项费用合计标准过高，请求法院调整依据充足。法院根据公平原则和诚实信用原则予以衡量，将某某保理公司主张的逾期后的保理首付款使用费和逾期违约金两项计算标准合计调整为年利率24%。对某某保理公司超出该部分的诉讼请求，法院不予支持。

【裁判要旨】法院认为，保理首付款使用费及武汉绿能公司迟延返还保理首付款给某某保理公司造成的均是资金占用损失，因此进行了调整。

2. 某某保理公司、张某某合同纠纷案［深圳市中级人民法院二审民事判决书（2020）粤03民终615号］

【案情简介】2016年5月25日，某某保理公司（乙方）与圳君公司（甲方）签订了编号为BL2016ZJSY001的“保理业务合同”，第1.4条有追索权保理：指保理人不承担为债务人核定信用额度和提供坏账担保的义务，仅提供包括融资在内的其他金融服务。无论应收账款由于何种原因不能收回，保理人都有权向债权人追索已付融资款项并拒付尚未收回的差额款项，或者要求债权人回购应收账款。第1.16条应收账款的回购：也称反转让，是指出现保理合同约定的情形时，卖方有义务按照约定的回购价款无条件向保理人回购其已转让给乙方的应收账款，在卖方对保理人的回购义务履行完毕后，保理人将已受让的应收账款债权转回给甲方。第1.8条保理预付款利息：指因乙方向甲方支付保理预付款而向甲方收取的资金占用费。合同还约定：双方选择的保理业务类型为有追索权保理，某某保理公司授予圳君公司保理融资额度1500万元，期限一年，自2016年5月25日起至2017年5月25日止。在本合同履行过程中，如甲方未能按本合同的约定向乙方足额支付相关款项或未按约定的回购时间向乙方足额支付回购价款的，则甲方应当自逾期之日起向乙方支付逾期违约金。逾期违约金按日计算，按月收取，逾期违约金按保理预付款利率上浮100%计算，逾期违约金的计算方法为：逾期违约金=逾期未支付的款项×逾期违约金率×逾期天数/360天。乙方根据本合同要求甲方进行回购时，甲方有义务立即按以下回购价款对应收账款进行回购：回购价款=乙方已提供的保理预付款-已从买方处收回的部分应收账款+未结清的保理预付款利息+未结清的账户管理费+宽限期利息+逾期违约金+其他乙方有权收取的费用（包括但不限于乙方实际发生的追索费用等）。卖方拒绝应收账款的回购义务的，构成违约，保理人有权要求卖方承担保理人为此而支付的催收费用、诉讼费用、保全费、公告费、执行费、律师费、差旅费及其他费用。

2016年5月25日,张某(保证人、甲方)、张某某(保证人、甲方)分别与某某保理公司(被保证人、乙方)签订了编号为BBZ2016ZJSY001、BBZ2016ZJSY002最高额保证合同,约定:被保证的主债权是指自2016年5月25日至2017年5月25日因乙方与债务人基于编号为BL2016ZJSY001的保理业务合同而发生的一系列债权,被保证的主债权的最高额度为1500万元,甲方承担连带保证责任,保证范围:本保证担保的范围包括主合同项下的债务本金、利息、罚息、违约金、损害赔偿金、为实现债权的费用(包括但不限于诉讼费、仲裁费、律师费、差旅费、评估费、拍卖或变卖费、过户费、保全费、公告费、执行费等)和其他所有应付的费用。债务人未按主合同约定履行债务的,无论乙方对主合同项下的债权是否拥有其他担保(包括但不限于保证、抵押、质押、保函、备用信用证等担保方式),乙方均有权直接要求甲方在其保证范围内承担保证责任。2016年5月25日,张某1(甲方)与某某保理公司(乙方)签订了《股权质押合同》,约定:为确保圳君公司与某某保理公司基于编号为BL2016ZJSY001的《保理业务合同》而形成的1500万元的债务的履行,甲方愿意以其持有的圳君公司30%的股权及股权派生权益(系指股权应得的红利及其他收益)提供质押担保,担保范围:主债权及利息(包括复利、罚息)、违约金、损害赔偿金、为实现债权的费用(包括但不限于诉讼费、仲裁费、律师费、差旅费、评估费、拍卖或变卖费、过户费、保全费、公告费、执行费等)和其他所有应付的费用。2016年5月31日,某某保理公司与张某1在原深圳市市场监督管理局对上述股权质押进行了登记。

【裁判观点】一审法院认为,某某保理公司与圳君公司签订的商业保理合同、某某保理公司与张某、张某某、某某保理公司签订的最高额保证合同均是各方当事人的真实意思表示,内容未违反国家法律及行政法规的强制性规定,应属合法有效,各方均应全面履行各自的合同义务。双方约定的保理预付款利息的年利率为15%,逾期付款违约金按保理预付款利率上浮100%计算。双方约定的逾期付款违约金的标准过高,圳君公司亦请求一审法院予以调低,因某某保理公司并未举证证实其因圳君公司逾期付款所产生的损失,一审法院酌情调整违约金的计算标准为年利率15%。需要说明的是,合同约定的违约金的日利率为年利率除以360天计算,一审法院认为该项约定显失公平,违约金的日利率应为违约金年利率除以每年的自然天数计算。故截至2018年11月23日,圳君公司应向某某保理公司支付应收账款回购款4572294.52元(2700000

元+以 300 万元为基数计算的自 2018 年 4 月 21 日至 5 月 11 日的违约金 24657.53 元+以 270 万元为基数计算的 2018 年 5 月 12 日至 11 月 23 日的违约金 216369.86 元+150 万元+150 万元自 2018 年 4 月 21 日至 11 月 23 日的违约金 133767.12 元-圳君公司多支付的 2500 元),之后的违约金应以 420 万元为基数按年利率 15%继续计算至圳君公司付清回购款之日止。

二审法院认为:关于涉案逾期付款违约金的计算问题。某某保理公司上诉主张逾期付款违约金应按保理预付款利率上浮 100%即年利率 30%计算,鉴于双方约定的逾期付款违约金的标准过高,而圳君公司亦请求予以调低,一审法院结合本案的具体案情、当事人的履约情况和当事人的过错程度,酌情调整涉案违约金的计算标准为年利率 15%,并以每年的自然天数计算违约金的日利率,该处理属于一审法院的自由裁量范畴,并未违反法律规定,二审法院予以认同。

【裁判要旨】上诉人提出"一审法院将本案逾期违约金调整与保理业务合同项下原约定的资金占用费利率一致"。如之前判例,法院认为守约方的损失为资金占用损失,故参照合同中约定的资金占用费利率。

3. 某某保理公司与被告查某海保理合同纠纷[南京市六合区人民法院一审民事判决书(2020)苏 0116 民初 1283 号]

【案情简介】2017 年 12 月 29 日,查某海代表马鞍山市花山区某酒店通过网络方式与某某保理公司签订商业保理确认书、商业保理协议书。商业保理确认书载明:某某保理公司受让马鞍山市花山区某酒店从事餐饮类经营产生的自 2017 年 12 月 29 日起至 2018 年 12 月 24 日止金额为 363000 元的消费应收账款。保理预付款 64000 元,扣除综合管理服务费 3200 元、人行登记费 60 元,实际支付金额为 60740 元。还款期限为 12 个月,还款方式为直接扣款,每月最低还款额为 6037 元,综合保理手续费率 1.1%/月,共计 8448 元。首选扣款账户为查某海的工商银行账户 62×××78,如马鞍山市花山区某酒店未能按期还款,三天宽限期到期后仍未足额归还的,按全部剩余保理预付款及保理手续费的万分之五/日收取违约金。还款顺序分别为违约金、保理手续费、保理预付款。

商业保理协议书载明:"1.6 逾期违约金:指乙方(马鞍山市花山区某酒店)未按照商业确认书的约定在还款节点和在保理期限到期未归还保理预付款及保理手续费的,甲方(某某保理公司)有权按全部剩余保理预付款及保理手续费以商业确认书约定的比例收取违约金。5. 账款结算……5.1.5 出现本协议 1.2 条列举的情形,造成到期账款不能回收时,甲方有权向乙方反转让受让的账款,追索保理预付款及相关费用,由此造成的损失由乙方承担。……5.4 乙方授权甲方在保理预付款内扣除保理手续费、管理服务费、代垫费用后，所剩金额向乙方实际支付后，保理预付款视为全额支付完毕。5.5 上述 5.4 所称保理手续费、管理服务费、代垫费用和其他实际发生费用为乙方应承担之费用，甲方扣除上述款项视为乙方向甲方缴纳相关费用的行为，乙方对此无任何异议。……13. 违约及违约责任 13.1 甲、乙双方中任何一方违反本协议的约定，视为该方违约，违约方应当依法或依本协议的约定承担相应的违约责任。13.2 下述任一事项构成违约事件：13.2.1 乙方未履行本协议项下义务或违背在本协议项下所做的陈述、保证或承诺。13.2.2 乙方未使用甲方指定的收单机构的 POS 机具作为唯一刷卡机具时。13.2.3 乙方在“关联 POS 机账户还款”方式下，未使用甲方的保理资金监管账户作为 POS 机唯一回款账户；或未归还每月最低还款额时。13.2.4 乙方在‘直接扣款’方式下，银行卡账户未有足够的余额，归还应归还的保理预付款及保理手续费时。13.2.5 乙方在融资到期日，未能足额归还甲方的保理预付款及保理手续费时。13.2.6 乙方任何其他债务在约定到期日未能支付。13.2.7 任何其他债权人取得乙方的全部或任何部分业务或资产的所有权，或针对乙方任何资产被强制执行，从而实质地影响乙方履行本协议项下义务的能力。13.2.8 乙方的生产经营、财务状况发生任何重大不利变化，或其在本合同项下履约能力发生重大不利变化。13.2.9 乙方因违反食品安全、安全生产、环境保护等相关法律法规、监管规定或行业标准造成责任事故，从而对履行本协议项下义务的能力产生重大不利影响的。……13.3 发生上述任一违约事件，甲方有权采取下列一项或多项措施……13.3.2 最高按尚未归还保理预付款的千分之一的比例，每日向乙方收取逾期违约金。……13.3.4 宣布本协议项下的保理融资业务立即到期，要求乙方立即偿还未清偿的保理预付款及相关费用，并赔偿损失。……13.3.7 要求乙方承担甲方因实现债权而发生的各项合理费用（包括但不限于诉讼费用、律师费等）。……13.3.9 要求乙方回购尚未归还的保理预付款、保理手续费、管理服务费等相关费用。”

【裁判观点】保理合同是指应收账款债权人将现有的或将有的应收债权转让给保理人，保理人提供资金融通、应收账款管理或者催收、应收账款人付款担保等服务的合同。当事人约定有追索权保理的，保理人可以向应收账款债权人主张返还保理融资款本息或者回购应收账款债权，也可以向应收账款债务人主张应收账款债权。本案中，某某保理公司与马鞍山市花山区某酒店约定以 64000 元的保理预付款作为对价，受让马鞍山市花山区某酒店从事餐饮类经营产生的自 2017 年 12 月 29 日至 2018 年 12 月 24 日金额为 363000 元的消费应收账款,该商业保理确认书约定以将有的应收债权转让给保理人以取得保理人提供融资服务的条款,系双方真实的意思表示,内容不违反法律、行政法规的强制性规定,该保理合同合法有效。根据该保理合同的约定,马鞍山市花山区某酒店以分期还款的方式返还保理融资本息,应当为有追索权的保理。原告某某保理公司与被告查某海约定保理预付款为 64000 元,实际支付 60740 元、代为垫付银行登记费 60 元,故法院认定某某保理公司实际支付的保理融资款为 60800 元。截至 2018 年 5 月 14 日,马鞍山市花山区某酒店共返还保理预付款 22933 元,剩余保理预付款 37867 元仍未返还,考虑到某某保理公司约定的违约金以剩余保理预付款及保理手续费每日万分之五计算违约金的标准过高,法院依法予以调整,认定逾期后的保理手续费及违约金按每日万分之五进行计算,确定为以 37867 元为基数,自 2018 年 5 月 15 日起,按照每日万分之五计算至实际支付之日止,对原告超过部分的主张不予支持。马鞍山市花山区某酒店系个体工商户,现已注销,相关责任应由其经营者查某海承担。

十八、“通用合同条款”和“专用合同条款”第 16.1 条的应用指南

(一)原文条款

> 16. 法律适用与争议解决
>
> 16.1　法律适用
>
> 本合同的订立、效力、解释、履行及争议的解决均适用中华人民共和国(为本合同之目的,不包括香港、澳门特别行政区和台湾地区)的法律。

(二)应用指南

本条是关于保理合同适用法律的约定。

合同适用法律不仅直接关系到合同本身的缔约及履行效力,也会直接影响到合同缔约主体的利益维护及权利实现。商业保理作为舶来品,其域外法律规定及相关规则繁多,因此保理合同双方在协商、签订保理合同时,尤其是在合同存在涉外的情况下,协议确定适用法律十分必要。

对于国内商业保理,保理合同双方可以协议约定适用中国法律,这一点自不待言。对于国际保理业务,如果应收账款债权人是国外的法人或其他组织,商业保理人是否可以与债权人协议约定保理合同适用中国法律呢?

根据《涉外民事关系法律适用法》第 3 条之规定,民事法律关系当事人依照法律规定可以明示选择涉外民事关系适用的法律,合同双方在合同中以协议

条款的方式选择适用中国法律，显然就是本条中列举的“明示选择”，基于此条法律规定，合同双方达成的关于合同适用法律的约定在国内法律体系下可以得到认可。

作为国际保理业务中常被引用的国际公约，国际统一私法协会 1988 年 5 月 28 日于加拿大渥太华签订的《国际保理公约》(Convention on International Factoring)规定：对属于本公约范围内的事项具有相同或密切联系的法律规则的两个或两个以上的缔约国可以随时声明，在供应商、保理人和债务人营业地位于这些国家内时，本公约不适用。此种声明可以联合做出，或以相互的单方声明方式做出；对属于本公约范围的事项具有与一个或一个以上非缔约国相同或密切联系的法律规则的缔约国可以随时声明，在供应商、保理人和债务人营业地位于这些国家内时，本公约不适用。在《联合国国际贸易中应收款转让公约》中，更是正面规定：转让人与受让人根据其协议产生的相互间权利和义务受其双方选定的法律管辖。从以上规定均可以看出，即使商业保理具有涉外因素，保理合同双方达成的合同适用中国法律管辖和解释的约定在相关国际公约上依然可以得到支持。

基于以上法律规定及论述，为了更好地维护自身利益，建议商业保理人在协商、拟定保理合同时即应注意合同适用法律的约定，在合同相关要素出现涉外情况时，更需要在合同中明确约定保理合同的订立、效力、解释、履行及争议的解决均适用中国法律，以降低法律适用风险。

(三)参考规范

1. UNIDROIT Convention on International Factoring(Ottawa,28 May 1988)

Article 17

1. -Two or more Contracting States which have the same or closely related legal rules on matters governed by this Convention may at any time declare that the Convention is not to apply where thesupplier, the factor and the debtor have their places of business in those States. Such declarations may be made jointly or by reciprocal unilateral declarations.

2. -A Contracting State which has the same or closely related legal rules on matters governed by this Convention as one or more non-Contracting States may at any time declare that the Convention is not to apply where the supplier, the factor and the debtor have their places of business in those States.

2. United Nations Convention on the Assignment of Receivables in International Trade, 2001 United Nations (UN)

Article 28

1. The mutual rights and obligations of the assignor and the assignee arising from their agreement are governed by the law chosen by them.

3.《涉外民事关系法律适用法》

第三条　当事人依照法律规定可以明示选择涉外民事关系适用的法律。

十九、"通用合同条款"和"专用合同条款"第16.2条的应用指南

(一)原文条款

> 16.2　争议解决
>
> 因本合同及本合同有关事项产生的争议,合同当事人可以在专用合同条款中约定以下一种方式解决争议:
>
> (1)向约定的仲裁委员会申请仲裁;
>
> (2)向有管辖权的人民法院起诉;
>
> (3)申请赋予强制执行效力公证。

(二)应用指南

本条是关于保理合同争议解决方式的约定。

根据《民事诉讼法》第35条之规定,当事人在合同中约定争议管辖法院的,只要不违背现行法律针对专属管辖及级别管辖之规定,应属有效。因此,在实践中,为明确因保理合同订立、履行或与保理合同相关事项产生的争议之解决方式,避免诉讼风险,建议商业保理人与应收账款债权人在签订相应保理合同时即做出争议解决方式的约定。一般而言,争议解决方式包括如下三种:①约定向特定的仲裁委员会的申请仲裁;②约定向特定的管辖法院提请诉讼;③申请赋予强制执行效力的公证。

由于保理业务本身具有复杂性和多主体性,保理项目涉及的主体不仅有商业保理人和应收账款债权人,还包括应收账款债务人,涉及的法律关系不仅有保理人与债权人之间的保理合同关系,还包括债权人与债务人之间的基础合同关系,因此在发生纠纷时,往往也会涉及保理合同和基础合同等多个合同关系及多个诉讼主体的问题。在此情况下,如何认定各合同项下的争议解决方式约定的效力及适用方式,则直接关系到案件纠纷的主管及管辖认定问题。

对保理合同及基础合同有关争议解决方式的约定的效力及适用认定问题,

应分两种情况分别讨论。一是保理人单独起诉应收账款债务人的情况；二是保理人同时起诉应收账款债务人及债权人的情况。

1. 保理人单独起诉应收账款债务人

在无追索权的保理业务项下，保理人承担了相应的信用风险，在债务人到期不能履行合同义务时，保理人仅能向债务人主张债权，单方面向债务人提起诉讼。

在此种情况下，如果保理人和应收账款债务人对纠纷的解决方式能够达成一致或留有书面协议，那么根据现行法律规定，只要相应约定及协议不违反法律关于级别管辖及专属管辖之规定，法院一般都会认可。

如果保理人与应收账款债务人就争议解决方式未予约定，或保理合同约定的争议解决方式与基础合同的约定方式不一致，案件争议解决方式该如何确定，目前并没有法律法规对此进行明确。出于合同相对性原则的考虑，保理合同系保理人与债权人达成的协议约定，其只针对保理人及债权人的权利义务进行限定，债务人不应由此受到影响。天津市高级人民法院在《关于审理保理合同纠纷案件若干问题的审判委员会纪要（一）》①中明确，保理人仅向债务人主张权利时，应当依据《民事诉讼法》的有关规定，结合基础合同中有关管辖的约定确定管辖。

2. 保理人同时起诉应收账款债务人及债权人

尽管在无追索权的保理中，保理人承担了信用风险，但一般情况下，保理合同中还会约定因信用风险以外的情形致使债务人不能到期履行合同义务的，保理人仍有权要求债权人回购应收债权。在此情况下，保理人既可以要求债务人履行债务，也可以要求债权人回购债权，从而同时向应收账款债权人、债务人提起诉讼。

保理人同时向应收账款债权人、债务人提起诉讼时案件管辖的确定，如果三方能够协商达成一致，或在转让应收账款时即就将来可能产生的争议解决方式重新进行约定的，那么可按照约定处理，这一点自不待言。如果三方并未约定，或保理合同约定的争议解决方式与基础合同约定的方式内容不一致，在此情况下是否可以对保理人与债权人纠纷、保理人与债务人纠纷合并处理，以及如何确定案件争议管辖，法律并未明确规定，各地司法实践中的裁判规则也并不统一。例如，天津市高级人民法院在其发布的《关于审理保理合同纠纷案件

① 《关于审理保理合同纠纷案件若干问题的审判委员会纪要（一）》：“保理商向债权人、债务人及担保人一并主张权利的，应当根据债权人与债务人之间的基础合同确定管辖。”

若干问题的审判委员会纪要(一)》中认为,保理人同时起诉应收账款债权人及债务人的,可以合并审理,并且应当根据债权人与债务人之间的基础合同确定管辖。深圳前海合作区人民法院在其发布的《关于审理前海蛇口自贸区内保理合同纠纷案件的裁判指引(试行)》[①]中则认为,在此情况下可以合并审理,并且保理人根据保理合同约定向债权人和债务人提起诉讼的,债务人不得提起管辖权异议。湖北省高级人民法院民二庭在其发布的《当前商事审判疑难问题裁判指引(二)》[②]中则认为,保理人同时起诉债权人及债务人的,如果不存在管辖权争议,可以合并审理,如果存在管辖权争议,则保理合同和基础合同应当分案审理。

基于以上论述及司法实践情况的介绍,不难看出对保理纠纷案件的争议解决方式和案件管辖问题,各地存在适用标准不一情况。除非保理人与债权人、债务人就争议解决及管辖另行约定,否则便存在以基础合同中约定的争议解决方式确认适用的风险。在一般情况下,基础合同中约定的争议解决方式及案件管辖对于保理人而言并不是最优安排。因此,为避免诉讼风险、在纠纷发生时便利保理人自身维权,建议商业保理人在签订保理合同时,也对相应基础合同的约定,尤其是关于争议解决方式的约定进行审查。如果基础合同约定的争议解决方式符合自身的利益安排,那么可以在保理合同中就管辖权问题作相同约定;如果发现基础合同中约定的管辖法院对自身权益救济存在不利情形,则应力求改变,重新与债务人达成一致。如可以在债权转让通知中重新约定争议解决方式,并尽量得到债务人的书面同意,并留存相应证据。

(三)参考规范

1.《民法典》

第七百六十一条　保理合同是应收账款债权人将现有的或者将有的应收账款转让给保理人,保理人提供资金融通、应收账款管理或者催收、应收账款债务人付款担保等服务的合同。

---

① 《关于审理前海蛇口自贸区内保理合同纠纷案件的裁判指引(试行)》第6条规定:"保理商将债权人、债务人作为共同被告,根据保理合同约定向有管辖权的人民法院起诉后,债务人提起管辖权异议的,不予支持。"

② 湖北省高级人民法院民二庭《当前商事审判疑难问题裁判指引(二)》规定:"保理合同当事人之间存在保理合同和基础合同的双重法律关系,对于是否必须合并审理、根据保理合同还是基础合同法律关系确定管辖尚无法律规定。如果不存在管辖争议,保理合同和基础合同纠纷可以合并审理。一律按照基础合同或者保理合同确定管辖都缺乏充分的依据。4.如果保理合同和基础合同由不同法院管辖则应当分案审理。"

第七百六十七条 当事人约定无追索权保理的，保理人应当向应收账款债务人主张应收账款债权，保理人取得超过保理融资款本息和相关费用的部分，无需向应收账款债权人返还。

2.《民事诉讼法》

第三十五条 合同或者其他财产权益纠纷的当事人可以书面协议选择被告住所地、合同履行地、合同签订地、原告住所地、标的物所在地等与争议有实际联系的地点的人民法院管辖，但不得违反本法对级别管辖和专属管辖的规定。

(四)参考案例

1. 兖州煤业股份有限公司等与某某保理公司合同纠纷案[北京市高级人民法院民事裁定书(2018)京民辖终29号]

【案情简介】2015年2月13日，某某保理公司与山东恒丰公司签订“保理合同”，约定山东恒丰公司将其对兖州煤业公司的应收账款及其相关权益全部无条件转让给某某保理公司，某某保理公司向山东恒丰公司办理保理融资款。2015年2月13日，某某保理公司及山东恒丰公司向兖州煤业公司送达“应收账款转让通知书”，告知其山东恒丰公司已经将应收账款及相关权益全部转让给某某保理公司。同日，兖州煤业公司向某某保理公司及山东恒丰公司出具“应收账款转让通知书回执”，确认其应付货款真实有效。某某保理公司后分两笔向山东恒丰公司发放保理融资款项。山东恒丰公司自2015年7月起未按保理合同约定向某某保理公司支付保理融资费。兖州煤业公司亦未按照约定支付应收账款，故某某保理公司诉至法院。

兖州煤业公司在提交答辩状期间，对案件管辖权提出异议，认为，某某保理公司针对山东恒丰公司、柴某、狄某芳的诉讼属于保理融资合同和担保合同关系，其针对兖州煤业公司的诉讼属于基于债权转让的买卖合同关系，两者属于不同的法律关系，不能在一个案件中合并审理。

【裁判观点】保理合同是指保理人与应收账款债权人之间签订的、以债权人转让其应收账款为前提，集应收账款催收、管理、坏账担保及融资于一体的综合性金融服务合同；是以债权转让为基础的一种综合性金融服务方式。基础法律关系与保理、融资关系一起构成保理业务。本案中，某某保理公司与山东恒丰公司在签订诉争保理合同后，就债权转让共同向兖州煤业公司发出应收账款转让通知书，载明山东恒丰公司已将煤炭买卖合同项下已经发生、但尚未到期的应收账款及相关权益全部转让给某某保理公司，由某某保理公司提供保理服务。故本案所涉保理业务的基础是兖州煤业公司与山东恒丰公司之间基于煤炭买卖合同形成的应收账款,某某保理公司作为保理人通过债权转让的方式,取得上述应收账款的相关权益,由兖州煤业公司向某某保理公司履行应收账款的还款责任,以确保之后山东恒丰公司与某某保理公司之间签订的保理合同项下融资款的偿付。因此,本案应收账款的债权转让与保理合同的订立共同构成一笔完整的保理业务,涉及某某保理公司、山东恒丰公司、兖州煤业公司三方权利义务主体以及相互之间的权利义务关系。在保理合同履行的过程中,保理人可以以保理合同的债务人和基础合同的债务人为被告,一并向人民法院提起诉讼。故兖州煤业公司关于某某保理公司针对山东恒丰公司、柴某、狄某芳的诉讼属于保理融资合同和担保合同关系,其针对兖州煤业公司的诉讼属于基于债权转让的买卖合同关系,两者属于不同的法律关系,不能在一个案件中合并审理的管辖异议之理由不能成立,一审法院不予采信。

基于保理业务是以债权转让为基础的综合性金融服务方式,债权转让是保理合同的基础。本案中兖州煤业公司与山东恒丰公司之间基于煤炭买卖合同形成的应收账款基础债权,构成完整的保理合同业务的组成部分,是保理业务展开的基础,故因履行保理业务产生的纠纷,应当按照保理合同的相关条款确定管辖权。

2. 中国建设银行股份有限公司漳州分行与广州番禺电缆集团有限公司、福州通尔达电线电缆有限公司等合同纠纷案[福建省高级人民法院二审民事裁定书(2016)闽民辖终 80 号]

【案情简介】建行漳州分行作为保理人受让了同盛达公司对番禺公司享有的债权。同盛达公司与番禺公司之间签订的“购销合同”中明确约定,如有争议由同盛达公司所在地法院管辖。建行漳州分行与同盛达公司之间签订的“有追索权国内保理合同”中明确约定由建行漳州分行所在地法院管辖。后因番禺公司未能还款,建行漳州分行根据上述“有追索权国内保理合同”的约定对同盛达公司和番禺公司一并提起诉讼,番禺公司提出管辖权异议。

【裁判观点】关于建行漳州分行能否一并起诉同盛达公司、番禺电缆公司及管辖确定问题。法院认为,同盛达公司基于其与番禺电缆公司之间的购销合同而享有的对番禺电缆公司之应收账款债权,是本案三方法律关系的基础,建行漳州分行与同盛达公司之间以应收账款债权转让为核心约定了各方的权利义务,形成有追索权国内保理合同。因此,两份合同所约定的权利义务具有牵连性,不应分别审理和判定,应合并审理。讼争的同盛达公司与番禺电缆公司之间的购销合同,约定有协议管辖条款,选择了供方同盛达公司住所地法院管辖,建行漳州分行根据受让的购销合同项下应收账款向番禺电缆公司主张权利时，应当受上述有效协议管辖条款之约束。虽建行漳州分行与同盛达公司在有追索权国内保理合同中亦约定了由建行漳州分行所在地法院管辖之条款，但建行漳州分行一并就有追索权国内保理合同项下之保理预付款和购销合同项下之应收账款起诉主张时，应以作为基础合同的购销合同中的协议管辖条款确定全案管辖，以利于三方当事人程序权利之平等保护。

二十、“通用合同条款”和“专用合同条款”第16.3条的应用指南

（一）原文条款

> 16.3 本条款效力
>
> 本合同有关法律适用和争议解决的条款独立存在，合同的变更、解除、终止、无效或者被撤销均不影响其效力。

（二）应用指南

本条是关于保理合同发生变更、解除、终止或被撤销等情形时，约定争议解决条款效力不受影响的约定。

在合同终止、无效或被撤销等情形下，合同中关于争议解决的条款继续有效。这一点在我国现行法律法规的规定中也有体现。根据《民法典》第507条之规定，合同不生效、无效、被撤销或者终止的，不影响合同中有关解决争议方法的条款的效力。因此在合同中，即使没有相应约定，依据现行法律规定，也应认可合同撤销、无效等情形时争议解决条款的效力。但相较于法律规定，本条中约定合同变更情况项下争议解决条款继续有效却值得商榷。

在商务合同拟定、履行过程中，如果合同当事人想对合同内容予以变更或补充，最常见的方法就是就变更事项或待补充事项再次签订一份补充协议。需要注意的是，即使在原合同中约定“合同变更时争议解决条款继续有效”也不必然就可以认定原协议的争议解决条款对新签的补充协议继续生效。根据最高人民法院在(2015)执申字第33号执行裁定书中的说理释明，“当事人自愿达成合法有效协议或仲裁条款选定仲裁机构解决其争议纠纷，是采用仲裁方式解决争议纠纷的前提。如果当事人没有约定其争议纠纷由仲裁机构解决，通常情况下，仲裁机构无权对该争议纠纷予以仲裁。存在主合同与补充合同的情形时，当事人在主合同中约定其争议纠纷由仲裁机构解决，对于约定诉讼管辖的补充合同可否适用该约定，其关键在于主合同与补充合同之间是否具有可分性。如果主合同与补充合同之间是相互独立且可分，那么，对于两个完全独立且可分的合同或协议，其争议解决方式应按合同或补充合同约定处理。如果补

充合同是对主合同内容的补充，必须依附于主合同，而不能独立于主合同存在，那么，主合同所约定的争议解决条款也适用于补充协议”。

由此可见，在补充协议约定较原合同内容独立可分，而原合同又约定以仲裁方式进行管辖的情况下，即使原合同约定“合同变更争议解决条款继续有效”的，也会存在不被认可的可能。

基于以上论述及司法实践，建议商业保理人在出于合同变更或补充之目的签订相应补充协议时，特别是原合同约定以仲裁方式解决合同纠纷的情况下，即使约定合同变更不影响争议解决条款效力的，仍应在新签补充协议项下对争议解决方式做出与原合同相同的约定，以避免相应争议解决条款不被适用，降低诉讼风险。

（三）参考规范

1.《民法典》

第五百零七条　合同不生效、无效、被撤销或者终止的，不影响合同中有关解决争议方法的条款的效力。

2.《仲裁法》

第四条　当事人采用仲裁方式解决纠纷，应当双方自愿，达成仲裁协议。没有仲裁协议，一方申请仲裁的，仲裁委员会不予受理。

第十六条　仲裁协议包括合同中订立的仲裁条款和以其他书面方式在纠纷发生前或者纠纷发生后达成的请求仲裁的协议。

仲裁协议应当具有下列内容：

（一）请求仲裁的意思表示；

（二）仲裁事项；

（三）选定的仲裁委员会。

（四）参考案例

湖南华厦建筑有限责任公司与常德工艺美术学校不服执行裁定申诉案［最高人民法院民事裁定书（2015）执申字第33号］

【案情简介】2007年11月30日，常德工艺美术学校（以下简称工艺美校）与湖南华厦建筑有限责任公司（以下简称建筑公司）签订“常德市工艺美术学校学生宿舍楼施工承包合同书”，双方确认工程发包方是工艺美校，工程承包方是建筑公司，并就承包内容及工程质量标准进行了约定。同时在“十、其他”部分约定：本合同未尽事宜，可经双方协商达成共识后加签补充协议以附件形式附后，其附件与本合约具有同等效力。

2007 年 12 月 28 日,工艺美校与建筑公司签订“建设工程施工合同”,就工程承包范围进行约定。在“第三部分专用条款 37. 争议”部分约定:本合同在履行过程中发生的争议,由双方当事人协商解决,协商不成的提交常德市仲裁委员会仲裁。

2008 年 3 月 20 日工艺美校与建筑公司签订“常德市工艺美术学校学生宿舍楼施工承包合同补充协议”,针对双方于 2007 年 12 月 28 日签订的“建设工程施工合同”进行补充。同时,该合同在文本最后一页写有“正本”两字。双方约定未尽事宜仍可经双方协商加签再补充协议,所签补充协议与前签协议有同等效力,且补充条款是最终履约依据。

2011 年 7 月 7 日,建筑公司因其与工艺美校发生工程欠款纠纷到常德市仲裁委员会申请仲裁,要求裁令工艺美校支付工程欠款及利息,后得到支持。工艺美校向常德市中级人民法院申请不予执行相应仲裁裁定被裁定驳回。工艺美校不服裁定,认为“双方实际履行的协议和补充协议没有仲裁条款,常德仲裁委员会对案件进行仲裁错误”向湖南省高级人民法院、最高人民法院提起申诉。

【裁判要旨】关于主合同约定的争议解决方式是仲裁,补充协议没有约定争议解决方式,仲裁机构是否可对主合同和补充协议一并进行仲裁的问题。法院认为,当事人自愿达成合法有效协议或仲裁条款选定仲裁机构解决其纠纷,是采用仲裁方式解决纠纷的前提。如果当事人没有约定其纠纷由仲裁机构解决,通常情况下,仲裁机构无权对该纠纷予以仲裁。但存在主合同与补充协议的情形时,当事人在主合同中约定其纠纷由仲裁机构解决,判断没有约定纠纷解决方式的补充协议可否适用该约定的关键在于主合同与补充协议之间是否具有可分性。如果主合同与补充协议之间是相互独立且可分,那么,在没有特别约定的情况下,两个完全独立且可分的合同或协议,其纠纷解决方式应按合同或补充协议的约定处理。如果补充协议是对主合同内容的补充,必须依附于主合同,而不能独立于主合同存在,那么,主合同所约定的纠纷解决条款也适用于补充协议。本案中,双方当事人于 2007 年 12 月 28 日经过招投标签订的合同明确约定,双方当事人发生纠纷由常德市仲裁委员会管辖,故常德仲裁委员会对该案具有管辖权。此后双方当事人于 2008 年 3 月 20 日签订的补充协议明确约定双方已于 2007 年 12 月 28 日签订了合同,为完善条款,对未尽事宜和可能出现的新问题补签该补充协议,且明确约定“所签补充协议与前签协议有同等效力”。由此可见,主合同所约定的发生争议提交常德市仲裁委员会仲裁的争议解决条款也应适用于补充协议。

第四章 “专用合同条款”附录理解、运用及风险提示

一、附录A “应收账款转让申请暨确认书”应用指南

(一)原文条款

应收账款转让申请暨确认书

编号:【 】

致:______________________________(下称“贵方”)

自:______________________________(下称“我方”)

根据________年____月____日贵我双方签署的编号为________________《商业保理合同》,现我方签署并向商业保理人提交本《应收账款转让申请暨确认书》,本《应收账款转让申请暨确认书》经贵我双方共同签章后生效:

除非本《应收账款转让申请暨确认书》中另有释义,《商业保理合同》中定义的词语,在本《应收账款转让申请暨确认书》中具有同样的含义。

我方申请将符合《商业保理合同》规定条件的如下第____项应收账款及从属的一切从权利和权益转让给贵方:

(1)我方与________________之间________________项下的全部应收账款。

(2)我方下表所列的全部应收账款:

序号	应收账款债务人	基础交易合同及编号	单据名称	单据号码	应收账款金额	应收账款到期日

就上述我方申请转让的应收账款,我方同时申请贵方提供如下类型保理服务:

续表

<table>
<tr><td rowspan="4">保理业务类型：</td><td colspan="2">□公开保理　　□隐蔽保理</td></tr>
<tr><td>□有追索权保理
□无追索权保理</td><td>如果是无追索权保理：
□对每位应收账款债务人信用额度的金额、有效期按照专用合同条款、通用合同条款的约定确定。□其他信用额度确定方式：____________。</td></tr>
<tr><td colspan="2">□应收账款融资　□应收账款管理　□应收账款催收　□应收账款债务人付款担保</td></tr>
<tr><td colspan="2">□直接回款保理　□间接回款保理　□其他回款方式：________。</td></tr>
<tr><td colspan="3">就上述我方申请转让的应收账款，我方确认向贵方支付的第二期保理服务费如下：</td></tr>
</table>

保理费用类型	金额	支付时间	支付方式
第二期保理服务费			

<table>
<tr><td colspan="2">就上述我方申请转让的应收账款，我方确认保理回款专户及该账户的监管方式如下：</td></tr>
<tr><td>保理专户：</td><td>开户名称：
银行账号：
开户银行：</td></tr>
<tr><td>保理专户：</td><td>开户名称：
银行账号：
开户银行：</td></tr>
<tr><td colspan="2">注：本文件项下的选择项，如适用的，请在“□”内打“√”；如不适用的，请在“□”内打“×”；如“□”内为空白的，视为不适用本选择项。[以下无正文，为签署页]
申请人(盖章)：__________
商业保理人确认(盖章)：__________</td></tr>
</table>

(二)应用指南

1.《应收账款转让申请暨确认书》的作用是根据“通用合同条款”第2条的约定，由应收账款债权人在应收账款到期前向商业保理人申请由应收账款债权人转让应收账款给商业保理人，商业保理人提供保理服务的法律行为，故申请书由应收账款债权人作为发出人，商业保理人作为接收人。

2.《应收账款转让申请暨确认书》和《商业保理合同》未必为同时签订，“商业保理合同”的签订时间和编号应当准确填写，以确保二者可以对应。另外，如果在签订“商业保理合同”后还另行签订了补充协议，建议加上所签署补充协议的编号。

3. “合同协议书”中的词语含义详见“通用合同条款”。另外，根据本文件，“应收账款转让申请暨确认书”中的定义与“通用合同条款”中的定义如有冲突的，以本确认书中的定义为准。

4. 商业保理人可以受让现有应收账款，也可以受让将来应收账款，故本确认书中对应收账款的表述，采取两种选项。

选项一比较适用于将来应收账款，主要以语言概括描述的方式确定应收账款的范围，适用于两种情况，第一种情况为基础法律关系已经确立，但是应收账款尚未产生；第二种情况为基础法律关系尚未确立。在这两种情况下，交易文件均需要通过对将有应收账款的描述，以便未来合理地识别应收债权。保理人应首先向债权人索要证明材料，证明债权人与债务人之间的交易有基础的法律关系，并且这种法律关系具有长期性和稳定性，并以此为基础进行未来保理业务。例如，债权人向保理人转让“运输框架合同”项下的全部应收账款，此时，债权人除了提供“运输框架合同”以证明基础法律关系以外，还应提供过去相同业务的营收情况，以确定保理融资的额度，保障未来应收的可期待性。最后，适用选项一时，应收账款对应的项目的范围必须具备“可识别性”，比如，保理人与债权人基于一笔尚未结算完毕的工程款进行保理，虽然应收账款的到期时间无法确定，项目亦无法完全确定，但是保理所对应的基础交易是明确的。应收账款的表述可为：债权人与债务人×××工程建设合同项下的全部应收账款。应收账款的预估金额如果与实际金额存在合理的差额，通常不影响保理法律关系的成立。但是如果应收账款不具有“可识别性”，或者不具有可期待利益，保理法律关系可能无法得到法院的认可，同时在政府监管层面亦可能受到处罚。

选项二采用表格方式，比较适用于现有应收账款，表格中的内容如下。

(1)应收账款债务人，指因接受商品、服务或者承租、借用、被许可使用资产等应当向应收账款债权人支付金钱价款的义务人。这里可以填写一个或多个应收账款债务人。

(2)基础交易合同及编号，该笔基础交易的合同名称全称及合同编号可以填写一笔或多笔应收账款。

(3)单据名称及编号，通常指货物发票，在实践中还可能包括货物运输单据、货物入库单据、质量检测单据等。

(4)应收账款金额，即该笔交易项下应收账款债权人尚未收回的应收账款金额。

(5)应收账款到期日,即应收账款债务人应付款的时间,如果交易合同设置宽限期的,建议将宽限期一并填写。

5. 根据“通用合同条款”第5条,商业保理人有权采用下列方式向应收账款债权人分期收取保理服务费。商业保理人可以仅收取一笔保理服务费,但也可以在合同履行过程中另行收取多期费用,故本确认书仅列举了第二期保理服务费,商业保理人亦可根据需要另行增加收费期数。注意,保理人与保理客户所约定的放款额度、归还期限应与应收账款的额度、履行期限存在对应关系,否则可能被法院为“名为保理,实为借贷”。

6. 保理专户可以是保理人的账户,也可以是债权人的账户。实践中,有时无法要求债务人将款项直接支付给保理人。此时,可以考虑采用共管账户的方式处理,共管账户的开户人为债权人,但需要由双方的共同意思表示才能处置账户内的资金,以最大限度地防止资金被挪用的风险。另外,无论是账户开在何人名下,满足以下情况下的,法院很有可能认定保理回款账户具有对抗第三人的优先权:(1)在动产及权利担保统一登记平台对专户予以登记;(2)保理业务发生的基础交易合同,应收账款数额和履行期限,保理回款的银行流水等与保理回款专户存在相互对应关系;(3)保理人、应收账款债权人与保理回款专户的开户银行签订保理专户监管协议约定,保理回款专户专门用于收取应收账款的回款。

二、附录B “应收账款转让通知书”应用指南

(一)原文条款

应收账款转让通知书

编号:【 】

致:____________________(下称“贵方”)

____________________(下称“我方”)因经营发展的需要,已申请将下述应收账款及所从属的一切从权利和权益转让给____________________(下称“商业保理人”),兹此通知贵方:

1. 如下第____项应收账款及从属的一切从权利和权益转已转让给商业保理人:

(1)我方与贵方之间__________项下的全部应收账款。

(2)下表所列的全部应收账款:

续表

序号	应收账款债务人	基础交易合同及编号	单据名称	单据号码	应收账款金额	应收账款到期日
应收账款金额合计						

2. 请贵方于应收账款到期日将上述应收账款金额足额支付到如下账户(开户人:______;开户银行:______;账号:______)。我方确认,贵方仅应向该指定账户支付上述应收账款,且只有向该指定账户支付上述应收账款才能解除贵方的付款义务。除商业保理人书面通知(无论单方还是联合我方共同书面通知)贵方外,该收款账户不得变更或撤销。

3. 我方继续对《基础交易合同》项下所有责任和义务承担完全的责任,所有与我方的责任和义务有关的抗辩、抵销和追索只应向我方主张,贵方应确认不得向商业保理人提出抗辩、抵销和追索。但贵方如提出前述主张的,请同时通知商业保理人(商业保理人的联系人及联系方式为:______)。

4. 贵方应确认,如贵方未在上述应收账款到期日足额清偿任一期应收账款的、贵方或贵方的控股股东、实际控制人的生产经营出现严重困难、市场声誉严重恶化或因其他任何原因丧失或可能丧失履约能力的,商业保理人有权单方宣布贵方丧失期限利益、宣布全部或部分未到期应收账款提前到期。

5. 我方与商业保理人已约定凡因商业保理合同及商业保理合同有关事项产生的争议,应按照商业保理合同约定的法律适用及争议解决条款(即适用中华人民共和国法律并向______)解决。如贵方在本通知回执中签章,则视为贵方同意商业保理人可按照商业保理合同约定的法律适用及争议解决条款向贵方主张应收账款。

6. 未经商业保理人事先书面同意,本通知不得撤销或更改。

7. 如无问题,请贵方于收到本通知书后3个工作日内在本通知书的回执上签章后发送给商业保理人(地址:______;邮编:______;收件人:______;电话:______)。

续表

感谢贵方的理解和支持！[以下无正文，为签署页] 申请人(签章)：____________________ 商业保理人确认(签章)：____________________ 《应收账款转让通知书》回执 致：________________(“应收账款债权人”)和________________(“商业保理人”) 自：________________(下称“我方”) 我方已收到上述编号为____________的《应收账款转让申请暨确认书》(“通知书”)，我方确认被转让的应收账款是真实且无商业纠纷的合法应收账款，该通知书的内容真实无误，我方未收到任何冲突性的通知或与通知书指示不一致的通知。我方完全理解、接受和同意根据该通知书项下所有条款行事。未经商业保理人事先书面同意，本回执内容不得撤销或更改。 [以下无正文，为签署页] 应收账款债务人确认(签章)：____________________

(二)应用指南

1. 通知时间

保理人应注意，中登网的应收账款转让登记无法替代应收账款转让通知，《民法典》第546条第1款规定：“债权人转让债权，未通知债务人的，该转让对债务人不发生效力。”若债权人未及时履行通知义务，可能造成商业保理人无法直接、及时地行使债权的法律风险，而且可能存在债权人二次转让债权后通知债务人，债务人向第三人履行的情形，致使商业保理人较难收回贷款本息。

2. 通知主体

本文件通常由债权人和保理人联合发送至债务人，告知其应收账款已经转让给保理人的事实。如果无法由债权人发出通知，亦可由保理人单独发出通知，通知的内容可参考本附录，本附录不适用的条款会在下文中列明。

通知的内容可根据是否联合发出，或者单独由保理人发出做出适当的调整。如果本通知由保理人单独发出，第二段的内容可以是“应收账款债权人已将以下应收账款转让至我方，兹此通知贵方：”。

如果本通知由保理人发出的，根据《民法典》的规定，保理人应当提供必要的身份证明及凭证。发出的材料，应当包括保理人的营业执照复印件，相关保理合同、《应收账款转让申请暨确认书》等材料。

3. 债务人的抗辩权，提前到期

根据法律规定，债权人转让债权的，债务人可以以其对原债权人的抗辩权对抗新的债权人，该条款的内容与法律规定中的内容相悖。故该通知书条款的作用在于，如果债务人签署了回执，并同意以上条款，相当于其放弃了抗辩权。

有关提前到期的内容，按照通常的商业交易合同，商业交易时不存在应收账款提前到期的情况，故该条款的内容与交易惯例相悖，作用同样是通过由债务人签署同意回执的方式，保障保理人的权利。

同时要注意，该条款涉及债务人放弃权利、加重义务的内容，如果文本不以加重、下画线等方式提请对方注意，在实践中有可能被认定为无效条款，即便债务人同意了，亦不发生法律效力；如果采用了加重、下画线等方式，债务人有可能拒绝签署回执，故实践中保理人可以根据实际情况，对本通知的条款进行适当的调整。

另外，如果保理人单独发出通知的，该条款的内容应为：

“3. 债权人×××继续对‘基础交易合同’项下所有责任和义务承担完全的责任，所有与债权人×××的责任和义务有关的抗辩、抵销和追索只应向债权人×××主张，贵方应确认不得向我方提出抗辩、抵销和追索。4. 贵方应确认，如贵方未在上述应收账款到期日足额清偿任一期应收账款的、贵方生产经营出现严重困难、市场声誉严重恶化或因其他任何原因丧失或可能丧失履约能力的，我方有权单方宣布贵方丧失期限利益、宣布全部或部分未到期应收账款提前到期。”

4. 管辖约定

由于商业保理合同和基础贸易合同的争议地点往往不一致，故而保理人往往希望基础贸易合同亦适用于商业保理合同的争议解决地点，从而方便争议解决。

如果保理人单独发出通知的，该条款的内容应为：“债权人×××与我方已约定凡因商业保理合同及商业保理合同有关事项产生的争议，应按照商业保理合同约定的法律适用及争议解决条款（即适用中华人民共和国法律并向____________）解决。如贵方在本通知回执中签章，则视为贵方同意我方可按照商业保理合同约定的法律适用及争议解决条款向贵方主张应收账款。”

5. 通知书的回执

由于回执中实际同意通知中的数个重要条款，相当于保理人与债务人达成了新的合意，故而，建议以订立合同的标准对待通知和回执。实践中，可以准备两份通知及回执，一份由保理人保留，并在通知及回执页加盖骑缝章，另一份由债务人保留。

（三）参考规范

《民法典》

第五百四十六条　债权人转让债权，未通知债务人的，该转让对债务人不发生效力。

债权转让的通知不得撤销,但是经受让人同意的除外。

第七百六十四条 保理人向应收账款债务人发出应收账款转让通知的,应当表明保理人身份并附有必要凭证。

第五百四十八条 债务人接到债权转让通知后,债务人对让与人的抗辩,可以向受让人主张。

第四百九十六条 格式条款是当事人为了重复使用而预先拟定,并在订立合同时未与对方协商的条款。

采用格式条款订立合同的,提供格式条款的一方应当遵循公平原则确定当事人之间的权利和义务,并采取合理的方式提示对方注意免除或者减轻其责任等与对方有重大利害关系的条款,按照对方的要求,对该条款予以说明。提供格式条款的一方未履行提示或者说明义务,致使对方没有注意或者理解与其有重大利害关系的条款的,对方可以主张该条款不成为合同的内容。

第四百九十七条 有下列情形之一的,该格式条款无效:

(一)具有本法第一编第六章第三节和本法第五百零六条规定的无效情形;

(二)提供格式条款一方不合理地免除或者减轻其责任、加重对方责任、限制对方主要权利;

(三)提供格式条款一方排除对方主要权利。

三、附录C “提款申请暨确认书”应用指南

(一)原文条款

提款申请暨确认书

编号:【　　　】

致:________________________(下称“贵方”)

自:________________________(下称“我方”)

根据______年___月___日贵我双方签署的编号为____________《商业保理合同》及______年___月___日贵我双方签署的编号为____________《应收账款转让申请书》,现我方签署并向商业保理人提交本《提款申请暨确认书》,本《提款申请暨确认书》经贵我双方共同签章后生效:

除非本《提款申请暨确认书》中另有释义,《商业保理合同》中定义的词语,在本《提款申请暨确认书》中具有同样的含义。

我方按如下条件申请贵方提供应收账款融资:

续表

保理服务费金额：	人民币________元。
保理服务费支付方式：	□ 期初一次性支付，贵方发放保理融资款前，我方一次性支付。 □ 到期一次性支付，保理服务费与保理融资款一并结清。 □ 其他方式：________________。
保理融资款金额：	基于____________《应收账款转让申请暨确认书》项下我方已转让给贵方的人民币________元应收账款，我方申请的保理融资款金额为人民币________元，即保理融资款比例为____%。
保理融资款支付方式：	□ 按照专用合同条款规定的方式向我方支付保理融资款。 □ 其他方式：________________。
保理融资款用途：	□ 不限定用途（但不得用于《有追索权商业保理合同》禁止的用途）。 □ 限定用途为：________________。
保理融资款发放日：	______年____月____日。
应收账款到期日：	______年____月____日。
宽限期：	□ 没有宽限期。 □ 宽限期为应收账款到期日后____天，即宽限期届满日为______年____月____日。
保理融资期限：	自保理融资款发放日起至______年____月____日。
正常期利率：	年化____%。
正常期利息支付方式：	□ 期初一次性支付，贵方发放保理融资款前，我方一次性支付。 □ 分期支付，自贵方发放保理融资款之日起以____为一个支付周期，于每期期初月第____日支付上一周期的正常期利息，最后一期利随本清。 □ 到期一次性支付，全部正常期利息与保理融资款一并结清。 □ 其他支付方式：________________。
宽限期利率：	年化____%（仅适用于选择有宽限期的情形）。

续表

宽限期利息支付方式：	□ 期初一次性支付，贵方发放保理融资款前，我方一次性支付。 □ 分期支付，自贵方发放保理融资款之日起以____为一个支付周期，于每期期初月第____日支付上一周期的正常期利息，最后一期利随本清。 □ 到期一次性支付，全部正常期利息与保理融资款一并结清。 □ 其他支付方式：____________________。
逾期利率：	年化____%。
注：本文件项下的选择项，如适用的，请在“□”内打“√”；如不适用的，请在“□”内打“×”；如“□”内为空白的，视为不适用本选择项。[以下无正文，为签署页] 申请人（签章）：______________ 商业保理人确认（签章）：______________	

（二）应用指南

1. 本文件系债权人向保理人申请人融资之用，主要用于在提款时确认交易的各个细节。注意合同头部对应的“商业保理合同”“应收账款转让申请暨确认书”的编号应当准确。

2. 根据“通用合同条款”第5条，商业保理人有权采用下列方式向应收账款债权人分期收取保理服务费。这里再次强调，保理人与应收账款债权人约定的放款额度、归还期限应与应收账款的额度、履行期限存在对应关系，否则可能被法院认定为“名为保理，实为借贷”。另外，实践中，保理人需要留意法院和监管部门是否对明示利率有一定的要求，在保理利息和其他收费方式混合使用的情况下，法院可能会以保理合同已经约定了利息，其他收费方式属于未能明示利息的原因，不支持保理人收取的服务费等其他费用。为了能够使保理人的收费最大限度上得到法院的支持，实践中建议使用单一的收费方式。

3. 保理融资款的到期发放日应与实际打款日一致。

4. 在未来应收保理下，应收账款的到期日如果不能确定，应合理预估一个保理融资到期日。

5. 宽限期，是指商业保理人和应收账款债权人对应收账款债务人未在约定期限内全额付款所给予的宽限时间。

6. 实践中，保理融资款常常采用分期还款的方式，如果涉及分期还款，保理人应制作还款列表，将还款金额、期限在表中列明。

四、附录 D “应收账款回款账号变更通知书”应用指南

（一）原文条款

应收账款回款账号变更通知书

编号:【　　　　】

致:____________________(下称“贵方”)

____________________(下称“我方”)因经营发展的需要,特此通知变更如下第____项应收账款的回款账号:

(1)我方与贵方之间________项下的全部应收账款。

(2)下表所列的全部应收账款:

序号	应收账款债务人	基础交易合同及编号	单据名称	单据号码	应收账款金额	应收账款到期日
应收账款金额合计						

请贵方于应收账款到期日将上述应收账款金额足额支付到如下账户(开户人:____________;开户银行:____________;账号:________________)。我方确认,贵方仅应向该指定账户支付上述应收账款,且只有向该指定账户支付上述应收账款才能解除贵方的付款义务。

如无问题,请贵方于收到本通知书后____日内在本通知书的回执上签章后发送给我方(地址:____________;邮编:____________;收件人:____________;电话:________________)。

非常感谢贵方的理解和支持![以下无正文,为签署页]

通知人(签章):____________________

《应收账款回款账号变更通知书》回执

致:______________________________(下称“贵方”)

自:______________________________(下称“我方”)

我方已收到上述编号为____________的《应收账款回款账号变更通知书》(“通知书”),我方确认被转让的应收账款是真实且无商业纠纷的合法应收账款,该通知书的内容真实无误,我方未收到任何冲突性的通知或与通知书指示不一致的通知。我方完全理

续表

解、接受和同意根据该通知书项下所有条款行事。 特此回复。[以下无正文,为签署页] 回复人(签章):____________________

(二)应用指南

本附件在应收账款转让生效后,由应收账款债权人与商业保理人共同签署,告知应收账款债务人应收账款回款账户发生变更,并且要求应收账款债务人签署“应收账款转让回款账号变更通知书回执”以达成应收账款债务人确认其已收到并认可该变更通知。

1. 单纯寄送“应收账款回款账号变更通知书”应收账款转让不对债务人生效

只有明确对应收账款债务人进行应收账款债权转让通知后,应收账款债权转让才对应收账款债务人生效。实务中,有的应收账款债权人在申请保理业务时,并不想将应收账款转让事实告诉应收账款债务人,以免影响其与应收账款债务人的日常经营往来,所以就希望通过“应收账款回款账号变更通知书”的形式将应收账款回款账户变更为商业保理人的账户以替代直接发送“应收账款转让通知书”进行应收账款转让通知。需要注意的是,如果不寄送“应收账款转让通知书”进行应收账款转让通知,只寄送“应收账款回款账号变更通知书”并不构成对应收账款转让的通知,应收账款转让事实对债务人并不生效。

2. “应收账款回款账号变更通知书”所载的应收账款回款账号,建议为商业保理人自有或者可以专门控制的账户

保理业务中要进行应收账款回款账号变更通知,就是要将商业保理人所受让的应收账款回款支付到商业保理人自有或者可以专门控制的账户。在应收账款到期后,商业保理人可以基于该回款账号内的资金到账情况确定应收账款债务人支付应收账款的实际情况,以免出现应收账款债务人未经商业保理人同意将应收账款回款支付到应收账款债权人的情况。

与此同时,实务中存在同一笔应收账款被多次转让,或者既存在转让又存在应收账款质押的情况,由此引发同一笔应收账款债权被多个当事人主张权利,或者保理申请人自身也对外存在其他负债,其他保理申请人之应收账款债权人有可能代位主张应收账款回款的情况。由此,针对哪一个主体享有应收账款优先受偿权就特别重要。我们建议商业保理人在开展保理业务时,及时就应

收账款转让进行登记,先登记的保理业务项下的应收账款转让优先于后登记的应收账款转让或者质押行为。

3. 应收账款债务人如果没有签署“应收账款回款账号变更通知书回执”,应当采用其他令商业保理人满意的方法认可该变更通知

《商业保理合同准则》中“无追索权商业保理合同”及“有追索权商业保理合同”第2.3.2条约定:“应收账款债权人有义务及时促成应收账款债务人以签署‘应收账款转让回款账号变更通知书回执’或其他令商业保理人满意的方式确认其已收到并认可该变更通知。”所以何为“其他令商业保理人满意的方式”,会成为保理业务实践中常见的问题。从民事法律行为的一般规定出发,如果应收账款债务人没有在“应收账款回款账号变更通知书回执”上盖章,应收账款债务人也应当通过其他书面、口头或者其他形式确定回款账户已经发生变更,确认被转让的应收账款是真实且无商业纠纷的合法应收账款,该通知书的内容真实无误。应收账款债务人未收到任何冲突性的通知或与通知书指示不一致的通知。应收账款债务人完全理解、接受和同意根据该通知书项下所有条款行事。

(三)参考规范

1.《民法典》

第一百三十三条　民事法律行为是民事主体通过意思表示设立、变更、终止民事法律关系的行为。

第一百三十五条　民事法律行为可以采用书面形式、口头形式或者其他形式;法律、行政法规规定或者当事人约定采用特定形式的,应当采用特定形式。

第五百四十六条　债权人转让债权,未通知债务人的,该转让对债务人不发生效力。债权转让的通知不得撤销,但是经受让人同意的除外。

第七百六十四条　保理人向应收账款债务人发出应收账款转让通知的,应当表明保理人身份并附有必要凭证。

第七百六十八条　应收账款债权人就同一应收账款订立多个保理合同,致使多个保理人主张权利的,已经登记的先于未登记的取得应收账款;均已经登记的,按照登记时间的先后顺序取得应收账款;均未登记的,由最先到达应收账款债务人的转让通知中载明的保理人取得应收账款;既未登记也未通知的,按照保理融资款或者服务报酬的比例取得应收账款。

2. 最高人民法院《关于适用〈中华人民共和国民法典〉有关担保制度的解释》

第一条　因抵押、质押、留置、保证等担保发生的纠纷,适用本解释。所有

权保留买卖、融资租赁、保理等涉及担保功能发生的纠纷，适用本解释的有关规定。

第六十六条第一款　同一应收账款同时存在保理、应收账款质押和债权转让，当事人主张参照民法典第七百六十八条的规定确定优先顺序的，人民法院应予支持。

第七十条第一款　债务人或者第三人为担保债务的履行，设立专门的保证金账户并由债权人实际控制，或者将其资金存入债权人设立的保证金账户，债权人主张就账户内的款项优先受偿的，人民法院应予支持。当事人以保证金账户内的款项浮动为由，主张实际控制该账户的债权人对账户内的款项不享有优先受偿权的，人民法院不予支持。

（四）参考案例

1. 某某保理公司诉深圳市智坤科技股份有限公司、中建三局第三建设工程有限责任公司、郭某鹏、陈某静保理合同纠纷［广东省深圳市中级人民法院（2020）粤 03 民终 7959 号］

【案情简介】2018 年 1 月 23 日，某某保理公司（保理人）与智坤公司（卖方、债权人）签订了编号为 BL2018ZYJ0116G 的“国内商业保理合同”，同日，郭某鹏、陈某静分别与某某保理公司签订了“最高额保证合同”，同日，某某保理公司与智坤公司签订了“应收账款转让及融资申请暨确认书”，约定：智坤公司方申请将基于基础交易合同且符合“国内商业保理合同”规定条件的如下应收账款转让给某某保理公司：其对中建三局第三公司之间因合同编号为的“岭南新世界五区酒店弱电智能化系统安装工程合同”合同项下所形成的应收账款以及该应收账款上所从属的一切从权利和权益。中建三局第三建设工程有限责任公司为应收账款债务人。

某某保理公司随“合同融资申请暨确认书”一并提交的基础交易合同系落款日期为 2017 年 12 月 6 日的智坤公司（承包人、乙方）与中建三局第三公司（发包人、甲方）之间的“岭南新世界五区酒店弱电智能化系统安装工程合同”，载明：乙方收款账户信息：开户银行建设行蛇口支行；银行账号：44×××21。甲方将仅向乙方本单位名下银行账户支付工程款，未经甲方同意，乙方不得委托或转让给乙方以外的任何第三人代为收款，否则甲方有权拒绝付款。甲方项目经理曾某群。未经甲方同意，乙方不得将本合同的任何义务转让给任何第三方且乙方不得以其应收账款债权向任何第三方提供任何形式的保证或担保，乙方应当向甲方支付本合同价款 10%的违约金，且甲方有权单方解除合同。合同签订后 15 日内，乙方负责合同备案，费用由乙方承担。未能办理备案前，甲方有权不付任何合同价款。若本合同发生重大变更的,乙方应当自变更后7个工作日内,将变更协议送原备案机关备案完成后,变更协议生效,乙方应将交易备案注册证书复印件报项目部备案。该合同尾页有中建三局第三公司公章、智坤公司合同专用章、"曾某群"的签名。

2018年10月18日,某某保理公司委托律师向中建三局第三公司住所地快递律师函、收款账户变更通知书,该邮件于2018年10月20日投递并签收,签收人处盖了单位的收发章。2018年10月19日,某某保理公司向中建三局第三公司住所地快递《应收账款转让通知书》《账号变更通知书》,该邮件于2018年10月22日投递并签收,签收人为本人。

智坤公司自2018年8月21日起没有按照约定支付使用费。另查,某某保理公司为案件支出律师费95000元、担保费4058元。

【裁判观点】关于中建三局第三公司是否应向某某保理公司支付应收账款的问题。法院认为,约定不得转让的债权转让后对债务人不发生法律效力。债权人与受让人之间就原合同债权的转让而订立的合同,即为债权转让合同。《合同法》第79条规定:"债权人可以将合同的权利全部或者部分转让给第三人,但有下列情形之一的除外:(一)根据合同性质不得转让;(二)按照当事人约定不得转让;(三)依照法律规定不得转让。"因此,按照当事人约定不得转让的债权,是不能转让的,如果债权人擅自转让,将对债务人不产生法律效力。某某保理公司作为专业的保理公司,应对基础交易合同内容进行审查,某某保理公司处留存的系落款日期为2017年12月6日的"岭南新世界五区酒店弱电智能化系统安装工程合同"载明,甲方将仅向乙方本单位名下银行账户支付工程款,未经甲方同意,乙方不得委托或转让给乙方以外的任何第三人代为收款,否则甲方有权拒绝付款。某某保理公司明知上述合同约定应收账款债权不得转让,但仍然受让债权;且嗣后亦未取得中建三局第三公司的同意或有证据证明中建三局第三公司以行为表示同意,因此某某保理公司以涉案保理合同为依据向基础合同债务人中建三局第三公司主张债权,并不能以此约束中建三局第三公司,某某保理公司与智坤公司之间的债权转让行为对中建三局第三公司不发生法律效力。

2. 某某保理公司诉常州金坛建设产业集团有限公司、江苏中坛建设工程有限公司、邓某、王某、汤某某合同纠纷[苏州市中级人民法院二审民事判决书(2019)苏05民终6555号]

【案情简介】2014年6月9日,金坛公司向中坛公司发出中标通知书,确定中坛公司为"岸头佳园北区四标段(20#-22#、26#-27#及相应地下室)工程"的中标人,要求中坛公司派代表于2014年7月9日前至金坛公司洽谈合同,中标价为119337199元。其后,金坛公司作为发包人、中坛公司作为承包人,双方签订编号为GF-99-0201的建设工程施工合同一份,约定:发包人为建设新建岸头佳园(一期、二期、三期)项目“岸头佳园北区四标段(20#-22#、26#-27#及相应地下室)工程”,已接受承包人的投标,计划开工日期为2014年7月9日、计划竣工日期为2016年7月6日,签约合同价119337199.28元。

2017年8月23日,某某保理公司作为甲方(保理人)、中坛公司作为乙方(保理申请人),双方签订国内有追索权保理业务合同(公开型)一份(编号为“苏盛2017025号”,以下简称保理合同),约定:某某保理公司受让中坛公司与债务人金坛公司交易产生的应收账款,为中坛公司提供保理融资(应收账款转让预付款)、管理销售分户账、催收应收账款的保理服务,保理期间自2017年8月23日起至2019年8月22日止。

附件四“应收账款转让通知书”,载明中坛公司已将应收账款本金3000万元转让给某某保理公司,某某保理公司作为新债权人有权要求金坛公司履行GF-99-0201号的基础合同项下义务,金坛公司应将相关票据于基础交易合同约定的交付之日直接交付某某保理公司或将全部应付款项于到期之日付至指定的账户(附中坛公司名下开立于吴江农村商业银行苏州盛泽支行的账户名称及账号);附件五“应收账款转让通知书回执”(落款处加盖了金坛公司印章),载明金坛公司已于2017年9月28日收到“应收账款转让通知书”,确认其与中坛公司之间的交易背景真实,且中坛公司已按照基础交易合同的约定履行了全部义务,无论基础交易合同是否允许中坛公司转让其债权,该转让通知书均对金坛公司发生法律效力,金坛公司将向某某保理公司履行上述基础交易合同项下的义务,保证将相关票据直接交付某某保理公司或将全部应付款项付至上述指定账户。

金坛公司已实际给付中坛公司工程款81337200元,其中2017年1月22日之前(含本数)合计给付73017200元,2018年2月11日给付832万元。对于该832万元,金坛公司陈述系经常州市金坛区人民法院协调支付,用于清偿案涉工程的农民工工资,但未提供相应证据。

【裁判观点】法院认为某某保理公司对应收账款享有优先权,金坛公司应当向其履行应收账款清偿责任。

首先,案涉工程在保理合同签订之前已竣工验收,金坛公司在“应收账款转让通知书回执”上盖章确认交易真实、原债权人已履行基础合同项下的全部义务,知晓中坛公司将3000万元应收账款债权转让给某某保理公司,并承诺向某某保理公司履行债务。金坛公司的行为使某某保理公司产生合理的信赖并以此为基础发放保理融资款,该承诺系金坛公司的真实意思表示,应对其产生约束力,故某某保理公司有权依据“应收账款转让通知书回执”向其主张应收账款。

其次,中坛公司与金坛公司之间签订了建设工程施工合同,案涉工程已经竣工验收合格。即便存在合同无效的情形,根据最高人民法院《关于审理建设工程施工合同纠纷案件适用法律问题的解释》第1条第2项、第2条的规定,中坛公司作为承包人也有权请求金坛公司参照合同约定支付工程价款。汤某忠以实际施工人的身份向金坛公司主张工程价款,某某保理公司以债权人的身份向金坛公司主张工程价款,两者的权利相互排斥。第三人汤某忠系没有建筑施工资质的个人,其明知挂靠为法律禁止,仍然通过挂靠承揽案涉工程,属于规避法律强制性规定的违法行为。挂靠行为所形成的权利外观与实际不符,对于挂靠人、被挂靠人而言本身就包含较高的风险,一旦有一方违背挂靠协议的约定,另一方就将承受相应的风险。本案中,恰恰是汤某忠与中坛公司之间的违法挂靠行为,使中坛公司取得享有案涉工程款的权利外观,中坛公司恶意利用该权利外观与某某保理公司签订保理合同,将工程款债权转让给某某保理公司。汤某忠亦自认,在竣工验收报告、审定单、审计报告等材料及现场标牌等他人能够感知的外观上未能体现其实际施工人身份。某某保理公司处于案涉建设工程施工合同的外部,在中坛公司、金坛公司均未作披露,施工现场也未体现实际施工人信息的情况下,不能苛求某某保理公司穷尽一切方式寻找隐身的实际施工人。某某保理公司通过审查招投标文件、建设工程施工合同、竣工验收报告、债权转让通知书回执等材料确认了债权的真实性,办理了应收账款债权转让登记,已尽到必要、合理的注意义务,属于善意的当事人。某某保理公司基于对中坛公司拥有上述权利的合理信赖,与中坛公司缔结保理合同,并在取得债务人金坛公司的确认后向中坛公司发放保理融资款项。在保理合同的缔结及履约过程中,某某保理公司均基于善意行事,不存在任何过错。依据诚实信用及维护交易安全的原则,某某保理公司依据保理合同所享有的权利依法应予保护。因此,金坛公司应向某某保理公司支付工程款。

最后,合同相对性的基本原则,只在特定情况下才准许依法突破。最高人民法院《关于审理建设工程施工合同纠纷案件适用法律问题的解释》第 4 条将违法分包、非法转包与借用资质并列,2014 年中华人民共和国住房和城乡建设部《建筑工程施工转包违法分包等违法行为认定查处管理办法(试行)》(现已失效)亦如是。最高人民法院《关于审理建设工程施工合同纠纷案件适用法律问题的解释》第 26 条第 2 款及《关于审理建设工程施工合同纠纷案件适用法律问题的解释(二)》第 24 条、第 25 条,均只规定了非法转包和违法分包这两种情形下的实际施工人有权突破合同相对性,并未将该权利赋予借用资质的实际施工人。况且,上述司法解释系基于现阶段切实保护农民工利益之需要,在本案中亦无适用余地。案涉工程总价 111340804. 13 元,已发放农民工工资 36076560 元,工程竣工至今已近三年。汤某忠称材料款已付清、尚欠农民工工资 1000 余万元但未提供证据,所述显然不符合常理。

根据建设工程施工合同的约定,竣工结算后以竣工验收合格之日(2016 年 10 月 28 日)起满一年一月内(2017 年 11 月 27 日)支付至结算价款的 80%,以工程竣工验收合格之日(2016 年 10 月 28 日)起满两年一月内(2018 年 11 月 27 日)扣除回访费 3%付清余款,相应的付款期限已届满。由于建设工程施工合同未约定回访费 3%即 3340224. 12 元的支付期限,故一审法院不作处理。金坛公司称 832 万元系经当地法院协调支付给中坛公司用于清偿农民工工资,但未提供相应证据,某某保理公司以该笔款项属于间接付款为由否认其清偿效果。一审法院认为,金坛公司已书面承诺将工程款付至指定账户,未经某某保理公司同意将 832 万元付至其他账户,不能对抗某某保理公司。据此,审定价 111340804. 13 元-回访费 3340224. 12 元-已付款 73017200 元=34983380. 01 元,余额超过某某保理公司受让的债权,故某某保理公司有权要求金坛公司支付应收账款 3000 万元。

为避免某某保理公司就同一债权双重受偿,中坛公司、金坛公司中的任何一方对债务的全部或部分清偿,均相应免除另一方的清偿义务。如果某某保理公司从债务人金坛公司受偿的数额超出中坛公司所欠保理融资本金、逾期利息、律师费的数额之和,则应根据保理合同约定将超出部分退还中坛公司;某某保理公司应按照完成回购的比例,将应收账款债权及相应权利转回中坛公司,相应免除金坛公司对某某保理公司的义务。

五、附录E "应收账款回购通知书"应用指南

(一)原文条款

应收账款回购通知书

致：______________________________(下称"贵方")

自：______________________________(下称"我方")

根据________年____月____日贵我双方签署的编号为____________《商业保理合同》的约定，我方现向贵方主张回购应收账款，请贵方按下表规定支付相应金额：

应收账款债权人应支付的相关款项金额：	合计人民币________元，具体包括： □我方已发放的保理融资款人民币________元； □我方已收回的应收账款人民币________元； □我方尚未收回的保理融资款利息人民币________元(暂计至 年 月 日)； □其他与已受让应收账款所对应的、我方尚未收回的款项人民币________元。
相关款项应到账日期：	________年____月____日。
商业保理人收款账户：	开户名称： 银行账号： 开户银行：
回购应收账款的原因：	

注：本文件项下的选择项，如适用的，请在"□"内打"√"；如不适用的，请在"□"内打"×"；如"□"内为空白的，视为不适用本选择项。

特此通知。[以下无正文，为签署页]

商业保理人(签章)：____________________

应收账款回购通知书回执

致：______________________________(下称"贵方")

自：______________________________(下称"我方")

我方已收到上述编号为____________的《应收账款回购通知书》("通知书")，我方完全理解、接受和同意根据该通知书项下所有条款行事。

特此回复。[以下无正文，为签署页]

应收账款债权人(签章)：____________________

(二)应用指南

1. 在满足合同约定的应收账款回购条件后，商业保理人有权寄送应收账款

回购通知书,要求应收账款债权人承担回购义务。

根据合同相关约定,应收账款回购是指商业保理人与应收账款债权人基于合同的约定,在一定条件下购回已受让应收账款时,向商业保理人支付的转让对价的行为。由此可见,应收账款回购是保护商业保理人利益,由应收账款债权人承担责任的一种合同约定,具体适用条件应当根据“商业保理合同”的约定进行确定。在程序上,如果发生保理合同约定的应收账款债权人应当回购应收账款情形时,商业保理人有权向应收账款债务人发送“应收账款回购通知书”,应收账款债权人应当按照“应收账款回购通知书”规定的金额和时间支付回购款。

对比“无追索权商业保理合同”与“有追索权商业保理合同”所约定的应收账款债权人回购应收账款的条件,可以看出“无追索商业保理合同”中没有“无论何等原因,在保理融资期限届满日,商业保理人未足额收回保理融资款的,商业保理人均有权要求应收账款债权人承担回购责任”的约定。无追索保理业务中,商业保理人在付款担保额度内为应收账款债权人承担付款担保,如果应收账款到期后,应收账款债务人出现信用风险,即便保理融资到期没有清偿保理融资款,商业保理人仍无权要求应收账款债权人回购应收账款。

2. 商业保理人要求应收账款债权人承担应收账款回购责任,并非一定要求商业保理人向应收账款债权人寄送“应收账款回购通知书”这一种方式,应收账款债权人回购责任起算以应予回购发生时点进行确认。

根据保理合同的约定,应收账款只要发生应予回购情形时,应收账款债权人即产生了回购义务,应收账款债权人的回购义务不因商业保理人未发送“应收账款回购通知书”或发送的“应收账款回购通知书”未送达应收账款债权人而免除或迟延。所以,应收账款债权人只要出现其应当承担回购责任的情形时,应收账款回购义务就已经产生。商业保理人针对应收账款回购责任的减免、调整,属于商业保理人自行处分权利,并非商业保理人在寄送“应收账款回购通知书”后,应收账款债权人的回购责任就已经产生。

3. 应收账款回购责任并未由应收账款债权人在“应收账款回购通知书上回执”盖章后生效,且只有应收账款债权人完整承担应收账款回购义务后,应收账款债权才从商业保理人处转让到应收账款债权人。

可转让的合同债权只要转让人和受让人达成一致,相关债权就可以进行转让。实务中如果商业保理人在保理合同中没有特别约定,只要商业保理人向应收账款债权人发起应收账款回购,应收账款债权人承诺后,商业保理人与应收账款债权人就回购应收账款达成一致。由此在实务中引发,应收账款在达成上述合意的情况下，应收账款债权是否已经从商业保理人处反转让到应收账款债权人处的问题。这样一来，商业保理人因为其已经丧失了应收账款债权，其只能要求应收账款债权人承担应收账款的回购责任，而不能要求应收账款债务人清偿应收账款，商业保理人白白丧失应收账款债权，不利于商业保理人。

正是为了防止保理业务实操出现上述争议，“有追索权商业保理合同”中第12.4条的“应收账款转回”条款明确约定“应收账款债权人足额支付回购款及其他全部应付款项之日，该已受让应收账款的及其从属权利和权益由商业保理人转回应收账款债权人”，“已受让应收账款转回应收账款债权人前，商业保理人仍享有该已受让应收账款及其从属的一切权利和权益，商业保理人有权以自己名义向应收账款债务人主张已受让应收账款，商业保理人有权同时向应收账款债权人主张支付回购款及其他应付款项，应收账款债权人或应收账款债务人中任一方向商业保理人履行了付款义务的，另一方对商业保理人相应的付款义务予以免除”。

根据《民法典》及最高人民法院《关于适用〈中华人民共和国民法典〉有关担保制度的解释》，商业保理人可以同时在同一个诉讼中将应收账款债权人及应收账款债务人作为共同被告。

（三）参考规范

1.《民法典》

第七百六十六条　当事人约定有追索权保理的，保理人可以向应收账款债权人主张返还保理融资款本息或者回购应收账款债权，也可以向应收账款债务人主张应收账款债权。保理人向应收账款债务人主张应收账款债权，在扣除保理融资款本息和相关费用后有剩余的，剩余部分应当返还给应收账款债权人。

第七百六十七条　当事人约定无追索权保理的，保理人应当向应收账款债务人主张应收账款债权，保理人取得超过保理融资款本息和相关费用的部分，无需向应收账款债权人返还。

2.最高人民法院《关于适用〈中华人民共和国民法典〉有关担保制度的解释》

第六十六条第二、三款　在有追索权的保理中，保理人以应收账款债权人或者应收账款债务人为被告提起诉讼，人民法院应予受理；保理人一并起诉应收账款债权人和应收账款债务人的，人民法院可以受理。

应收账款债权人向保理人返还保理融资款本息或者回购应收账款债权后，请求应收账款债务人向其履行应收账款债务的，人民法院应予支持。

（四）参考案例

1. 中国建设银行股份有限公司宁波国家高新区支行诉宁波诺冠国际贸易有限公司等金融借款合同纠纷案[宁波市鄞州区人民法院（2015）甬鄞商初字第429号]

【基本案情】2013年9月16日，被告诺冠公司与原告中国建设银行股份有限公司宁波国家高新区支行（以下简称建行高新区支行）分别作为甲、乙方签订“有追索权国内保理合同”（以下简称保理合同），约定：甲方采用赊销方式销售货物进行交易，向乙方申请获得乙方提供的有追索权保理业务服务，即乙方作为保理人，在甲方将商务合同项下的应收账款转让给乙方的基础上，向甲方提供综合性金融服务，包括保理预付款、应收账款管理、催收，在乙方受让的应收账款由于任何原因不能按时足额收回时，乙方均有权向甲方追索，甲方应按时足额偿还乙方支付给甲方的保理预付款，并支付预付款利息、发票处理费、应收账款管理费、延期管理费等全部应付款项。如甲方未能按本合同约定向乙方偿付应付款项，则自逾期之日起向乙方支付逾期罚息，逾期罚息按照保理预付款利率上浮50%计算。甲方同意在乙方向甲方反转让应收账款之前，乙方有权作为应收账款的债权人向买方进行追索，且乙方向买方追索不影响、削弱乙方向甲方追索的权利，乙方有权同时向甲方与买方进行追索。

双方选择的有追索权保理业务类型为公开型有追索权保理，即乙方向甲方提供保理预付款之前，甲方应按乙方要求向买方发送通知书，并取得符合乙方要求的买方收到该通知书的回执。乙方为甲方核定的保理预付款的最高额度为10000000元，额度有效期自2013年9月16日起至2014年8月12日止。诺冠公司向原告提供有追索权保理业务的买方为被告中喜公司，应收账款为14351040元。同日，诺冠公司作为出质人（甲方），建行高新区支行作为质权人（乙方），签订“应收账款质押/转让登记协议”一份，约定：乙方通过中国人民银行征信中心应收账款质押登记公示系统办理“质押合同”/“转让合同”项下应收账款的登记手续。

【裁判观点】建行高新区支行与诺冠公司之间签订的《保理合同》《应收账款质押/转让登记协议》，以及建行高新区支行分别与被告黄某川、飞翔公司、瑞丰公司之间签订的“最高额保证合同（自然人版）”“本金最高额保证合同（保理业务专用）”“保证合同（最高额本金）”均系当事人的真实意思表示，内容不违反法律、行政法规的强制性规定，依法应确认为有效，当事人均应依约履行。

在债权受让后，原告依约向诺冠公司支付了保理预付款，按照保理合同的约定，原告受让的应收账款因任何原因不能按时足额收回时，原告均有权要求诺冠公司偿付保理预付款本息及全部应付未付款项，并承担原告为实现债权而支出的费用，且原告向被告中喜公司的追索不影响、削弱原告向诺冠公司追索的权利，原告有权同时向诺冠公司与中喜公司进行追索，故中喜公司应当在应收账款14351040元的范围内对保理预付款本金10000000元承担偿付责任并赔偿相应利息损失，诺冠公司应对中喜公司未能清偿的债务承担付款责任。无论应收账款由于何种原因不能收回，保理人都有权向债权人追索已付融资款项。如债务人径直向债权人付款，债务人仍应对保理人承担付款责任，且保理人有权同时向债务人与债权人进行追索。

2. 某某保理公司与李某某、赵某某等合同纠纷［北京市海淀区人民法院一审民事判决书(2018)京0108民初39440号］

【案情简介】2016年3月31日，某某保理公司(保理人/甲方)与中维正达公司(培训机构/乙方)签订"保理融资服务合同(无追索权)"(以下简称保理合同)，双方约定："乙方拟将培训协议项下已经产生的应收账款及在本合同有效期限内陆续产生的应收账款转让给甲方并由甲方提供保理融资服务。"

2016年5月20日，中维正达公司(甲方)与李某某(乙方)通过网络系统签署"分期付款培训协议"。双方在协议中约定：培训课程为JAVA培训，期限28天，授课地点为海淀区西三旗建材城；培训费总额15980元，分期服务费3164.04元；同日，某某保理公司收到中维正达公司提供的"应收账款融资申请书"及相关材料，经审查后向中维正达公司发放了与李某某培训费等额的融资款15980元。某某保理公司向法庭提供的"欠款表单"(截至2017年8月15日)显示：李某某已归还服务费175.78元、已归还逾期罚息271.66元、已归还手续费30元，剩余应收本金15980元、分期服务费2988.26元，逾期罚息5672.9元，滞纳金360元，合计25001.16元。

【裁判观点】本案系因保理合同发生的纠纷，相关"保理融资服务合同"和"分期付款培训协议"，均依法成立，对当事人具有法律约束力，当事人应当按照约定履行自己的义务。保理业务是以债权人转让其应收账款债权为前提，集应收账款催收、管理、坏账担保及融资于一体的综合性金融服务。其中，中维正达公司与李某某等学员之间订立的"分期付款培训协议"是基础合同，中维正达公司拥有针对学员的分期培训应收费用债权；某某保理公司在其商业保理业务范围内与中维正达公司签订"保理融资服务合同(无追索权)"，并受让中维正达公司的分期培训应收费用债权，双方确立了保理合同关系；某某保理公司作为债权受让人，有权向债务人主张债权。

李某某在中维正达公司参加培训课程后,应当按照“分期付款培训协议”和“应收账款债权转让通知书”的约定履行分期付款义务。某某保理公司根据系统数据提供的“欠款表单”显示,李某某未按照协议履行偿还培训费及分期服务费的义务,应当承担违约责任。某某保理公司的相应诉讼请求,具有事实依据。

关于补偿赔偿责任的争议。某某保理公司主张“中维正达公司对李某某不能清偿的部分承担补充赔偿责任;如果该学员在培训期满后未再按期偿还剩余培训费用及/或分期服务费的,甲方放弃向乙方进行追索,但以下情况除外……”按此约定,如果学员在培训期内没有按期支付培训费用或分期服务费的情况下,某某保理公司拥有向中维正达公司追索的权利。

在案证据显示,李某某签署“分期付款培训协议”等法律文件并参加培训后,仅支付了1期分期服务费和逾期罚息,符合该条约定的情形。应当指出,上述合同第7.2条又规定,“如果在培训期内,乙方学员逾期支付任意一期培训费用及/或分期服务费超过5个工作日的,甲方有权通知乙方暂停向该学员继续提供培训服务……如果超过5个工作日仍未支付的,乙方应停止向该学员提供培训服务”。该项约定要求某某保理公司在发现学员没有按时偿还培训费用或分期服务费时,应当及时通知中维正达公司,以使中维正达公司有机会督促学员按时履行还款义务。诉讼中,中维正达公司抗辩指出某某保理公司没有通知其学员违约的事实,某某保理公司亦没有提供任何证据能够证明其履行了通知义务。《合同法》第60条第2款规定,当事人应当根据合同的性质、目的和交易习惯履行通知义务。某某保理公司怠于履行通知义务,而直接以起诉的方式向中维正达公司追索欠款,使中维正达公司丧失了对应的救济手段,与合同约定的条件不符,亦与合同法的公平原则不符。鉴于商业保理中的追索,是在应收账款到期无法从债务人处收回时,保理服务商可以向债权人反转让应收账款、要求债权人回购应收账款或归还融资,但本案“保理融资服务合同(无追索权)”没有就追索权的行使方式、期限、范围作出明确约定,某某保理公司也没有按照合同法关于合同解除的相关规定主张解除“应收账款债权转让通知书”中的债权转让法律关系,此种情形下要求维正达公司承担“补充赔偿责任”的诉讼请求,缺乏合同基础和法律依据。因此,法院对某某保理公司关于中维正达公司承担“补充赔偿责任”的要求及冯某某、赵某某承担连带责任的相应要求,均不予支持。

六、附录 F “付款担保申请暨确认书”应用指南

(一)原文条款

<table>
<tr><td colspan="2">

付款担保申请暨确认书

编号:【　　　　】

致:__________________(下称“商业保理人”或“贵方”)

自:__________________(下称“应收账款债权人”或“我方”)

根据______年___月___日贵我双方签署的编号为________《无追索权商业保理合同》及______年___月___日贵我双方签署的编号为________《应收账款转让申请暨确认书》,现我方签署并向贵方提交本《付款担保申请暨确认书》,本《付款担保申请暨确认书》经贵我双方共同签章后生效:

</td></tr>
<tr><td colspan="2">

1. 除非本《付款担保申请暨确认书》中另有释义,《无追索权商业保理合同》中定义的词语,在本《付款担保申请暨确认书》中具有同样的含义。

2. 我方申请根据《无追索权商业保理合同》的约定并按如下条件申请贵方提供应收账款债务人担保付款服务:

</td></tr>
<tr><td>申请付款担保的已受让应收账款:</td><td>本次申请贵方担保付款的应收账款为:
(1)应收账款债务人:______。
(2)基础交易合同及编号:________。
(3)单据名称:__________。
(4)单据号码:________。
(5)应收账款金额:______。
(6)应收账款到期日:________。</td></tr>
<tr><td>申请付款担保的金额:</td><td>人民币______元。</td></tr>
<tr><td>相关款项应到账日期:</td><td>______年___月___日。</td></tr>
<tr><td>应收账款债权人收款账户:</td><td>开户名称:
银行账号:
开户银行:</td></tr>
<tr><td>申请付款担保的原因:</td><td></td></tr>
<tr><td colspan="2">

[以下无正文,为签署页]

应收账款债权人(签章):______________

</td></tr>
</table>

（二）应用指南

无追索保理合同项下，商业保理人只在信用风险范畴内承担责任，本“付款担保申请暨确认书”经双方共同签章后生效，要求商业保理人承担付款担保责任，需要满足有关条件。

“无追索权商业保理合同”第 1.1.4.5 条规定：“付款担保：是指商业保理人为保障应收账款到期收回，与应收账款债权人约定，对受让的到期无法从应收账款债务人处收回的应收账款，由商业保理人履行债务或者承担责任。”根据“无追索权商业保理合同”第 12.1 条的规定，商业保理人对应收账款债务人的信用风险，按本合同约定承担付款担保责任。为免疑义，应收账款债务人信用风险不包括政治风险。合同当事人可以在专用合同条款中对信用风险的含义补充作出规定。由此，本书所谓付款担保，指在应收账款债务人因发生信用风险后导致应收账款在应收账款到期日未得到清偿的情况。

需要特别提示的是，本书所载“无追索权商业保理合同”的上述规定，与《民法典》第 767 条所规定的“无追索权保理”存在区别，很容易引发误解，根据规定“当事人约定无追索权保理的，保理人应当向应收账款债务人主张应收账款债权”。在无追索权保理项下，保理人是否一律就应收账款到期没有回款承担担保责任，民法典并未作明确规定。且《民法典》该条规定的无追索权保理，“保理人取得超过保理融资款本息和相关费用的部分，无需向应收账款债权人返还”。也与我们所探讨的“无追索权商业保理合同”第 11.2 条第 3 项约定不一致，“商业保理人收回已受让应收账款的，在扣除商业保理人届时到期未收回的款项（包括保理融资款、保理费用及其他应收款项）后有剩余的，剩余部分应当于 3 日内返还给应收账款债权人”；综上所述，本书所载之“无追索权商业保理合同”中的无追索权商业保理和《民法典》规定的无追索权保理存在偏差，《民法典》规定当事人约定无追索权保理的保理人取得超过保理融资款本息和相关费用的部分，无需向应收账款债权人返还。所以在《民法典》已经施行的大背景下，需要对商业保理人只承担信用风险担保责任的无追索权保理合同进行特别明确，以防在实际业务操作过程中产生偏差。

具体而言，根据本书所载“无追索权商业保理合同”，商业保理人是否对付款担保进行确认，需要满足以下条件：

（1）应收账款债权人在信用额度范围内提出付款担保申请；

（2）应收账款债权人在信用额度有效期范围内提出付款担保申请；

（3）应收账款债务人发生信用风险责任并具有相关证据。

从程序上，应收账款债务人因发生信用风险未在应收账款到期日（如合同当事人约定有宽限期的,则为宽限期届满日)之前清偿已受让应收账款的,应收账款债权人应及时就发生信用风险的已受让应收账款申请商业保理人提供付款担保服务并附证明材料。

商业保理人收到完整的付款担保申请及证明材料后,应核实损失原因。对确属因应收账款债务人信用风险无法到期从应收账款债务人处收回的已受让应收账款,商业保理人应在应收账款债权人签署并提交的"付款担保申请及暨确认书"上签章确认并按本合同约定承担付款责任。

"无追索权商业保理合同"第12.5条规定:

(1)应收账款债权人及其雇员、代表的故意行为;

(2)战争、军事行动、罢工、暴动、骚乱、行政或司法行为等非信用风险;

(3)应收账款债权人已实际追回的款项,及逾期利息、罚息、违约金、赔偿金、滞纳金、惩罚性赔偿、间接损失以及为实现债权而产生的费用;

(4)应收账款债权人在信用额度有效期届满后提出付款担保申请的;

(5)超出商业保理人就该应收账款债务人核定的信用额度或超出商业保理人核定的累计信用额度的;

(6)发生本合同规定的商业保理人有权要求应收账款债权人回购应收账款情形;

(7)本合同约定的应收账款债权人及其他相关方的在先义务事项(如通用合同条款第2.3、2.4、3.2、5.1、7.2条约定的应收账款转让通知、应收账款转让登记、从属权利和权益转让、保理服务费及杂费、履约担保等)尚未按约完成的。

(三)参考规范

《民法典》

第七百六十七条　当事人约定无追索权保理的,保理人应当向应收账款债务人主张应收账款债权,保理人取得超过保理融资款本息和相关费用的部分,无需向应收账款债权人返还。

(四)参考案例

1. 某某保理公司与高某某、周某某合同纠纷[随州市曾都区人民法院一审民事判决书(2018)鄂1303民初3460号]

【案情简介】2016年10月22日,原告某某保理公司(保理公司)、被告高某某(买方)、案外人襄阳希望有限公司(卖方)签订合同编号为2016年(保)HBS041的"公开型无追索权国内商业保理合同",合同约定:"无追索权国内保理的定义为保理公司根据本合同约定受让卖方的应收账款后,按本合同约定承担买方信用风险,承担坏账担保责任;鉴于卖方向买方在国内销售饲料,并已与买方签订‘饲料产品买卖合同’(以下称‘交易合同’),并由此形成交易合同项下对买方的应收账款;卖方愿意将交易合同项下的应收账款转让给某某保理公司;某某保理公司同意按本合同约定受让应收账款并向卖方提供融资、资信调查等保理服务;保理融资额度贰拾万元。保理融资额度有效期自 2016 年 10 月 22 日至 2017 年 10 月 21 日;本保理额度为循环额度;应收账款转让生效后,保理公司取得该应收账款项下的债权及其他相关权益……应收账款转让给保理公司。”

双方约定:如因交易合同的任何商业纠纷,发生买方支付价款后要求退款、减价、支付违约金、赔偿金等情况,卖方应另行向买方支付;保理公司不介入卖方和买方因交易合同而发生的任何商业纠纷,也不承担买、卖双方在交易合同项下承担的任何责任。

被告高某某于 2018 年 1 月 9 日支付 12000 元,2018 年 2 月 26 日支付 24019 元,2018 年 7 月 3 日支付 10000 元,截至 2018 年 9 月 5 日,高某某尚欠应收账款 149981 元,按日万分之五计算违约金。其中第一笔应收账款 82000 元违约利息的计算情况:2018 年 1 月 15 日至 2018 年 1 月 18 日逾期欠款 82000 元,逾期天数为 4 天,利息为 164 元;2018 年 1 月 19 日至 2018 年 2 月 25 日逾期欠款 70000 元,逾期天数为 38 天,利息为 1330 元;2018 年 2 月 26 日至 2018 年 7 月 2 日逾期欠款 45981 元,逾期天数为 127 天,利息为 2919. 79 元;2018 年 7 月 3 日至 2018 年 9 月 5 日逾期欠款 35981 元,逾期天数 64 天,利息为 1151. 39 元,以上利息合计 5565. 18 元。第二笔应收账款 114450 元逾期利息计算情况:2018 年 2 月 5 日至 2018 年 9 月 5 日,逾期欠款 114450 元,逾期天数为 202 天,利息为 11514 元。综上所述,截至 2018 年 9 月 5 日,高某某尚欠应收账款 149981 元,按日万分之五计算违约金,未付利息合计 17079. 18 元。

【裁判观点】保理公司可以基于合同约定只承担信用风险担保责任。

法院认为,根据《商业银行保理业务管理暂行办法》(银监会〔2014〕第 5 号)第 6 条之规定,保理融资业务是一种以应收账款债权转让为核心的综合性金融服务业务。从其性质上可分为有追索权保理和无追索权保理。从本案案涉“公开型无追索权国内商业保理合同”的约定内容看,本案包括商品买卖、债权转让、商业融资等多种法律关系。该保理合同的法律性质依法应认定为同时包括有名合同和无名合同的准混合契约。判断该保理合同的效力,应当根据《民法总则》以及《合同法》有关民事法律行为效力的规定。本案原告具备从事保理相关业务的行业许可,且上述合同系各方当事人的真实意思表示,内容合法,不违反我国法律的强制性规定,应认定为有效,各方均应依约履行。高某某未依约按时履行给付义务,已构成违约,原告依照保理合同关系和买卖合同关系,有权以自己的名义要求被告给付欠付的应收账款合计 149981 元及逾期利息 17079 元。

2. 某某保理公司与山东福泰尔轮胎有限公司、广饶县建宇新型建材有限公司合同纠纷[天津市滨海新区人民法院一审民事判决书(2016)津 0116 民初 2469 号]

【案情简介】2015 年 3 月 23 日,被告福泰尔公司(买方)与胜利油田北海化工有限责任公司(卖方,简称北海公司)签订 BHHG1500323 号"销售合同"。约定:福泰尔公司向北海公司购买氧化锌 57.95 吨,每吨单价 14984.293 元,总金额 868339.77 元。结算方式为现汇,合同签订之日起 10 日内,发票和货物到达买方指定地点,账期为发票开具日期后 6 个月。任何一方违约应按合同标的金额的 20%支付违约金。合同签订后,北海公司于 2015 年 3 月 27 日向福泰尔公司开具了增值税专用发票。

2015 年 3 月 31 日,原告(甲方)与福泰尔公司(丙方)、北海公司(乙方)签订 SXBL2015006 号"商业保理协议"。约定:乙方作为销货方以其与丙方因"销售合同"(编号:BHHG1500323)之间形成的应收账款,向甲方申请无追索权国内保理业务。无追索权保理业务指乙方将其由于向丙方销售商品、提供服务或其他原因所产生的应收账款转让给甲方,由甲方为乙方提供应收账款融资及相关的综合性金融服务,若丙方由于财务或资信原因在约定期限内不能足额偿付应收账款,甲方无权向乙方追索未偿融资款。乙方将销售合同项下应收账款债权总额 868339.77 元及相关权利转让甲方,甲方审查确认后,给予乙方总额为 805510 元的保理融资。该笔应收账款发票对应的保理融资的期限自融资发放日起后 6 个月,融资利率为年利率 15.6%,在合同期限内不作调整,融资利息自丙方向乙方支付的货款中直接扣划至甲方指定的银行账户。合同项下的应收账款由甲方自行负责管理和回收。自本合同生效之日起,应收账款债权转移至甲方,甲方享有与该应收账款有关的所有权利。丙方在收到乙方发出的"应收账款转让通知书"后,即应该按照丙方与乙方签署的销售合同中约定的付款方式及时间向甲方指定账户支付相应的货款。

2015 年 3 月 31 日,原告(甲方)与福泰尔公司(丙方)、北海公司(乙方)共同盖章确认 SXBL2015006 号"应收账款转让通知书"。载明:北海公司(原债权人)与福泰尔公司(债务人)订立了商务合同(债务人为福泰尔公司,合同号 BHHG1500323,合同签订日期 2015 年 3 月 23 日,合同金额 868339.77 元,付款条件为货到，发票开具之日起6个月，应收账款本金868339.77元，应收账款到期日为2015年9月30日）。自2015年3月31日起，原债权人将上述商务合同项下的应收账款及其相关的全部权利及权益转让某某保理公司，自转让日起，某某保理公司作为新债权人有权要求福泰尔公司履行上述商务合同项下的义务。

上述合同签订后，原告于2015年4月1日向北海公司支付保理融资款805510元，北海公司于2015年4月9日向原告出具收据确认收到该笔款项。销售合同项下货款的支付日期为2015年9月30日，但该履行期届满后，福泰尔公司未按约向原告支付货款868339.77元。

【裁判观点】法院认为，保理合同是指债权人与保理人之间签订的，约定将现在或将来的、基于债权人与债务人订立的销售商品、提供服务、出租资产等基础合同所产生的应收账款债权转让给保理人，由保理人向债权人提供融资、销售分户账管理、应收账款催收、资信调查与评估、信用风险控制及坏账担保等至少一项服务的合同。本案中，原告某某保理公司与被告福泰尔公司、北海公司签订的商业保理协议、应收账款转让通知书以及福泰尔公司（买方）与北海公司（卖方）签订的销售合同表明，北海公司将其与福泰尔公司基于买卖氧化锌而产生的应收账款债权转让给原告，由原告向北海公司提供融资支持，并以自己的名义向福泰尔公司催收应收账款，该权利义务内容符合保理合同的特征，应确定为保理合同法律关系。本案原告具备从事保理相关业务的行业许可，且上述合同系各方当事人的真实意思表示，内容不违反法律或行政法规的强制性规定，应属有效，各方均应依约履行。

上述合同签订后，原告依约向北海公司支付了保理融资款，其与福泰尔公司、北海公司签订的应收账款转让通知书显示，案涉应收账款到期日为2015年9月30日，但该期限届满后，福泰尔公司未依约履行给付货款的义务，已构成违约，原告依据保理合同关系及买卖合同关系，有权以自己的名义要求福泰尔公司给付欠付的应收账款868339.77元，对其该项主张，法院予以支持。